수석교사가 들려주는

초등진로 이야기

이미현 · 김화영 · 전혜경   공저

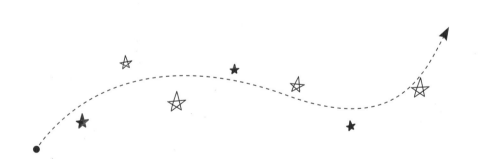

박영
story

추 천 사

40년 가까이 교육에 전념하면서 '아이들의 행복한 삶을 위하여 어떤 도움을 줄수 있을까?'라는 질문을 늘 마음속에 담고 있었습니다. 특히 초등교육은 그 사람의 평생 삶의 기틀을 마련하는 시기이기에 그 중요성은 언급하지 않아도 될 것입니다.

예측이 어려울 정도로 급속도로 변화하는 미래사회를 살아갈 아이들을 위해 가정과 학교, 지역사회, 국가는 무엇을 해야 할까요? 저는 아이들이 원하는 꿈과 진로를 스스로 찾아갈 수 있도록 체계적인 진로교육이 필요하다고 생각합니다.

초등학생의 진로교육에 도움이 되는 책이 발간되었다는 소식이 반가운 이유도 이런 이유 때문입니다. 흔히 진로교육이 직업을 선택하기 위한 전 단계의 교육활동이라고 생각하는 경우가 많습니다. 물론 이것도 진로교육의 범주 안에 포함됩니다.

그렇지만 아이들의 발달단계와 시대적 변화의 속도를 본다면 초등학생들에게 무엇이 중요한지 금세 눈치채셨을 겁니다. 바로 자신의 진로에 관심을 가지고 초등학교 시절에 갖추어야 할 인간으로서의 기본 소양, 즉 근면하게 생활하는 자세, 평생학습의 기틀을 마련하는 올바른 학습 태도 기르기, 도덕과 법을 잘 지키면서 타인과 의사소통하고 협력하며 사는 삶, 무엇보다도 위기와 역경이 닥쳤을 때 좌절하지 않고 긍정적인 마음을 가지고 능동적으로 대처할 수 있는 진로탄력성 키우기 등, 100세 시대의 긴 삶의 여정을 잘 살아가기 위한 역량의 기틀을 마련하는 것이 초등 진로교육이라고 생각합니다.

이 책은 10년 이상 초등 진로교육에 관심을 가지고 꾸준히 연구하며 지도해 오신 3분의 수석교사들이 함께 만든 책입니다. 그동안 아이들과 직접 진로수업을 하면서 '어떻게 하면 아이들의 진로역량을 기를 수 있는 진로교육을 할 수 있을까?', '꿈과 진로를 찾아가는데 만날 수 있는 수많은 변화를 유연하게 받아들이고 능동적으로 대처할 수 있는 마음 근력을 키울 수 있을까?'에 대한 끊임없는 고민과 질문에서 출발하고 있습니다. 또한 내용을 살펴보니 학년 특성이나 학습 능력 등을 고려하여 교실에서 쉽게 적용할 수 있는 맞춤형 진로수업이 되도록 세심하게 신경을 썼다는 인상을 받았습니다,

특별한 점은 지금까지의 여느 진로 관련 책에서는 볼 수 없는 3가지 다른 접근방식으로 구성되어 있다는 것입니다, '다양한 활동중심으로 만나는 행복한 진로수업', '하브루타로 질문하고 진정한 나를 찾아가는 진로수업', '그림책으로 가볍게 접근하지만 무게감 있는 깨달음을 얻는 진로수업' 등 보석 같은 내용을 담고 있습니다.

이 책이 초등 진로교육에 대한 보편적이지만 왜곡된 시선을 올바르게 바꿀 수 있는 좋은 방향타가 되었으면 좋겠다는 바람을 가져 봅니다. 우리 아이들에게 이 세상이 그런대로 살만한 세상이라는 생각으로 희망을 갖고 의연하게 살아갈 수 있도록 우리 어른들이 지지대가 되어야 하겠지요.

그래서 이 책을 초등교사 뿐만 아니라 진로교육에 관심이 있는 모든 분들이 한 번쯤 꼭 읽어보았으면 좋겠다는 바람으로 추천합니다.

서울영문초등학교장   이유남

프롤로그

― 이제 출발하는 진로 여행자를 위해 ―

Q1 "자신의 진로에 대해 생각하는 시기는 빠를수록 좋을까요?"
Q2 "초등학교에서는 어떻게 진로교육을 하고 있나요?"
Q3 "가정에서의 진로교육은 어떤 방향으로 해야 할까요?"

A1 세상은 급속도로 변화하고 있습니다. 지금 존재하는 일과 직업이 아이들이 사회에 나왔을 때까지 있을까요? 진로교육은 아이들이 원하는 행복한 미래를 위해 무엇을 준비해야 하는지 고민하는 데서 출발합니다. 꿈이 없는 아이들은 자신이 좋아하고 잘하는 일이 무엇인지 탐구하고, 정말 원하는 일이 있는 아이들은 그 꿈을 실현하기 위한 준비를 하면 됩니다. 진로에 대해 관심은 갖되 무언가를 선택하고 결정하는 시기는 아이들의 발달 단계에 따라 달라질 수 있습니다.

A2 평생의 삶을 위한 초석을 다지게 되는 초등학교 시절, 가장 중요한 것은 아이들이 자기 자신을 이해하는 것입니다. 자신을 이해하면 어떤 어려움이든 이겨낼 수 있는 내적인 힘을 기를 수 있습니다. 긍정적인 자아상을 만들어가고, 좋은 습관을 기르면서 다른 사람들과 어울려 살아갈 수 있는 힘을 갖도록 해야 합니다. 그러기 위해서 자신의 강점을 알고 바른 학습습관과 생활습관으로 근면성을 기르도록 해야 합니다. 함께 어울려 살아가기 위해서 의사소통 방법을 익히고 상호이해하고 협력하는 태도를 기르는 것도 중요합니다. 초등진로교육은 이런 관점에서 출발하고 있습니다.

A3 어릴 때부터 가정에서 하는 작은 일상의 습관들은 아이들의 진로교육에 좋은 밑

거름이 됩니다. 아직은 몸과 마음이 굳어지지 않은 상태에서 아이들의 생활습관을 형성하는 것이 중요한데, 가정은 가까이에서 이를 익힐 수 있는 곳이기 때문입니다. 일과 직업의 세계를 맨 처음 관찰할 수 있는 곳도 가정입니다. 부모는 아이들이 흥미와 적성을 찾을 수 있도록 다양한 경험을 제공하여 주고, 칭찬과 격려를 통하여 스스로 진로를 찾아갈 수 있도록 도와주는 것이 필요합니다. 또한 아이들에게 실수를 허용하는 것이 필요합니다. 왜냐하면 실수를 통하여 많은 것을 배울 수 있기 때문입니다.

흔히 '진로교육'하면 '직업교육'을 생각하는 사람들이 많습니다.

초등학생들에게 꿈이 무엇이냐고 물었을 때, 대부분의 아이들은 무엇을 떠올릴까요? 어떤 아이들은 꿈이 없음을 부끄러워하고 어떤 아이들은 자신이 하고 싶은 일이나 직업의 이름을 댑니다. 과연 진로교육의 목표는 오로지 직업선택뿐일까요? 만약 그렇지 않다면, 이제 진로여행의 출발선에 선 우리 아이들을 위해 어떤 진로교육을 해야 할까요? 이 책을 쓴 교사들은 바로 이 질문으로부터 출발하였습니다.

진로 이론

― 진로여행자를 위한 초등진로교육 ―

「아동기의 진로발달 과정을 무시하는 것은,
마치 정원사가 식물을 심을 정원의 토양의 질을
도외시하고 식물을 심는 것과 같다.」
- 나일스 & 해리스 보일스비(2009) -

이 말은 식물을 심을 때 가장 중요한 땅의 질을 고려해야 하는 것처럼, 진로교육도 아이들의 성장과정에 맞춰 교육을 해야 한다는 의미입니다. 인간에게는 나이에 따른 발달단계가 있습니다. 나이가 어릴수록 발달단계를 고려하여 교육을 해야 한다는 것은 누구나 알고 있는 사실입니다. '나일스 & 보일스비'는 진로발달과정도 아이들의 발달단계에 맞춰 이루어져야 한다고 주장합니다. 특히 초등학교에 다닐 무렵의 아이들이 일의 세계에서 무엇을 경험하느냐에 따라 청소년기 이후의 진로 결정을 위한 진로발달에 깊은 영향을 미친다고 합니다(재인용, Hartungorfeli, & Vondracek, 2005).[1]

1. 아이들의 발달과정과 진로교육은 어떤 관계가 있을까?

에릭슨(Ericson, 1963)은 유전적 기질을 바탕으로 사회와 환경에 적응해 가는 인간의 노력이 발달과 성장을 이루는데 중요하다고 말하며, 성장에 따른 심리사회적 발달 8단계를 다음과 같이 설명하고 있습니다.

---

[1] 황매향 외(2018). 초등학교 진로교육의 실제. 서울: 사회평론아카데미. p.41.

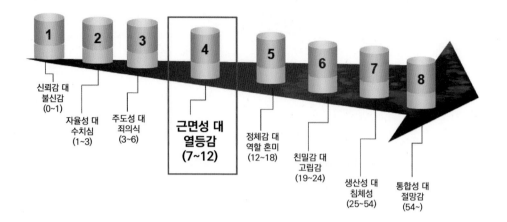

신뢰감 대 불신감 (0~1)
자율성 대 수치심 (1~3)
주도성 대 죄의식 (3~6)
근면성 대 열등감 (7~12)
정체감 대 역할 혼미 (12~18)
친밀감 대 고립감 (19~24)
생산성 대 침체성 (25~54)
통합성 대 절망감 (54~)

초등학교 시기(7~12세)는 근면성 대 열등감의 시기입니다. 초등학교 시기는 체계적인 학습을 시작하면서 새로운 것을 배우고 익히게 됩니다. 근면성은 일상생활의 기본 생활 규칙을 익히는 것뿐만 아니라, 학습에 필요한 방법과 과제를 스스로 성실하게 해결하는 데서 길러집니다. 이 과정에서 아이들은 성취감과 자부심을 느끼게 되고, 자아존중감도 높아지게 됩니다.

반면 자기가 노력한 만큼의 결과를 얻지 못하거나 적절한 칭찬, 보상을 받지 못할 경우 열등감이 생길 수 있습니다.

따라서 이 시기의 진로교육 방향은 아이들의 발달과 보조를 맞추어서 근면성과 책임감을 기르는 것에 중점을 두어야 합니다. 또한 이 시기에는 교사와 학부모의 역할이 매우 중요하며, 아이가 또래 집단에서 적절한 지위를 얻고 스스로 성장해나갈 수 있도록 돕는 것이 필요합니다.

2. 학교는 어떻게 진로교육을 하는가?

현재의 초·중등 진로교육과정은 진로교육법(2015)에 의거하여 운영되고 있습니다. 2015 교육과정부터 진로교육은 그 위상이 대폭 강화되어 특정 교과의 하나로 국한되는 것이 아니라 학교 교육과정의 전반을 아우르는 중요한 교육영역으로서 자리매김하고 있습니다.

우리나라 학교 진로교육의 목표를 살펴보면 다음과 같습니다.

'학생 자신의 진로를 창의적으로 개발하고 지속적으로 발전시켜 성숙한 민주시민

으로서 행복한 삶을 살아갈 수 있는 역량을 기른다.'

이에 따른 초등학교 진로교육의 목표는,

'자신과 일에 대한 이해와 긍정적 가치를 형성하고, 다양한 진로 탐색과 체험을 바탕으로 자신의 꿈을 찾고 진로를 설계할 수 있는 진로개발역량의 기초를 배양한다.'라고 제시하고 있습니다.

진로교육 목표에서 강조하는 진로개발역량이란 '변화하는 직업세계와 평생학습사회에 적극적으로 대응할 수 있도록 진로를 개척하고 지속적으로 개발하는 것'입니다 (2015, 진로교육법).

학교급별 진로교육의 구성 특성에 대하여

진로교육은 4가지 대영역인 '자아이해와 사회적 역량개발, 일과 직업 세계 이해, 진로 탐색, 진로 디자인과 준비'로 구성되어 있습니다.

다음 표에서 알 수 있듯이, 초등학교와 중고등학교의 진로교육의 영역은 다르지 않습니다. 기본적인 요소는 같지만, 각 학교급에서 진로교육을 할 때 어느 영역에 좀 더 중점을 두고 지도를 하느냐가 다를 뿐입니다. 초등학교는 '자아이해와 사회적 역량 개발'과 '일과 직업세계 이해'에 중점을 두고 있습니다. 중학교는 '일과 직업세계 이해'와 '진로탐색'에 중점을 두고, 고등학교는 구체적인 진로계획을 세우고 준비하는 쪽에 무게 중심을 두고 지도하도록 되어 있습니다.

<표 1> 학교급별 진로교육의 구성 특성

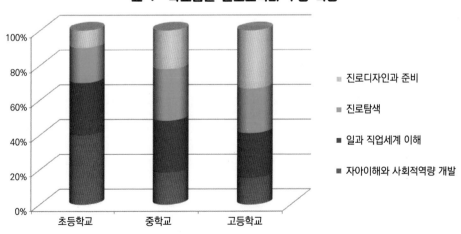

2015 초등학교 진로교육의 영역과 세부 목표

대영역	중영역	세부목표
I. **자아 이해와** **사회적 역량** **개발**	자아 이해 및 긍정적 자아개념 형성	자신이 소중한 존재임을 안다.
		자신의 장점 및 특성을 찾아본다.
	대인관계 및 의사소통역량 개발	대인관계의 중요성을 이해하고 타인을 배려할 수 있다.
		대인관계에서 의사소통의 중요성을 이해하고 의사소통할 수 있다.
II. **일과** **직업 세계** **이해**	변화하는 직업 세계의 이해	일과 직업의 의미와 역할을 이해한다.
		일과 직업의 다양한 종류와 변화를 이해한다.
	건강한 직업의식 형성	직업에 대한 긍정적인 태도를 형성한다.
		맡은 일에 최선을 다하는 태도를 기른다.
		직업에 대한 편견과 고정관념을 극복하여 개방적인 인식을 형성한다.
III. **진로 탐색**	교육 기회의 탐색	진로에서 학습이 중요함을 이해하고 바른 학습 태도를 갖는다.
		학교의 유형과 특성을 이해하고 탐색한다.
	직업 정보의 탐색	여러 가지 방법으로 직업정보를 탐색하고 수집한다.
		다양한 체험활동을 통해 직업을 이해한다.
IV. **진로** **디자인과** **준비**	진로 의사결정능력 개발	다양한 의사결정 방식을 안다.
		다양한 상황에서 스스로 의사결정을 내릴 수 있다.
	진로 설계와 준비	진로 계획 수립의 중요성을 이해한다.
		자신의 꿈과 끼에 맞는 진로를 그려본다.

3. 최근 진로교육에서 주목하고 있는 '진로탄력성'이란 무엇인가?

진로탄력성은 에미 워너(Emmy Werner)의 '회복탄력성'의 개념을 진로영역에 도입한 것입니다. 에미 워너는 '삶의 어떠한 역경에도 굴하지 않는 강인하고 긍정적인 힘'을 회복탄력성이라고 정의하였습니다.

산업구조나 직업 세계는 더 다양화되고 빠르게 변하고 있습니다. 더불어 진로와 관련된 위기 상황이나 어려움은 늘 있을 수 있습니다. 이것을 적극적으로 잘 대처하고 극복해 나갈 수 있는 능력을 아이들에게 길러주어야 합니다.

진로탄력성이란 쉽게 말하면 한 인간에게 다가온 위기, 그 위기를 극복할 수 있는 역량이라고 할 수 있습니다.

교육부(2018)는 진로탄력성을 다음과 같이 정의하고 있습니다.

> 진로와 관련하여, 어려운 상황에도 불구하고 긍정적인 태도를 유지하며 극복하고, 변화하는 진로환경에 적극적으로 대처하여 자신의 상황에 적합하게 설정한 진로목표를 성취하기 위해 열망을 가지고 지속적인 노력을 해나가는 역량

이 말은 '진로문제와 관련하여 주변의 여건이나 환경 등으로 인한 위기나 어려움에도 불구하고 자신이 세운 진로 목표를 상황에 맞게 다시 수정하여 추구하는 능력과 태도(2019, 서울시교육청)'를 의미합니다.

한 인간에게 다가온 위기를 극복할 수 있는 역량인 '진로탄력성'이야말로 미래를 준비하는 진로교육의 핵심이라고 할 수 있습니다. 우리는 모두 진로를 설계하고 실행하는 과정에서 만나게 되는 위기나 실패를 경험하는 것을 두려워합니다. 실패는 도전의식에서 나옵니다. 실패에 좌절하지 않고 도전하는 자세는 새로운 기회를 탐색하게 해주고 어려움을 통해 유연한 사고를 길러 줍니다. 따라서 실패는 경험이나 배움의 과정이라는 인식이 필요합니다. 진로와 관련된 위기상황(진로장벽)에 적극적으로 대처하고 극복해 나갈 수 있는 내적 자원을 길러 주는 것은 진로입문기의 초등학생들에게 특히 필요합니다.

진로탄력성의 구성요소는 '자기이해, 긍정적 태도, 자기조절, 적응성, 대안·정보 관계'입니다.[2]

---

2 진로교육자료, 진로탄력성의 이해(2019). 커리어넷.

<표 2> 진로탄력성의 구성 요소

영역	정의	하위요소
자기이해	자신을 긍정적으로 인식하며 자신의 내·외적 특성을 자기 스스로가 올바르게 이해하는 것	자기인식 자기효능감
긍정적 태도	자신과 미래 환경에 대해 어려운 상황을 극복할 수 있다는 긍정적 믿음과 부정적 감정을 잘 다스리는 태도	감사하기 미래지향
자기조절	자신의 감정과 행동을 인식하고 이를 바람직한 방향으로 스스로 조절하는 능력	정서조절 진로자립
적응성	급변하는 사회 환경에서도 적응할 수 있는 유연한 대처 능력을 의미하며 변화하는 상황을 기꺼이 받아들이고 적극적으로 진로 목표를 달성해 나가는 것	진로유연성 변화수용
대인·정보 관계	사람-사람, 사람-사물 간의 사회적 관계망·연결망을 형성하며, 상호 관계를 맺고 상황과 맥락 안에서 긍정적인 관계를 유지하며 진로를 개척하는 것	공감능력 연결성 협력

4. 미래사회가 바라는 인재상은 어떤 사람일까?

소통하고 협력하는 사람

우리가 살고 있는 4차 산업시대에는 인공지능(AI)이 매우 활발하게 활용되고 있습니다. 사람들은 인공지능으로 많은 직업이 사라지게 될 것을 두려워하기도 합니다. 그러나 인공지능이 못하는 것이 있는데, 바로 '자기주도학습 능력, 소통, 협력'입니다.

글로벌 교육의 전문가인 찰스 파델(2009)은 21세기 미래인재의 핵심역량을 4C라고 말하고 있습니다. 4C란 비판적 사고능력(Critical thinking), 창의력(Creativity), 의사소통 능력(Communication), 협업능력(Collaboration)을 말합니다.

최근 우리나라 기업들도 미래의 인재상으로 소통과 협력을 중시하고 있는데, 이는 4C의 4가지 핵심역량과도 깊은 연관이 있습니다.

100대 기업의 인재상 변화

순위	2013년	2018년
1	도전 정신	소통 · 협력
2	주인 의식	전문성
3	전문성	원칙 · 신뢰
4	창의성	도전 정신
5	원칙 · 신뢰	주인 의식
6	열정	창의성
7	소통 · 협력	열정
8	글로벌 역량	글로벌 역량
9	실행력	실행력

출처: 대한상공회의소(2018)

'I형 인재'에서 'T자형 인재'로

지금까지는 한 분야에 깊이 있는 전문지식과 역량을 갖춘 인재(I형 인재)를 선호하였습니다. 그런데 최근에는 'T자형 인재'라는 개념이 관심의 대상이 되고 있습니다. UC 버클리(University of California-Berkeley)의 한센(Morten Hansen)교수는, 'T자형 인재'란 어떤 한 분야에서 고도의 전문성을 가지고 있으면서도, 다른 영역과 잘 융합되고 협력하며 통섭할 수 있는 인재를 의미한다고 말했습니다.

'T자형 인재'가 중요한 이유는 자신의 전문 분야에서도 다양한 다른 분야를 접목하면 생각지도 못한 수많은 아이디어가 도출되어 더 뛰어난 결과를 만들어 낼 수 있기 때문입니다.

현대사회는 여러 사람이 모여 가치를 만들어 가는 시대이므로, 초등학교 진로 교육에서도 다양한 분야에 대한 풍부한 지식 습득 및 다른 사람과 협력하고 소통하는 능력을 길러주어야 합니다.

집필 방향 소개

1. 본 책의 집필 방향은 무엇인가요?

본 책에서 소개하고 있는 진로 수업은 아이들에게 다양한 접근방식으로 진로를 바라볼 수 있도록 제시하고자 노력하였습니다.

교과통합이나 창의적 체험활동 중 진로활동 시간에 활용하여 할 수 있는 '다양한 활동으로 만나는 행복한 진로 수업', 아이들에게 질문과 토론을 통해 비판적 사고능력을 키워줄 수 있는 '하브루타로 묻는 나의 진로', 아이들이 쉽고 즐겁게 진로에 대한 흥미를 느낄 수 있는 '그림책으로 열어가는 나의 진로'의 세 가지 방향으로 구성되어 있습니다.

2. 책의 구성과 내용은 어떻게 이루어져 있나요?

본 책에서는 교육부(2015)의 초등학교 진로교육 4대 영역과 목표를 바탕으로 하여 4가지 미래인재상을 제시하였습니다. 또 각 진로 영역의 하위요소는 초등학교 진로교육 목표와 초등학교 아이들에게 필요한 진로탄력성을 고려하여, 13개 하위 역량으로 구성하였습니다.

가. 본 책의 진로교육 구성 안내

2015 진로교육 영역	4가지 미래인재상	하위 역량
Ⅰ. 자기이해와 사회적 역량 개발 ➡	자기를 이해하고 협력하는 사람 ⇨	자기이해 자아존중감 의사소통 공감과 배려 협력
Ⅱ. 일과 직업세계의 이해 ➡	변화하는 세계에 적응하는 사람 ⇨	진로탐색 진로유연성 감사하기
Ⅲ. 진로탐색 ➡	탐구하고 공부하는 사람 ⇨	자기주도학습 연결성
Ⅳ. 진로디자인과 준비 ➡	꿈을 그리며 도전하는 사람 ⇨	의사결정 도전정신 미래지향

나. 4가지 미래인재상 안내 및 주요 내용 소개

1영역: 자기를 이해하고 협력하는 사람

1.
자기를 이해하고
협력하는 사람

1. 자기이해
2. 자아존중감
3. 의사소통
4. 공감과 배려
5. 협력

진로교육에서 가장 중요한 것은 자기를 이해하는 것입니다. 자신의 모습을 긍정적으로 이해하고, 타인과의 관계를 바르게 정립함은 삶을 영위하는데 매우 중요한 자산입니다. 따라서 자신의 특성을 찾아 이해하여 자아존중감을 높이고, 타인과의 의사소통을 통해 공감하고 배려하며 협력하는 태도를 기르도록 합니다.

2영역: 변화하는 세계에 적응하는 사람

2.
변화하는 세계에 적응하는 사람

1. 진로탐색
2. 진로유연성
3. 감사하기

지금 세상은 급속도로 변화하고 있습니다. 변화하는 세계에 적응하기 위해서는, 어떤 상황에서든지 자신의 진로를 탐색하는 자세가 필요합니다. 진로유연성은 여러 가지 상황과 환경에 따라 융통성 있게 대응하고 변화시킬 수 있는 능력입니다. 나아가 감사하는 마음은 긍정적이고 행복한 삶의 출발점입니다.

3영역: 탐구하며 공부하는 사람

3.
탐구하며 공부하는 사람

1. 자기주도학습
2. 연결성

배움은 우리가 평생 가져야 할 덕목입니다. 타인의 주도에 이끌리지 않고 자신의 선택으로 미래의 일과 직업을 찾기 위해서는 자기주도학습능력이 중요합니다. 사람과 사람 사이의 네트워크, 지식과 경험, 자원을 연결하여 가치와 의미를 만드는 능력은 미래사회를 살아가는데 꼭 필요한 부분입니다.

4영역: 꿈을 그리며 도전하는 사람

4.
꿈을 그리며 도전하는 사람

1. 의사결정
2. 도전정신
3. 미래지향

자신의 꿈을 실현하기 위해서는 진로의사결정 능력을 길러 주어야 합니다. 현재의 상황이 불안과 좌절을 가져다준다 해도 미래를 위해 이겨낼 수 있는 힘이 바로 도전정신입니다. 미래지향은, 어려움에 부딪혔을 때 자신의 미래를 낙관적으로 생각하면서 목표를 달성하려는 의지를 가지고 꾸준히 노력하는 것입니다.

진로수업에 대한 여는 글

─ 다양한 활동으로 만나는 행복한 진로수업 ─

4차 산업혁명, 유비쿼터스, 사물인터넷(IOT), 빅데이터, 인공지능(AI), 메타버스(METAVERSE), MZ세대 등.

새롭게 등장하는 용어들을 보면 따라가기가 버겁다는 생각도 들고 머리가 어지러워집니다.

초등학교 시기는 무한한 꿈을 꿀 수 있는 가장 좋은 시기입니다.

아이들과 진로수업을 하면서 '급변하는 미래사회를 살아갈 아이들에게 어떤 도움을 줄 수 있을까?', '아이들의 진로역량을 키워줄 수 있는 진로수업은 어떤 것일까?' 항상 고민하며 수업을 하고 있습니다.

우리 아이들은 평생 몇 개의 직장을 가지게 될까요?

2020년 말 기준 <한국직업사전>에 등재된 국내 직업 수는 약 16,891개로 10년 전에 비하여 70% 정도 증가하였습니다. 앞으로도 새로운 직업은 계속 생겨날 것입니다. 현재 선호하는 유망 직업은 미래사회에는 사라질 수도 있습니다.

또, 2016년 세계경제포럼 '일자리의 미래' 보고서에는 현재 초등학교 입학을 앞둔 전 세계 7세 아동의 65%는 미래에 새로운 직종에서 일하게 될 전망이라고 합니다.

이제 평생직장, 평생직업이라는 말은 통하지 않게 되었습니다. 몇 년 전 한국진로교육학회에서 발표한 내용을 빌려보면 우리 아이들은 평균 10~15개의 직장을 가지게 될 것이라고 합니다. 이미 어른이 된 우리가 생각해보면 '과연 그럴까?'하고 고개를 갸웃하는 분이 많을 것입니다.

요즘 '본캐(본래 캐릭터)와 부캐(부 캐릭터)'라는 말이 있을 정도로 여러 개의 직업을 가진 사람들도 있습니다. 기업들 역시 전보다 많은 능력을 요구하고 있습니다.

현재 우리 아이들에게 필요한 진로교육의 방향은 무엇일까요?

지금 우리는 직업 다변화, 직업 전문화, 세분화 시대에 살고 있습니다.

우리 아이들에게 필요한 진로교육은 '물고기를 잡아주는 것이 아니라 물고기를 잡는 방법을 가르쳐 주는 것'이라고 생각합니다. 우리나라 진로교육목표에서도 '진로 개발역량', 즉 '변화하는 직업세계와 평생학습사회에 적극적으로 대응할 수 있도록 진로를 개척하고 지속적으로 개발하는 능력'을 강조하고 있습니다. 이와 더불어 진로와 관련된 위기를 극복할 수 있는 역량인 '진로탄력성'이 필요합니다. 아이들이 필요한 경우 스스로 진로에 관한 다양한 자료를 찾고 자유롭게 활용할 수 있는 방법을 안내하여 주는 것이 아이들의 진로역량을 개발하는 데 지속적으로 도움이 될 것입니다.

초등학교에서 진로교육은 어떻게 하면 좋을까요?

현재 초등학교의 진로수업은 교과와 연계한 진로교육과 진로활동 중심의 창의적 체험활동으로 나누어 지도하고 있습니다.

초등학생 시기는 진로 인식단계에 해당합니다. 자신에 대한 이해와 긍정적 가치를 형성하고, 일과 사회에 대한 건전한 가치관의 기본을 다지는 시기입니다.

따라서 학년 또는 학급 내에서 이루어지는 진로수업은 학생들의 발달을 고려하여 학년(군)별 중점목표를 조금씩 다르게 지도해야 합니다.

예를 들면 저학년은 긍정적 자아개념과 타인을 배려하며 의사소통하는 역량, 중학년은 다양한 진로탐색과 직업에 대한 태도 형성, 고학년은 학습의 중요성과 다양한 방법과 체험을 통해 직업정보를 탐색하고, 진로를 설계하고 계획을 수립하는 역량을 기르는 쪽에 좀 더 비중을 두고 지도하는 것입니다.

진로수업을 계획할 때 중요하게 생각해야 하는 것은 무엇인가요?

초등학교 진로교육에서 가장 중요한 것은 자신에 대한 이해와 자아존중감을 높이는 것이라고 할 수 있습니다. 심리학, 교육학, 의학 등 모든 분야의 전문가가 아이에게서 자아존중감만큼 중요한 것은 없다고 말하고 있을 정도입니다.

하버드대 교육학과 조세핀 김 교수는 '자아존중감'이란 나는 다른 사람의 사랑과 관심을 받을만한 사람이라는 생각과 나는 주어진 일을 잘 해낼 수 있다고 믿는 것이, 즉 자신감이다. 라고 말하고 있습니다. 자신에 대한 긍정적인 마인드를 갖는 것입니다.

본 책에서도 아이들의 자기이해와 자아존중감을 높이는 다양한 활동에 중점을 두었습니다.

오케스트라는 서로 다른 악기들이 모여서 아름다운 화음과 음악으로 우리에게 감동을 줍니다. 아이들은 가까이에 있는 부모와 교사를 보면서 꿈을 키웁니다. 아이들이 자신을 사랑하고 친구들과 어울리며 배우는 교육활동을 통해 다시 일어설 수 있는 긍정적이고 능동적인 마음 근력을 기를 수 있도록 함께 노력해야 할 것입니다

칼릴 지브란의 예언자에 나오는 '우리 아이들은'이란 시를 소개해봅니다.

당신의 자녀들은 당신의 소유물이 아닙니다.
그들은 생명의 아들이고 딸입니다.
그들은 당신을 통하여 왔지만
당신에게서 온 것은 아닙니다.

또한 당신과 함께 있으나 당신의 것은 아닙니다.
그들에게 사랑을 줄 수는 있으나 생각을 줄 수는 없습니다.
왜냐하면,
그들은 자기의 생각이 있으니까요.

당신은 그들의 몸을 가둘 수는 있어도 마음을 가둘 수는 없습니다.
왜냐하면,
그들의 마음은 미래의 집에 거하기 때문입니다.
당신으로서는 꿈속에서조차도 방문할 수 없는 그런 곳에 말입니다.

당신은 그들처럼 되고자 할 수는 있겠지만 그들을 당신처럼 만들려고는 마십시오.
왜냐하면,
인생은 과거로 가는 것이 아니며 어제에 머무르지 않기 때문입니다.

― 하브루타로 묻는 나의 진로 ―

「전 세계 인구의 0.2%, 지금까지의 노벨상 수상자 중 약 20%, 아인슈타인, 빌 게이츠, 피카소, 멘델스존, 스티븐 스필버그, 프로이트 등과 같은 유명인들」이 상징하는 것은 무엇일까요?

답은 유대인입니다. 유대인들이 세계적으로 두각을 나타내는 이유는 바로 '교육의 힘' 때문입니다. 어릴 적부터 이들이 하는 교육의 핵심은 '대화', 정확하게 말하자면 '하브루타(Havruta)'입니다. 하브루타는 좁게는 '짝지어 질문과 대답을 주고받으며 토론하고 논쟁하는 것'을, 넓게는 '함께 이야기를 나누는 것'을 의미합니다.[3] 하버(Chaver/우정, 동반자 관계)라는 어원에서 알 수 있듯이, 유대인들은 두 사람이 대화를 통해 자신의 생각을 나누는 것을 매우 중요하게 여깁니다.[4]

그렇다면 하브루타는 초등 진로교육에 어떤 도움을 줄까요?

초등 진로교육은 긍정적인 자기이해를 바탕으로 어려움을 극복할 수 있는 마음의 힘을 기르는 것이 우선되어야 합니다. 그리고 스스로 공부하는 습관을 익히고 진로탐색을 통해 진로를 선택할 수 있는 역량을 기르는 것입니다. 하브루타 질문 공부는 이런 진로교육의 목표에 도달할 수 있는 힘을 기르는데 다음과 같이 도움을 줍니다.

하브루타는 자기이해와 자아존중감을 키워 줍니다.

하브루타를 하다보면 문득 얻는 깨달음이 생깁니다.
'아하, 나는 이렇게 생각하는데, 다른 사람들은 그렇게 생각하는구나?'
'친구와 함께 이야기하면서 공부하니 이해가 더 잘 되네?'
'내 생각을 말하다보니, 내 가치관이 좀 더 명확해진 것 같아.'
'이런…. 말실수를 했어. 다음번엔 좀 더 예의를 갖춰 말해야겠어.'

질문은 상대방뿐만 아니라 나에게도 생각하는 상황을 만들어 줍니다. 말이 오가

---

3 전성수(2012). 부모라면 유대인처럼 하브루타로 교육하라. 경기: 위즈덤하우스.
4 전성수교수는 하브루타의 기본은 짝토론이지만 우리 교육 현실에 맞게 구조화할 수 있다고 했다.

면서 내 생각이 정리되고 상대방을 이해하게 됩니다. 거침없는 토의를 통해 주제에 대한 다양한 시각을 배우면서 스스로 겸손해지고 자신감도 커집니다. 하브루타는 각자의 생각에는 나름대로의 근거가 있고, 사람마다 상황이 다를 수 있음을 알게 해줍니다. 하브루타로 스스로를 더 잘 이해하게 되고 자존감도 높아집니다. 나에 대한 이해는 자신이 진정으로 원하는 진로목표를 세울 수 있게 해줍니다.

하브루타는 자기주도적인 학습을 가능하게 합니다.

진로를 준비할 때 학습은 매우 중요합니다. 유대인들은 '말로 설명하지 못하면 모르는 것이다.'라고 했습니다. 이는 말로 설명하는 것은 자신이 아는 것과 모르는 것을 명확하게 구분할 수 있게 한다는 '메타인지'의 개념과 일맥상통합니다. 진짜 공부는 학습자 본인의 필요에 의한 것이기 때문에, 문제를 해결하고자 하는 의지는 학습의 양과 질을 결정하는 중요한 요인입니다. 교사가 아이들에게 일방적으로 전달되는 지식이 아이들의 기억 속에서는 빨리 사라지는 이유도 바로 이것입니다. 하브루타 학습은 의미 있는 부분을 연결하여 효율적으로 설명하게 하고, 자율적인 학습태도를 함양합니다. 하브루타는 학습자가 스스로 방향을 찾아 공부하는 습관과 메타인지를 향상시켜 진로 준비에 도움을 주는 학습 방법입니다.

하브루타는 인성교육에 도움이 됩니다.

하브루타는 대화를 통해 긍정적이고 열린 마음을 길러 줍니다. 하브루타가 습관화되면 이야기를 듣고 질문하는 적극적인 경청을 하게 됩니다. 하브루타를 통해 상대방의 생각을 좀 더 깊이 있게 받아들이는 습관을 기르게 됩니다. 하브루타는 서로의 실수를 통해 자제력과 관대함을 길러 줍니다. 하브루타를 하면서 세상을 보는 시야가 넓어집니다. 여러 연령층의 사람들과 대화하면서 다양한 주제를 접하면서 이해의 폭이 넓어집니다. 하브루타는 이 세상에 다양한 답과 가치관이 존재함을 일깨워줍니다. 따라서 하브루타는 장기적으로 아이들의 도덕성을 키워 줍니다.

하브루타는 진로 선택에 도움을 줍니다.

우리의 삶은 선택과 결정의 반복으로 이루어집니다. '질문의 크기가 내 삶의 크기를 결정한다.'는 인문학자 고미숙의 말[5]이 아니더라도, 선택을 위해 하는 질문, 특히 스스로에게 하는 질문은, 인생에서 크고 작은 일들을 앞두고 순간적인 판단이나 긴 시간 동안 선택을 고민할 때 도움을 줍니다. 나와의 하브루타는 선택과 결정에 있어 후회와 실패에 대한 부담감을 조금은 낮춰 줍니다. 왜냐하면 최선의 선택은 아닐지 몰라도 여러 가지 각도에서 질문하고 스스로 생각하고 판단하는 과정에서 유연한 마음, 즉 진로탄력성을 얻기 때문입니다. 하브루타는 결정의 순간 질문으로 더 깊이있게 생각하게 해줍니다.

그럼 시작하기 전에, 질문의 힘을 느낄 수 있는 작은 경험을 해볼까요?

'나는 너를 사랑해.'를 의문문으로 바꿔보세요. 그리고 소리 내어 말해보세요.
"나는 너를 사랑할까?"
어떤 느낌이 드는지요? 당연하다고 생각했던 것이 순간 살짝 의심스러워지지 않는가요?
내가 그 사람을 과연 사랑하는지, 그 근거는 무엇인지 찾아보고 싶은 마음은 들지 않는가요?
진로를 탐색할 때도 내가 당연하게 생각하는 것을 질문으로 바꿔 생각해 보기 바랍니다.
'나는 의사가 될 거야.'
→ '나는 의사가 될 수 있을까?', '어떤 의사가 될 수 있을까?', '내가 생각하는 그 일은 과연 내 생각처럼 그런 일일까?', '의사가 되면 과연 나는 행복할까?'

당연하게 여겼던 말을 질문으로 바꿔 보면, 아마도 그러려니 했던 그 말의 의미가 새삼스럽게 다가오고 생각이 확장됨을 느끼게 될 것입니다. 아무리 사소한 질문도 이런 힘을 가지고 있기에 어릴 적부터의 질문교육은 진로교육을 위해 그만큼 중요합니다.

---

5 재인용/구본권(2019). 공부의 미래. 서울: 한겨레출판(주). p108/고미숙(2012). 공부의 달인 호모쿵푸스. 서울: 북드라망.

— 그림책으로 열어가는 나의 진로 —

예측하기 어려울 정도로 빠르게 변화하는 현대사회는, 창의적이고 협력할 줄 알며 공감 능력이 뛰어난 인재를 필요로 합니다. 그래서 아이들의 미래에 대한 비전 형성에 영향을 줄 수 있는 다양한 맞춤형 진로교육이 절실히 필요합니다.

레오 톨스토이 원작, 존 무스의 그림책 《세 가지 질문》에는 '가장 중요한 때는 언제일까?' '가장 중요한 사람은 누구일까?' '가장 중요한 일은 무엇일까?'라는 세 가지 질문이 나옵니다. 책 속의 인물 니콜라이는 동물 친구들에게 질문에 대한 대답을 원했지만 만족스런 답을 얻지 못하였습니다. 그러던 중 위험에 빠진 판다를 구하면서 자연스레 세 가지 질문의 답을 알게 됩니다.

아이들에게 가장 중요한 때는 언제이고, 가장 중요한 일은 무엇이며, 가장 중요한 사람이 누구인지 스스로 느끼고 알게 하려면 어떻게 해야 할까요?

저는 그 방법의 하나로 그림책 읽기를 적극 추천합니다.

그림과 글로 작가의 생각과 마음을 전하는 그림책은, 사람들의 마음을 움직여 내적 동기를 부여해주고 삶의 가치와 방향을 알려주는 강력한 힘이 있습니다. 다양한 소재와 이야기를 통한 간접 경험으로 긍정적 정서와 자아 형성 및 내면의 성장을 이끌어 냅니다.

이러한 그림책을 활용한 진로교육은 아이들의 진로역량개발에 어떠한 영향을 미칠까요?

먼저 그림책의 표지와 제목, 글과 그림 사이에 숨어있는 의미를 찾아 예측하고, 질문하고, 상상하고, 토론하는 과정을 통해 고차원적인 사고의 힘과 유연성을 길러줍니다.

둘째, 가정, 학교, 친구 관계 등에서 겪는 심리적 갈등을 책 속 등장인물의 행동을 통해 스스로 분석하고 느끼고 통찰하는 과정에서 그 해결 방법을 배울 수 있습니다.

셋째, 자신의 생각과 느낌을 자유롭게 표현하며 다른 사람과 함께 공유하는 과정에서 타인을 이해하고, 사회를 살아가면서 필요한 역량을 기를 수 있습니다.

나 자신의 생각 뿐만이 아니라, 다양한 의견이 존중되고 이해되어야 한다는 배려가 있는 소통을 경험하게 됩니다.

마지막으로 그림책 속의 인물을 통하여 직업 세계의 다양성과 변화를 이해하며 자신의 진로를 설계하고 디자인할 수 있는 힘을 길러줍니다.

미래사회를 위한 교육은, 지식의 경계를 허물어 끊임없는 배움을 통해서 변화하는 시대에 대비해야 합니다. 전문성뿐만 아니라 유연한 대처능력을 가진 아이들을 키워내야 합니다. 이를 위해 학생들이 진로탄력성을 기를 수 있는 태도와 역량을 기르는 것이 무엇보다 중요합니다.

그런 의미에서 그림책은 자신을 이해하고 일에 대한 긍정적인 태도와 가치관을 배워 건강한 직업의식을 형성할 수 있게 하는 적절한 교수 매체라고 할 수 있습니다.

목 차

PART
01

자기를 이해하고 협력하는 사람

PART
02

변화하는 세계에 적응하는 사람

PART
03

탐구하며 공부하는 사람

PART
04

꿈을 그리면 도전하는 사람

책의 구성

미래 인재상
제시

미래 인재상에
따른 진로교육
영역 소개

진로교육의
영역 설명

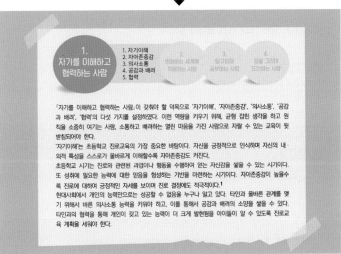

「자기를 이해하고 협력하는 사람」이 갖춰야 할 덕목으로 '자기이해', '자아존중감', '의사소통', '공감과 배려', '협력'의 다섯 가지를 설정하였다. 이런 역량을 키우기 위해, 균형 잡힌 생각을 하고 원칙을 소중히 여기는 사람, 소통하고 배려하는 열린 마음을 가진 사람으로 자랄 수 있는 교육이 뒷받침되어야 한다.

'자기이해'는 초등학교 진로교육의 가장 중요한 바탕이다. 자신을 긍정적으로 인식하며 자신의 내·외적 특성을 스스로가 올바르게 이해할수록 자아존중감도 커진다.

초등학교 시기는 진로와 관련된 과업이나 행동을 수행하여 얻는 자신감을 쌓을 수 있는 시기이다. 또 성취에 필요한 능력에 대한 믿음을 형성하는 기반을 마련하는 시기이다. 자아존중감이 높을수록 진로에 대하여 긍정적인 자세를 보이며 진로 결정에도 적극적이다.[1]

현대사회에서 개인의 능력만으로는 성공할 수 없음을 누구나 알고 있다. 타인과 올바른 관계를 맺기 위해서 바른 의사소통 능력을 키워야 하고, 이를 통해서 공감과 배려의 소양을 쌓을 수 있다. 타인과의 협력을 통해 개인이 갖고 있는 능력이 더 크게 발현됨을 아이들이 알 수 있도록 진로교육 계획을 세워야 한다.

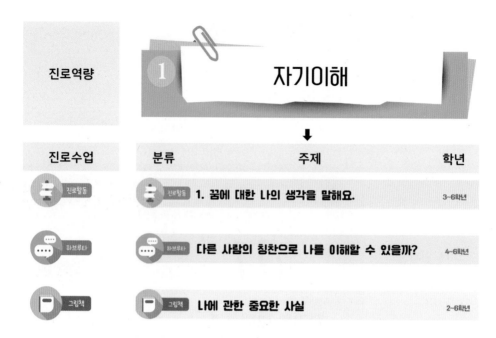

진로역량		1	자기이해	

진로수업	분류	주제		학년
진로활동	진로활동	1. 꿈에 대한 나의 생각을 말해요.		3~6학년
하브루타	하브루타	다른 사람의 칭찬으로 나를 이해할 수 있을까?		4~6학년
그림책	그림책	나에 관한 중요한 사실		2~6학년

각각의 수업 주제는 이모티콘과 색깔로 구분하고, 대상학년을 제시하였습니다.

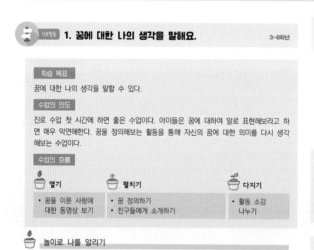

진로활동 1. 꿈에 대한 나의 생각을 말해요.   3~6학년

학습 목표

꿈에 대한 나의 생각을 말할 수 있다.

수업의 의도

진로 수업 첫 시간에 하면 좋은 수업이다. 아이들은 꿈에 대하여 말로 표현해보라고 하면 매우 막연해한다. 꿈을 정의해보는 활동을 통해 자신의 꿈에 대한 의미를 다시 생각해보는 수업이다.

수업의 흐름

열기
• 꿈을 이룬 사람에 대한 동영상 보기

펼치기
• 꿈 정의하기
• 친구들에게 소개하기

다지기
• 활동 소감 나누기

놀이로 나를 알리기

4명이 한 모둠이 되어 돌아가면서 자신의 특징이나 장점을 한 가지씩 말한다. 이 때 기억이 나지 않으면 "통과"를 외치고 다음번에 말할 수 있다. 놀이의 결과는 중요하지 않으므로 자연스럽게 마음과 입을 열도록 하는 효과를 얻도록 한다.

 하브루타 수업은 어떻게 시작할까?

하브루타 수업은 도입 단계에서 흥미를 불러일으키고 학습에 몰입하도록 퀴즈나 놀이, 스토리텔링을 활용하곤 한다. 간단한 손 유희를 하거나 학습 주제와 연관된 노래를 부를 수도 있다. 책의 표지, 단원 그림을 보고 질문을 해서 학습에 집중하도록 이끌 수도 있다.

진로역량

수업의 흐름은 씨앗을 뿌리고 키워서 싹 틔우는 과정에 비유하였습니다.

수업의 tip

수업을 효과적으로 진행할 수 있는 방법을 소개하였습니다.

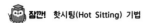 **잠깐!** 핫시팅(Hot Sitting) 기법

가상의 인물과 만나 서로 대화하는 토론 방법. 의자에 연기자가 앉아 있으며, 의자에 앉은 사람은 글 속의 인물로 가정한다. 배역을 맡은 사람은 글 속 인물을 연기하며 자신의 생각이 아닌 그 인물의 마음으로 주어진 질문에 답을 하도록 한다. 배역을 맡은 사람에게 질문하며 서로 대화를 한다. 이 기법을 활용하면 인물에 대한 이해를 도울 수 있으며, 다양한 관점과 입장이 이해가 가능해진다. 또한 교실이 연극의 공간으로 변하며 아이들에게 재미와 흥미를 느끼게 할 수 있다. 배역을 맡은 사람은 꼭 1명이 아니어도 된다. 1명일 경우 부담을 느끼고 편하게 몰입이 되지 않을 수 있으므로 2~3명을 정해도 좋다.

이렇게도 할 수 있어요   **가족과 하브루타로 소통하기** 3~6학년

주제: 건강에 좋은 라면을 끓여 가족과 함께 먹어보자.
• 라면 스프는 활용하지 않고 다양한 밑 국물 재료를 활용하여 국물을 만든다.
  – 라면 스프의 장단점을 설명한 후 창의적인 맛을 창출하도록 한다.
• 가족이 머리를 맞대고 건강에 좋고 맛있는 라면 요리를 만들어 함께 즐겁게 먹는 것에 주안점을 둔다.
  – 시간 여유를 두고 과제를 제시한다.
• 발표
  – 패들렛에 만든 음식의 사진이나 재료, 과정을 올린다.
  – 미리캔퍼스(https://www.miricanvas.com)를 활용하여 광고물로 만든다. 원격수업 시 친구들에게 설명한다.

 1. 동영상 시청하기

▪ EBS 다큐멘터리 '0.1%의 비밀'을 시청한다(~16분 20초까지).
• https://www.youtube.com/watch?v=gF_JxDflrqE
▪ 공부를 잘하는 학생들의 공부 습관이나 방법을 찾아본다.
• 동영상을 보기 전에 활동지를 나누어 준다.
• 초성이 적힌 활동지의 빈칸에 답을 찾아 적으면서 시청한다.
• 함께 답을 맞히며 공부를 잘하는 방법을 정리한다.

 잠깐!

주제와 관련된 진로이론이나 학습이론 또는 자료를 소개하였습니다.

이렇게도 할 수 있어요

주제에 대한 다른 수업 방법이나 원격수업 활용 방법을 소개하였습니다.

 온라인수업

 패들렛

 카훗

 미리캔버스

 QR코드

링크된 동영상, 활동지, 관련 자료 등을 수록하였습니다. 스마트폰의 카메라나 QR코드앱을 활용하여 내용을 확인하거나 자료를 다운받아 사용할 수 있습니다.

PART
01

자기를 이해하고
협력하는 사람

「자기를 이해하고 협력하는 사람」이 갖춰야 할 덕목으로 '자기이해', '자아존중감', '의사소통', '공감과 배려', '협력'의 다섯 가지를 설정하였다. 이런 역량을 키우기 위해, 균형 잡힌 생각을 하고 원칙을 소중히 여기는 사람, 소통하고 배려하는 열린 마음을 가진 사람으로 자랄 수 있는 교육이 뒷받침되어야 한다.

'자기이해'는 초등학교 진로교육의 가장 중요한 바탕이다. 자신을 긍정적으로 인식하며 자신의 내·외적 특성을 스스로가 올바르게 이해할수록 자아존중감도 커진다.

초등학교 시기는 진로와 관련된 과업이나 행동을 수행하여 얻는 자신감을 쌓을 수 있는 시기이다. 또 성취에 필요한 능력에 대한 믿음을 형성하는 기반을 마련하는 시기이다. 자아존중감이 높을수록 진로에 대하여 긍정적인 자세를 보이며 진로 결정에도 적극적이다.[1]

현대사회에서 개인의 능력만으로는 성공할 수 없음을 누구나 알고 있다. 타인과 올바른 관계를 맺기 위해서 바른 의사소통 능력을 키워야 하고, 이를 통해서 공감과 배려의 소양을 쌓을 수 있다. 타인과의 협력을 통해 개인이 갖고 있는 능력이 더 크게 발현됨을 아이들이 알 수 있도록 진로교육 계획을 세워야 한다.

자기이해

 진로활동 **1. 꿈에 대한 나의 생각을 말해요.** 3~6학년

[학습 목표]

꿈에 대한 나의 생각을 말할 수 있다.

[수업의 의도]

진로 수업 첫 시간에 하면 좋은 수업이다. 아이들은 꿈에 대하여 말로 표현해보라고 하면 매우 막연해한다. 꿈을 정의해보는 활동을 통해 자신의 꿈에 대한 의미를 다시 생각해보는 수업이다.

[수업의 흐름]

 열기
- 꿈을 이룬 사람에 대한 동영상 보기

펼치기
- 꿈 정의하기
- 친구들에게 소개하기

 다지기
- 활동 소감 나누기

 꿈을 이룬 사람에 대한 동영상 보기

■ 꿈 정의하기 활동에 대한 이해를 도울 수 있는 동영상을 2편을 시청한다.

1. 짐 캐리: https://www.youtube.com/watch?v=cyUOmrBl1UA(1분 33초)

> 짐 캐리의 무명시절 이야기이다. 아버지의 실직으로 어려움을 겪던 그는 자신에게 1000만 달러 가짜 백지수표를 주었다. 지갑을 열 때마다 백지수표를 보면서 자신의 꿈을 이루리라고 다짐을 하였다. 그리고 영화 '마스크', '덤 앤 더머', '배트맨 포에버'에 출연해 출연료 1000만 달러를 받게 된다. 꿈을 적고 그것을 위해 적극적으로 노력한 결과였다.

꿈은 (적극적인 행동)이다

2. 버락 오바마: https://www.youtube.com/watch?v=ZZlA9I-xH90(2분 57초)

"나는 꿈이 있습니다. 우리의 자녀들이 피부색이 아니라 인격에 따라 평가받는 그런 나라에 살게 될 날이 오리라는 꿈입니다."라고 외쳤던 마틴 루터킹 목사. 그의 꿈은 45년이 흐른 뒤 오바마 미국 최초의 흑인 대통령에게 전해졌다. 한 목사의 꿈은 또 다른 누군가의 꿈이 되어간다.

꿈은 (유산)이다

 꿈 정의하기 활동

- 꿈 정의하기 활동하기
- 아이들에게 다음 질문을 통해 '꿈'이 나에게 어떤 의미인지 구체적으로 상상해보게 한다.
  "눈을 감고 꿈이라는 단어를 눈앞에 떠올려 보세요.
  '꿈'이라는 말을 떠올리면 어떤 생각이 드나요? 어떤 이미지가 떠오르나요?"
- 앞에서 본 동영상과 같이 '꿈'에 대하여 자신만의 정의를 내려 본다.

꿈이란 [ ]이다. 왜냐하면 _____ 이기 때문이다.

- 아이들이 내린 꿈에 대한 정의를 친구들과 함께 돌아가며 말하기를 통해 이야기해본다.
- 실감나게 릴레이 문답식의 발표를 하면 놀이처럼 집중하며 즐겁게 참여한다.

 릴레이 문답으로 해봐요.

전　　체: "꿈이란?"하고 크게 외치며 물어본다.
발표학생: "풍선"이다
전　　체: "왜?"(정말 궁금한 듯한 말투로)
발표학생: "처음엔 작았다가 공기를 넣으면 점점 커지는 것처럼 내 꿈도 노력을 넣으면 점점 커지기 때문이야"

 소감 나누기

- 꿈에 대한 나만의 정의하기 활동을 하면서 새롭게 느끼거나 알게 된 점을 말해 본다.

꿈이란 (물)이다. 왜냐하면 계곡에서 호수로, 강으로, 바다로 가면서 꿈이 점점 커지면서 자신뿐만 아니라 다른 사람에게도 영향을 미치기 때문이다.

 꿈이란 (달걀)이다. 왜냐하면 남이 깨주면 계란 후라이가 되지만, 내가 깨고 나오면 병아리가 되기 때문이다.

 꿈이란 (빛)이다. 왜냐하면 빛이 없으면 앞이 보이지 않지만, 빛이 있으면 잘 보이는 것처럼 꿈은 나의 길을 비춰주기 때문이다.

 꿈이란 (화양연화)다. 그 이유는 꿈을 이루는 노력을 하기가 꿈을 이루는 순간이 인생에서 가장 아름다운 순간이기 때문이다.

 꿈이란 (나무)다. 왜냐하면 꿈도 나무와 같이 쑥쑥 자라니까 나의 꿈도 쑥쑥 자라는 것이다.

 꿈이란 (믿음)이다. 왜냐하면 자신이 꿈을 믿고 따라야 이룰 수 있으니까. 자신이 믿지 않으면 이룰 수 없기 때문이다.

진로활동 # 2. 성격유형으로 알아보는 나-너-우리 이해 6학년

학습 목표

1차시: 성격유형검사를 활용하여 나에 대한 이해를 높일 수 있다.
2~3차시: 성격유형별 활동과 발표를 통하여 서로의 성격의 다름을 알고 이해하는 마음을 가질 수 있다.

수업의 의도

대표적인 성격유형검사 중 하나인 MBTI(어린이는 MMTIC)를 활용한 수업으로 3차시로 구성하였다. 대부분 성격유형 수업에서 자기이해에 대한 부분만 다루고 있는 편이다. 본 수업은 6학년을 대상으로 나에 대한 이해에서 더 나아가 다른 사람에 대한 이해를 통하여 서로의 차이를 인정하고 조화롭게 지낼 수 있도록 돕는 것에 중점을 두었다.

1차시

 진로활동 ## 성격유형을 활용한 자기 이해

수업의 흐름

 열기
• 내가 좋아하는 과일 알아보기
• 성격의 의미 알기

 펼치기
• 성격유형검사 및 선호경향 이해하기
• 검사지를 활용하여 성격유형 검사하기
• 나의 성격유형의 특성 알아보기

 다지기
• 활동 소감 나누기

 성격의 의미 알아보기

■ 내가 좋아하는 과일은 무엇인지 말해본다.

■ 성격 의미에 대하여 알아본다.

• 사람마다 좋아하는 과일이 다르듯 각자가 가지고 있는 고유하고 특별한 성질을

말한다.

 ## 1. MMTIC 성격유형소개 및 나의 유형 찾기

■ 성격유형의 역사 및 필요성에 대하여 알아본다.

■ 심리적 선호 및 4가지 선호경향을 소개한다.

• 검사지로 검사하기 전에 교사의 설명과 사진자료를 보면서 자신의 유형을 짐작하여 포스트잇에 적어보게 한다.

• 두 가지 중에서 더 끌리는, 더 편한, 자연스러운 쪽으로 선택하도록 한다.

4가지 선호경향

외향(E) ⟷ (I)내향	에너지 방향, 주의초점
감각(S) ⟷ (N)직관	인식기능(정보수집)
사고(T) ⟷ (F)감정	판단기능(판단, 결정)
판단(J) ⟷ (P)인식	행동양식

 ## 2. 간이검사지를 활용하여 나의 성격유형 검사하기

■ 검사할 때의 유의점에 대하여 안내하고 검사한다.

• 성격에 좋고 나쁨은 없다.

• 문항을 읽어보면서 더 자연스럽고 더 편안하게 느껴지는 문항에 체크하도록 한다.

• 너무 오래 생각하지 않도록 한다.

• 검사지 통계란에 체크한 문항 수를 적고 숫자가 많은 쪽의 코드를 적도록 한다.

• 자신의 성격유형 코드 4개를 적는다.

 ## 3. 나의 성격특성 알아보기

■ 성격유형별 특성 안내자료를 나누어주고 자신의 성격유형의 특성을 확인한다.

• 자신이 평소 생각한 나의 성격과 검사 결과 알게 된 성격을 비교하며 살펴본다.

• 검사 결과에 대한 도움이 필요한 경우 검사결과를 보는 방법을 개별로 안내한다.

■ U-band에 대하여 안내하여 어린이 성격유형의 특성에 대한 이해를 돕는다.

소감 나누기

■ 성격유형 검사를 통해 자신의 성격에 대해 새롭게 알게 된 점과 느낀 점을 이야 기해본다.

 잠깐! MMTIC성격유형과 U-band(Undetermined band, 미결정 영역)

- MBTI 성격유형이론은 단순히 한 개인을 어떤 특정유형으로 규정짓는 것이 아니라 아이들에게 각자의 고유한 심리유형이 있음을 이해하는 것이다. MMTIC는 어린이 청소년용 성격유형으로 대상은 만 8세~만 13세이다.
  - 성격유형별 특징과 강점 알기
  - 잠재능력 개발 및 진로 관련 상담에 활용
  - 원만한 대인관계 유지 및 가족 갈등 문제 원인 파악, 대안 제시
  - 아동들의 학습 방법에 도움
  - 능력, 성격, 흥미를 고려한 생애 설계

- U-band(Undetermined band, 미결정 영역)
  MMTIC 성격유형의 고유한 개념으로 U-band는 어린이의 성격 발달 특성상 중요 하게 나타나는 영역을 말한다. 어린이들은 심리적 선호도가 아직 발달 중에 있으므 로, 중간치(cut-point)에 가까운 점수를 분명한 유형으로 할당하면 오류를 범할 가 능성이 많다는 것이다.
  U-band는 단순히 아동의 선호유형이 분류되지 않았음을 의미하는 것이고, 유형의 발달적 특성을 고려할 때 많은 아동들이 U-band 범주에 들어갈 수 있다. 연령이 높아질수록 U-band의 비율이 대체로 낮아진다.

출처: MBTI 성장 프로그램지도자 안내서(I), 김정택, 심혜숙, 1998. 한국심리검사연구소.

☑ **[참고자료] MMTIC 성격유형 검사 결과 안내자료**

ISTJ	ISFJ	INFJ	INTJ
* 부끄럼이 많다 * 성실하고 책임감이 강하다 * 정리정돈을 잘 한다 * 자발성이 부족한 편이다 * 표현이 적고 표정 변화가 없다 * 절약과 준비정신이 철저하다 * 양처럼 순하고 순종적이다 * 외유내강의 느낌을 준다 * 자세가 바르며, 체계적으로 공부한다 * 자세한 설명을 선호한다 * 창의적인 면과 융통성이 부족하다	* 온순하다 * 성실하고 책임감이 강하다 * 봉사적이며 착하다 * 소수와 깊게 사귄다 * 인내심이 있으며 꾸준하다 * 은근한 멋쟁이다 * 준비물을 잘 챙긴다 * 규칙을 준수하며 계획적이다 * 행동력이 부족하다 * 신뢰감이 간다 * 변화를 싫어한다	* 조용하고 침착하다 * 책임감이 강하다 * 내면적인 욕심이 많다 * 잔걱정이 많다 * 또래에 비해 성숙한 사고력 * 민감하고 복잡한 정서를 가짐 * 교사의 의도를 잘 알아챈다 * 개인적인 강화에 크게 고무됨 * 시끄럽고 복잡한 것을 싫어함 * 학급일에 적극적으로 임하지 않는다 * 좋아하는 것과 좋아하지 않는 것의 차이가 심하다	* 또래친구들에 비해 어른스럽다 * 외모에 무관심하다 * 고집이 아주 세다 * 소수와 깊게 사귄다 * 이유가 타당하지 않으면 끝까지 승복하지 않는다 * 모든 일에 이유가 많다 * 이론적으로, 논리적으로 따진다 * 공상과학만화를 좋아한다 * 감정표현은 없으나 상처받기 쉽다 * 칭찬이나 벌에 무관심하다 * 승부욕이 강하다 이길때까지... * 친구들이 옷, 음식 등 사소한 이야기를 하는 것을 속상해한다

ISTP	ISFP	INFP	INTP
* 말수가 적다 * 표정변화가 거의 없다 * 의욕적이며 고집이 세다 * 앞에 나서지는 않지만 소집단에서는 리더역할을 하려고 한다 * 여러 가지에 관심이 많다 * 왠지 강한 구석이 있다 * 뒷마무리가 부족하다 * 타인에 대한 배려가 적다 * 끈기가 부족하다 * 친구와 잘 다투고 잘 따진다 * 손재주가 있다 * 조용하다가도 일은 성급하게 한다	* 마음이 너그럽고 순하다 * 낙천적, 천하태평 * 행동이 느리다 * 성급한 결론을 잘 내린다 * 끈기가 부족하다 * 부끄럼을 많이 탄다 * 외모에 관심이 많다 * 권위적인 분위기에서는 눈치를 살핀다 * 잔잔하게 산만한 편이다 * 주변의 요구를 뿌리치지 못한다 * 동,식물 키우기를 좋아한다 * 가끔 과격한 행동을 한다	* 조용하고 말이 없으나 마음은 깊고 따뜻하다 * 친구나 주변상황에 민감하고 영향을 많이 받는다 * 민감한 정서세계, 동정심이 많다 * 약간 느리며 꾸준하지 못하다 * 실천력이 부족하다 * 칭찬과 비난에 민감하다 * 사려가 깊다 * 좋아하는 것과 좋아하지 않는 것의 차이가 심하다 * 온화하고 부드럽다 * 잘 잊어버린다	* 만물박사 논리적이다 * 주관이 강하고 고집이 세다 * 호기심이 많다 * 자기중심적이며 간섭이나 잔소리를 싫어한다 * 주변의 상황에 영향을 받지 않음 * 감정이 단순하다 * 정리정돈을 잘 하지 못 한다 * 학급에서 외톨이 * 잘못된 일은 꼭 지적한다 * 과학영역에 관심이 많다 * 잘난 척하는 경향이 있다 * 못하는 친구를 무시하는 경향 * 관심이 없는 영역은 아예 하지 않는다

ESTP	ESFP	ENFP	ENTP
* 개방적, 활동적, 적극적, 진취적 * 항상 즐겁다(재치꾼) * 매사에 관심, 지나친 참견 * 끝마무리가 부족하다 * 복잡한 것을 싫어한다 * 욕심이 많다 * 대중 앞에 강하다 * 과행동적(목소리가 크고 산만) * 말이 많고 잘 따지며 꾸중을 해도 자신의 입장을 끝까지 말한다 * 말과 행동의 불일치 * 임기응변이 뛰어나고 호탕하다	* 활발하다 * 과잉행동 * 표정이 밝다 * 먹보 * 감정적 * 언제나 놀고 싶다 * 장난이 심하다 붙임성이 있다 * 단순하다 솔직하다 * 목소리가 크고 말이 많다 * 뭐든지 급하게 해치운다 * 적응력이 뛰어나다 * 진지함이 부족하다	* 순진하고 순수하다 * 변덕쟁이 기발하다 * 활발하다 * 분위기만 맞으면 과잉행동 * 좋아하는 것과 그렇지 않은 것 사이에 집중력의 차이가 난다 * 딴 생각을 잘한다 * 칭찬에 민감하다 * 용돈이 헤프다 * 사람을 좋아한다 * 반복훈련연습을 싫어한다 * 정리정돈이 안 된다	* 활발하며 독창적이다 * 상상력과 표현력이 뛰어나다 * 친구들과 잘 어울린다 * 고집이 강하다 * 게으르고 정리정돈이 안 된다 * 개인주의적 경향이 있다 * 다방면에 관심을 갖는다 * 재주가 많다 * 쉽게 포기하는 편이다 * 자기논리에 빠지기 쉽다 * 친구를 리드하려고 한다 * 반복, 설명은 질색

ESTJ	ESFJ	ENFJ	ENTJ
* 모범적이고 솔선수범한다 * 활발하다 * 정리정돈, 강한 책임감 * 웃어른 공경, 예의가 바름 * 합리적으로 생각한다 * 친구나 주변사람을 배려하는 리더역할을 잘 한다. * 공정한 것을 선호한다 * 경쟁에서는 이겨야한다 * 여러 친구와 두루 잘 지낸다 * 질서와 사회적인 관습을 중시 * 친절하다	* 명랑쾌활하다 * 감정이 풍부하다 * 남 앞에 나서기를 좋아한다 * 교실을 꾸미는 일을 잘 한다 * 미리 걱정하는 경향이 있다 * 친구들과 잘 어울리고 좋아한다 * 왕성한 발표력, 언어계열을 선호 * 일기를 잘 쓴다 * 이야기중심의 소설류를 읽음 * 분명한 과제와 자세한 설명을 좋아한다 * 말이 많다	* 온순하고 착하다 * 책임감이 강하고 신뢰감을 줌 * 주변상황에 영향을 많이 받음 * 정리정돈을 잘 한다 * 딴 세계에 빠져있을 때가 있음 * 예능적인 분야를 좋아한다 * 특정분야는 지나칠정도로 진지 * 참을성이 많다 * 친구들과 잘 어울린다 * 뜻밖의 행동으로 주변을 놀라게 한다 * 터질 것같은 화산을 마음에 품고 사는 아이	* 원리원칙주의자 * 활발하다 * 논리적인 언어표현 * 고집이 강하다 * 간섭을 싫어한다 * 잘못된 것, 부당한 것은 반드시 바로잡고 넘어가야 한다 * 철저한 준비자세 * 통솔력이 있다 * 계획하고 마음먹은 것은 해낸다

출처: MBTI 성장 프로그램지도자 안내서(I), 김정택, 심혜숙, 1998. 한국심리검사연구소.

☑ MMTIC 검사에 의한 16가지 성격유형의 특징

ISTJ	ISFJ	INFJ	INTJ
성실하고 책임감이 강하며 정리정돈을 잘함	온순하고 봉사적이며 책임감과 인내심이 강함	조용하고 침착하며 책임감이 강함	고집이 세고 승부욕이 강하며 논리적임
ISTP	ISFP	INFP	INTP
다방면에 관심이 많고 의욕적이며 고집이 셈	너그럽고 순하며 낙천적이고 따뜻함	마음이 깊고 따뜻하며 조용하고 동정심이 많음	주관이 강하고 고집이 세며 호기심이 강함
ESTP	ESFP	ENFP	ENTP
개방적이고 활동적이며 임기응변이 뛰어남	단순하고 솔직하며 활발하고 적응력이 뛰어남	순진, 기발하며 활발하고 칭찬에 민감함	활발하며 독창적이고 재주가 많음
ESTJ	ESFJ	ENFJ	ENTJ
책임감이 강하고 활발하며 사고가 합리적임	온순하고 책임감과 참을성이 강함	명랑, 쾌활하며 표현력과 리더십이 뛰어남	활발하고 논리적이며 고집이 셈

출처: MBTI 성장 프로그램지도자 안내서(I), 김정택, 심혜숙, 1998. 한국심리검사연구소.

2~3차시

진로활동 **성격유형을 활용한 우리 이해**

수업의 흐름

🫘 열기
- 퀴즈로 알아보기
- 성격유형검사 결과 안내하기

☕ 펼치기
- 성격유형별 모둠활동 방법 안내하기
- 유형별로 모여서 모둠활동 하기
- 유형별로 나와서 친구들에게 성격특성 소개하기

🌱 다지기
- 성격유형 활동에 대한 소감나누기

퀴즈로 알아보는 성격유형

■ ○ × 퀴즈를 활용하여 성격유형 활용의 유의사항 살펴보기
① 각각의 선호 유형은 좋고 나쁨이 없다.(○)
② 성격유형은 바뀔 수 없다.(×)
③ 성격유형검사는 자신에 대한 이해를 돕는 수단이기 때문에 검사 결과를 절대적
   으로 신뢰하거나 다른 사람을 단정지어서는 안 된다.(○)

 1. 성격유형별 모둠활동 방법 안내 및 활동하기(2차시)

■ 반 친구들의 성격유형 검사 결과를 안내한다.
• 16가지 유형의 특성을 간단히 안내하여 서로에 대한 이해를 돕는다.
■ 모둠활동 방법 안내하기
① 4절 도화지, 색지, 사인펜, 색연필 등을 미리 준비해둔다.
② 같은 유형별로 모여 앉는다(성격유형이 혼자인 경우는 개별로 작업을 하도록 안내).
③ 서로 대화를 나누거나 1차시에 제공한 결과지를 활용하여 성격적 특성이 나타
   날 수 있는 장점, 고쳐야 할 점, 상징을 협력하여 완성하도록 한다.
• 활동을 하면서 서로에 대하여 자연스럽게 친해질 수 있도록 한다.

☑ **활동 예시자료**

2. 친구들에게 성격 특성 소개하기(3차시)

- 성격유형별로 나와서 친구들에게 활동한 내용을 소개하는 시간을 가져보도록 한다.
  - 유형별 성격을 나타낼 수 있는 장점, 고쳐야 할 점, 상징을 발표한다.
  - 발표할 때에는 모둠원이 함께 나와서 서로 역할을 나누어 발표하여 모두가 참여하도록 한다.
  - 경청하며 친구들의 발표를 듣도록 한다(활동지 활용).

 성격유형 활동에 대한 소감 나누기

- 3차시에 걸친 MMTIC 성격유형 수업을 종합하여 활동 소감을 나눈다.
- 수업을 통하여 알게 된 점, 느낀 점 등을 '정의하기 활동'으로 정리해본다(활동지).
- '성격유형 수업'에 대하여 자기 나름대로 정의를 내려 본다.

  성격유형 수업은 ☐☐☐☐ **이다. 왜냐하면** _____ **이기 때문이다.**

- 친구들에게 자신이 내린 정의와 이유를 발표한다.
  ※ 수업 후에는 아이들의 유형별 활동 작품을 1~2주 정도 교실에 전시하여 자주 살펴볼 수 있도록 하면 좋다. 서로에 대한 이해를 돕는 데 매우 유용하다.

☑ **활동 예시자료**

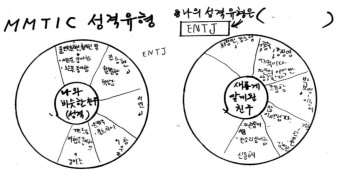

MMTIC성격유형 수업은 (홀로그램) 이다.

왜냐하면 홀로그램은 보는 측면에 따라서 색깔이 바뀌는데, 친구들의

성격도 어느 측면에서 보는지에 따라서 각자 다르게 빛나기 때문이다.

나를 알아가는 시간

5학년 아이들에게는 다중지능검사로, 6학년 아이들에게는 성격유형 수업으로 자기이해 수업을 진행하였다. 6학년이어서 나에 대한 이해에서 좀 더 나아가 타인에 대한 이해로 확대해보았다. 아이들은 3시간에 걸친 성격유형 수업을 눈을 반짝이며 매우 흥미있고 진지한 태도로 참여하였다. 나에 대한 이야기이기 때문이다. 1차시 검사 후 나누어 준 성격특성 결과지를 보면서 자신의 성격과 일치하는 면이 많음에 신기해하였다. "와! 족집게예요.", "완전 똑같아요." 하는 아이도 있었다. 반면 "반반이예요.", "다른 부분도 있어요" 하는 아이도 있었다. U-band 범주에 들어가는 아이들인 것이다. 그런 아이들에게는 개별지도를 통하여 성격유형을 찾는 방법을 도와주었다.

서로를 알아가며 활동하는 시간

재미있는 것은 2차시에 성격유형별 모둠활동을 할 때의 모습이다. 활동 모습에서도 성격특성이 고스란히 나타난다. ENFP와 같은 전형적인 어린이 유형은 가장 시끌거리며 에너지 넘치게 활동을 한다. 내향성이 높은 아이들은 차분하게 조용히 활동에 참여한다. 활동 결과물에서도 확연히 다른 모습을 볼 수 있었다.

새로운 시각으로 조금씩 서로 바라보기

3차시 아이들은 친구들의 발표를 들으면서 '나의 눈이 아닌 친구의 눈'으로 새롭게 바라보게 된다. 서로 이해하고 나뿐만 아니라 너도 소중한 존재임을 알게 되는 시간이다. 이 수업의 백미는 수업 소감 발표라고 생각한다. 아이들이 3시간에 걸친 수업을 하면서 자신의 통찰이 무엇인지 발표하게 되기 때문이다. 정의하기 방법을 활용하여 자신만의 정의를 내리게 하였다. 발표를 들으면, 수업을 통하여 아이들이 어떤 것을 알게 되고 느끼게 되었는지 학생과 교사 모두 감동하며 듣게 된다.

성격유형 수업은 (안경)이다. 왜냐하면 그냥 눈으로는 성격이 헷갈리던 친구가 안경을 쓴 것처럼 더 잘 보이기 때문이다.

성격유형 수업은 (무지개)다. 왜냐하면 무지개의 다양한 색깔처럼 친구들의 다양한 성격들을 알 수 있었고, 무지개가 여러 색깔이 어울어지듯 친구들과 어울리는 방법을 알게 되었기 때문이다.

성격유형 수업은 (모험)이다. 왜냐하면 친구들의 이야기를 들을수록 계속 새로운 무언가가 나오기 때문이다.

성격유형 수업은 (생각의 변화)다. 왜냐하면 다른 친구의 고정관념을 깨고 그 친구를 바라볼 수 있었기 때문이다.

성격유형 수업은 (존중)이다. 왜냐하면 친구의 성격을 알면 더 친해지고 그 성격에 맞게 그 친구를 더 존중할 수 있기 때문이다.

성격유형 수업은 (삽)이다. 왜냐하면 우리 마음을 깊게 파기 때문이다.

 성격유형 수업은 (거울)이다. 왜냐하면 자기자신의 모습을 거울이 없으면 잘 모르듯이 이 시간이 없었다면 친구들을 잘 몰랐을 것이기 때문이다.

 성격유형 수업은 (이해)이다. 왜냐하면 그동안 내가 미처 보지 못한 친구들의 장단점을 발견하여 친구들을 조금 더 '이해'할 수 있었기 때문이다

이렇게도 할 수 있어요

온라인수업으로 할 경우에는 3차시 수업 중 2차시에 해당하는 유형별 모둠활동은 제외하고 나에 대한 이해의 시간을 충분히 가져보는 수업으로 진행하면 좋다.

1차시	• 성격의 의미와 MMTIC 성격유형 및 선호경향 알아보기 • 간이검사지를 활용하여 성격유형검사하기 • 나의 성격유형의 특성 알아보기
2차시	• MMTIC 성격유형별 성격특성 알아보기 • 나의 유형에 맞는 학습법 알아보기 • '나를 소개해봐요' 활동하기(활동지) • 소감 나누기

 잠깐! MMTIC 유형별 학습지도

기질	학급에서의 학습 태도	요구되는 학습지도
SJ 감각적 판단형	• 모범생(규칙, 과제물, 준비물 철저 준수) • 학급의 보배(교사의 보조역할) • 짜여진 수업 선호 • 교사 중심의 주입식 수업 선호 • 교과서, 참고서, 문제집 선호 • 단답형, 선택형 시험 선호	• 체계적, 단계적 학습지도 • 복습 중심의 학습지도 • 학습량 설정 지도 • 창의성, 융통성을 키우는 점진적 활동

SP **감각적** **인식형**	• 장난꾸러기 • 학급의 양념 • 행동파(백문이 불여일행) • 다양한 자료, 교구 활용 요구 • 교사중심의 주입식, 설명식 수업은 비효율적 • 자유롭고 허용적인 분위기와 공간학습 선호	• 짧은 집중력을 요하는 학습전략 • 간헐적인 물질적 보상 • 시청각 자료 활용 학습 • 간헐적인 시간 한계 상기 • 즉흥적인 활동, 자유로움과 허용적인 분위기와 공간
NF **직관적** **감정형**	• 꿈꾸는 몽상가, 꿈나무 • 학급의 따뜻한 햇살 • 사람 혹은 자신과 관계짓는 의미연결학습 선호 • 통찰력, 예리함, 창의성과 기발함을 언어표현에서 발휘 • 개인적 격려, 친숙한 급우와의 소그룹 작업 선호	• 풍부한 정서적 교류가 병행되는 학습지도 • 틀에 매이지 않는 표현지향 학습지도 • 문학, 역사, 소설, 시 등 내면을 자극하고 살찌우는 교과과정 • 조직, 체계, 반복연습에 약한 것을 돕기 위해 기록, 녹음, 녹화방법 활용 • 소그룹 작업 학습지도
NT **직관적** **사고형**	• 꼬마 과학자 • 학급의 지성 • 한 가지 테마를 가지고 깊이있게 관찰, 연구 • 지적 호기심과 독립심이 강함 • 과학영역의 탐구학습 선호 • 교사의 일방적 설명 싫어함	• 주제를 주어 개별적 탐구학습지도 • '우리나라 도자기' 혹은 '별의 세계' 등 지적 호기심을 자극하는 학습 선호 • 추론학습으로 유도 • 참견, 조언을 삼가는 학습지도 • 강한 개성, 강한 자존심을 학습 장면에서 효율적으로 활용하는 것이 필요

출처: MBTI 성장 프로그램지도자 안내서(I), 김정택, 심혜숙, 1998. 한국심리검사연구소.

 잠깐! 성격유형 검사 활용 이렇게 하면 더욱 좋아요

성격유형검사는 아이들만이 아니라 학부모연수 등을 통하여 부모도 함께 MBTI 검사를 실시하면 좋다. 서로의 심리유형을 알게 되면 아이에 대한 이해나 학습지도가 더욱 효과적일 수 있기 때문이다.

간이 성격검사 후, 유형별 워크숍 활동과 성격유형별 발표를 해보도록 하면 더 효과적이다. 부모-자녀의 역동 관계를 통해 바람직한 자녀와의 관계에 대하여 돌아보고, 아이를 있는 그대로 수용하고 인정해 주며 돕는 것이 아이의 미래를 위한 바람직한 투자라는 것을 알게 되는 시간이다.

하브루타 다른 사람의 칭찬으로 나를 이해할 수 있을까?

4~6학년

학습 목표

친구의 장점을 찾아 칭찬할 수 있다.

수업의 의도

이 수업은 친구의 장점을 말해 주고, 친구가 알고 있는 나의 장점을 확인하는 수업이다. 하브루타로 친구의 장점을 찾아 서로 칭찬해주다 보면, 내가 몰랐던 나의 장점을 알게 된다. 혹은 생각하지 못했던 것이 장점임을 깨닫게 되기도 한다. 다른 사람을 칭찬하고 다른 사람의 칭찬을 들으면서 나를 긍정적으로 이해할 수 있게 된다.

수업의 흐름

 열기

- 4인이 한 모둠이 되어 돌아가면서 자신에 대한 정보 말하기

 펼치기

- 도화지에 모둠원의 이름 쓰기
- 자신이 알고 있는 친구의 장점을 쓴 포스트잇을 친구 이름 아래 붙여 주기
- 친구들이 모르는 자신의 장점 보충하기

 다지기

- 나의 장점을 종합하여 나에 대한 정의 내리기

 놀이로 나를 알리기

4명이 한 모둠이 되어 돌아가면서 자신의 특징이나 장점을 한 가지씩 말한다. 이 때 기억이 나지 않으면 "통과"를 외치고 다음번에 말할 수 있다. 놀이의 결과는 중요하지 않으므로 자연스럽게 마음과 입을 열도록 하는 효과를 얻도록 한다.

 하브루타 수업은 어떻게 시작할까?

하브루타 수업은 도입 단계에서 흥미를 불러일으키고 학습에 몰입하도록 퀴즈나 놀이, 스토리텔링을 활용하곤 한다. 간단한 손 유희를 하거나 학습 주제와 연관된 노래를 부를 수도 있다. 책의 표지, 단원 그림을 보고 질문을 해서 학습에 집중하도록 이끌 수도 있다.

하브루타 하기

■ 모둠별로 장점 목록을 만든다.
  • 8절 크기의 도화지를 준비한다.
  • 도화지 위쪽에 모둠원의 이름을 쓴다.
  • 각자 포스트잇을 10장 정도 갖는다. 색깔이 다르면 좋다.(∵ 쓴 사람을 알 수 있어서 진지하게 활동하게 된다.)
  • 나를 제외한 친구들의 이름 아래에 그 친구의 장점을 쓴 포스트잇을 붙여준다.
■ 주어진 시간이 끝나면 친구들이 모르는 나의 장점을 써서 내 이름 아래에 붙인다.
■ 친구의 목록에서 궁금한 점을 서로 묻고 답한다.

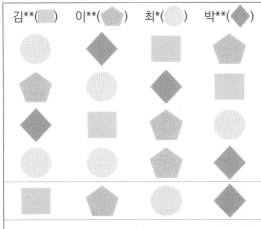

맨 아래에 각자 자신의 장점을 정리하여 정의 내리기

※ 친구들과 내가 찾은 나의 장점을 종합하여 내가 어떤 사람인지 정의를 내릴 수 있다. 또는 친구의 장점이나 특징을 종합하여 격려와 칭찬을 해 준다.

↳ 이 부분은 친구들이 모르는 자신의 장점을 쓴다. 남이 잘 모르는 내재적인 장점이나 학교 외 장소에서의 일을 쓰면 좋다.
※ 정리 단계에서 모둠원이 앞에 나온다. 목록을 보여 주면서 자신을 소개하는 시간을 갖는다.

 쉬우르

활동 후 느낀 점이나 알게 된 점을 큰 포스트잇에 써서 게시한다. 수업 후 교실에 붙여 두고 서로 읽어보도록 한다. 교사는 누구나 잘하는 것이 있음을 예를 들어 소개한다. 또, 성장기의 아이들은 특성이 변화하고 발전함을 알려준다. 장점이 긍정적이거나 좋은 점이라면, '강점'은 남보다 뛰어나거나 유리한 점이다. 진로를 선택하기 위해서는 자신의 강점을 꾸준히 찾는 것이 중요하다는 것을 알려준다. 아울러 변화하는 세계에서는 지금 약점이라고 생각하는 것이 나만의 강점으로 바뀔 수도 있음을 알려 주면서 수업을 마무리한다.

잠깐! 하브루타가 나를 이해하는데 어떤 도움을 줄까?

친구와 서로의 장점을 찾아주다 보면 내가 미처 알지 못했던 나의 장점을 알게 되는 경우가 많다. 특히 내가 고민했던 부분을 친구가 장점으로 말해 주는 경우는 더욱 특별하다. 더군다나 친구들이 모르는 나의 내적인 장점을 말하고 나면 나의 자존감과 대외적인 인식도 달라질 수 있다. 친구와의 하브루타는 나에게 스스로 하는 질문으로 발전하게 된다. 이런 과정으로 관점이 바뀌는 것을 깨닫게 된다. 나를 긍정적으로 이해하는 것은 현실극복과 미래 지향적인 면에서 매우 중요하다.

이렇게도 할 수 있어요   2~6학년

가족과의 하브루타를 통해 자신의 장점을 찾아보는 수업을 어린이날과 어버이날을 연계하여 할 수 있다. 자신의 장점 목록을 가족과 함께 하브루타로 찾아본다. 이 때 저학년은 가족이 직접 마음을 담아 써 주는 것이 좋다. 아이는 자신이 미처 몰랐던 장점을 찾아보면서 가족의 관심과 사랑을 느끼게 된다. 또 장점목록을 꽃으로 꾸며 교실 뒷면에 게시함으로써, 친구들로 하여금 자신에 대한 긍정적인 시각을 갖게 하고 스스로 자존감을 높일 수 있다. 어버이날을 맞이하여 장점목록에 대한 감사편지를 작은 해바라기에 써서 큰 해바라기 옆에 붙인다.

| 흰 종이 준비 | 가족들로부터 들은 장점 쓰기 | 꽃으로 꾸며 게시하기 |

이렇게도 할 수 있어요   나 자랑대회 열기   전 학년

- 교사는 자랑거리를 쓸 수 있는 학습지를 준비한다.
  - 학습지의 빈칸에 자신의 자랑거리를 하나씩 쓴다.
- 쌍방향 실시간 수업 시 아이들을 소회의실에 두 사람씩 배정하여 자랑대회를 연다.
  - 두 사람이 돌아가며 자랑하고 나서 짝의 자랑거리에 대해 궁금한 점을 질문한다.
- 전체 모임에서 짝이 말한 자랑거리 중 기억에 남는 것을 발표한다.
  - 짝은 친구가 말하지 않은 부분을 보충하여 말한다. 이런 방법은 자연스럽게 경청하는 습관을 길러 준다.

활동지

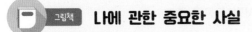 그림책 **나에 관한 중요한 사실**

학습 목표

나에 관한 중요한 사실을 찾는 활동을 통하여 자신이 소중한 존재임을 알 수 있다.

수업의 의도

『중요한 사실』이라는 그림책을 활용하여 나에 관한 중요한 사실들을 찾아보는 수업이다. 활동을 통하여 '나'를 이해하고 돌아보는 시간을 갖는 과정에서 자신이 곧 선물이며 소중한 존재임을 깨닫게 하고 싶다.

 숟가락, 사과, 신발 등 익숙한 사물의 가장 기본적인 특성을 시처럼 표현하고 있다. 숟가락에 관한 중요한 사실은 숟가락으로 밥을 먹는다는 거야, 비에 관한 중요한 사실은 비가 모든 걸 적셔 촉촉하게 한다는 거야, 그리고 너에 관한 중요한 사실은 네가 바로 너라는 것으로 마무리하여 자기 자신을 돌아보게 하는 그림책이다.

『중요한 사실』 (2005). 마거릿 와이즈 브라운 글. 최재은 그림. 최재숙 역. 보림.

수업의 흐름

 열기

- 중요한 사실이 무엇을 말하는 것인지 책 표지 보고 이야기 나누기

 펼치기

- 『중요한 사실』 읽기
- 소중한 나와 만나기
- 나에 관한 중요한 사실 적어보기

 다지기

- 나에 관한 중요한 사실 공유하기

 책 표지 보고 이야기 나누기

■ 책 표지와 제목을 보고 생각나는 것을 말하여 본다.
- '중요한 사실'이라는 것은 무엇을 말하는 것일까?
- 책 속에 어떤 중요한 사실이 들어 있을까?
- 선물이 의미하는 것은 무엇일까?

1. 『중요한 사실』 읽기

■ 그림책의 이야기를 들려주며 책의 내용을 살펴본다.

■ 제시된 그림을 보면서 중요한 사실이 무엇인지 생각하여 짝 또는 모둠과 발표해 본다.

• 사과에 관한 가장 중요한 사실은 무엇일까?

• 숟가락에 관한 중요한 사실은 무엇일까?

• 비에 관한 중요한 사실은 무엇일까?

 ## 2. 소중한 나와 만나기

■ 바닥에 거울을 붙인 작은 상자를 보여 주며, 이 안에 어떤 선물이 들어있는지 추측하게 한다.

■ 상자 안에 세상에서 가장 소중한 선물이 들어있다고 안내하여 호기심을 유발시킨다.

■ 모둠별로 돌아가며 상자를 열어보고 거울에 비친 자신의 얼굴 모습을 천천히 들여다본다.

■ 작가가 의도한 선물이 나 자신이라는 것을 알게 한다.

 ### 거울 상자 만들기

• 모둠별 상자를 1개씩 준비하여 상자를 열었을 때 자신의 얼굴을 볼 수 있도록 상자 안에 거울을 붙여 고정시킨다.

• 이 활동은 그림책 마지막 장을 읽어주기 전에 진행하는 것이 효과적이다.

3. 나에 관한 중요한 사실 적어보기

■ 씽킹맵에 나를 생각하면 떠오르는 낱말을 적는다.
• 내가 좋아하는 것, 잘하는 것, 하고 싶은 것, 나의 특징 등 나를 나타낼 수 있는 낱말들을 연결하여 나에 대한 중요한 사실을 시 형식으로 쓴다.

나에 관한 중요한 사실

나에 관한 중요한 사실은
나는 호기심이 많고,
책 읽기와 강아지를 좋아하는
이세현이라는 거야.
안경을 썼고, 태권도를 잘한다는 거야.
꿈은 맛있는 빵을 만드는 제빵사이며
대한민국에 사는
자랑스러운 11살 소녀라는 거야.
하지만 나에 관한 중요한 사실은
'나는 바로 나'라는 거야.

 ## 나에 관한 중요한 사실 공유하기

■ '나'에 관한 중요한 사실을 읽으며 '나는 바로 나'라고 큰소리로 발표한다.
■ 수업을 하면서 알게 된 점, 느낀 점, 좋았던 점 등을 발표한다.

🖥 **수업 이야기** '나는 바로 나'라는 거야.

"나는 바로 나라는 거야."라고 말하는 것은, 있는 그대로의 나를 바라보고 아는 것이다. 스스로를 있는 그대로 바라보는 것에서 시작되는 자기 이해 활동이다.

 나에 관한 중요한 사실은 항상 웃고, 기쁘고, 행복하며 글 쓰는 것을 좋아한다는 거야. 또 연예인에 관심이 많으며, 유튜브 보는 것을 좋아한다는 거야.
공부도 잘한다는 거야. 그래도 가장 중요한 건 '나는 바로 나'라는 거야.

 나에 관한 중요한 사실은 키가 크고 단발머리라는 거야. 그리고 그림 그리기와 보라색을 엄청 좋아한다는 거야. 또 캐릭터 디자이너가 꿈이라는 거야.

초콜릿처럼 단 것을 좋아하지만 가장 중요한 사실은 '나는 바로 나'라는 거야.

 나에 관한 중요한 사실은 나는 베이킹하는 것을 좋아하고 시간 있을 때는 드라마를 봐. 사진 찍는 것을 좋아하고 친구나 가족들과 있으면 행복하고 재미있다는 거야. 하지만, 가장 중요한 사실은 '나는 바로 나'라는 거야.

이런 책도 있어요

- 거미 아난시(2005). 제럴드 맥더멋. 열린어린이.
- 이게 정말 나일까(2017). 요시타케 신스케 글·그림. 주니어김영사.
- 단어 수집가(2018). 피터 H. 레이놀즈, 문학동네.
- 넌 어떤 씨앗이니(2013). 최숙희 글·그림. 책읽는곰.

2 자아존중감

 진로활동 **용기가 필요해요** 3~4학년

학습 목표

생활 속에서 나에게 용기가 필요한 경우를 찾아볼 수 있다

수업의 의도

아이들은 작은 성공경험이 누적될수록 자신감과 자아존중감이 높아진다. 버나드 와버의
『용기』 그림책을 소개하여 생활 속에서 자신감, 끈기, 적극적인 행동을 가질 수 있도록
격려하고, 자신의 생활을 성찰해볼 수 있는 기회를 가질 수 있도록 한다. 용기의 의미를
조금 확장하여 대단한 일만이 용기가 아니라 사소해 보이는 일도 용기가 필요함을 알
수 있도록 한다.

참고: 용기(2004). 버나드 와버, 이혜원 옮김. 아이터.

수업의 흐름

 열기

- 그림책 표지 보고
  이야기 나누기
- 용기의 의미에
  대하여 말해보기

 펼치기

- 그림책 읽고 나누기
- 나에게 용기가 필요했던 경우 말하기
- '용기' 미니북 만들기

 다지기

- 친구들과 미니북
  돌려보며 감상하기

 용기의 의미 알아보기

- 그림책의 표지를 살펴보고 알게 된 것을 찾아 말한다.
  - 표지의 제목은 포스트잇 등으로 가리고 나중에 제목을 알아맞히도록 한다.
- 이 아이에게 필요한 것은 무엇일까요?
- 내가 생각하는 '용기'란 무엇인지 말해본다.

1. 그림책 읽고 이야기 나누기

■ 『용기』 그림책을 그림과 내용을 함께 살펴보며 읽는다.
■ 그림책을 보면서 용기에 대해 새롭게 알게 된 점이나 느낀 점을 이야기해 본다.
• 용기를 내서 해봤던 일이 있었는지, 차마 용기가 나지 않아서 못해본 일이 있었는지 자신의 경험을 이야기해본다.

 2. 나에게 용기가 필요한 경우 찾아보기

■ 나에게 용기가 필요한 경우 3가지를 찾아본다.
• 자신의 생활을 돌아보며 용기가 필요한 경우를 찾아본다.
• 활동지에 간단한 그림과 함께 적어본다.

 3. '용기' 미니북 만들기

■ 짝과 함께 또는 혼자서 '용기' 미니북을 만든다(A4 크기의 종이).
• 활동지에 적은 나에게 필요한 3가지 용기를 자른다.
• 짝과 함께 미니북을 만든다(예: 홀수 쪽−동수, 짝수 쪽−미애).
• 제목과 글, 그림 등 표지를 간단히 꾸민다.
※ 혼자서 만들 경우에는 미니북에 필요한 용기 6가지를 준비하여 만든다.

 친구들과 미니북 돌려보며 감상하기

■ 친구들이 만든 미니북을 돌려보며 감상한다.
• 친구들의 적은 용기를 서로 칭찬, 격려하며 감상한다.
• 교실에 전시하여 서로 읽어볼 수 있도록 하면 더욱 좋다.
■ 소감 나누기
• 수업을 하면서 알게 된 점, 느낀 점, 좋았던 점 등을 발표해 본다.

  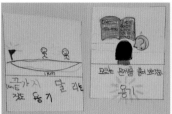 

이렇게도 할 수 있어요 생각그물로 표현하기

미니북을 만드는 대신에 간단히 생각그물로 표현하기 방법을 활용할 수 있다. 가운데 동그라미 안에 '나에게 용기란?'이라고 적고, 바깥 원에는 자신이 생각하는 또는 꼭 갖고 싶은 용기를 쓰거나 그림으로 그려보도록 한다.

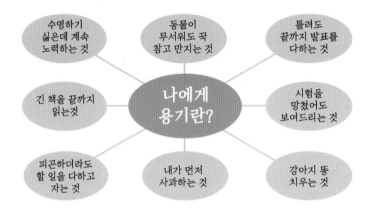

 잠깐! 버나드 와버의 '용기'

일찍이 그림의 재능을 인정받았으면서도 미술을 직업으로 선택하기를 망설이고, 회계학을 배우기 위하여 펜실베니아대학에 입학하였다. 그러나 제2차 세계대전 때문에 학업을 중단한 후 미술대학에 다시 입학하였다. 1961년 그림책 작가로 데뷔하여 1962년부터 시작한 『악어라일』 시리즈 『아이라의 외박』을 비롯하여 42년간 30권 이상의 그림책을 발표하였고 그 중의 대부분이 롱셀러가 되었다. 버나드 와버 역시 자신이 하고 싶은 일을 용기있게 선택한 사람이다.

하브루타 나의 단점은 진로의 걸림돌일까?

3~6학년

학습 목표

나의 단점을 장점으로 바꿔 말할 수 있다.

수업의 의도

내가 부러워했던 점을 친구는 대수롭지 않게 여기거나, 내가 단점이라고 생각했던 것을 다른 사람이 부러워한 적은 없는가? 나의 단점에 집착하기보다 단점도 장점이 될 수 있다는 생각으로 '관점 바꾸기'를 하다 보면, 자기자신을 존중하는 마음의 싹이 틀 수 있을 것이다.

수업의 흐름

 열기

• 동영상으로 생각 끌어내기

 펼치기

• 각자 자신이 단점이라고 생각하는 것을 종이에 써서 바구니에 넣기
• 단점이 장점이 되는 상황 말해주기

다지기

• 행복의 조건 알기
• 단점이 장점으로 승화하는 경우 찾기

 동영상으로 들어가기

■ 광고 보기

내용: 포장마차에서 술을 마시는 회사원은 사회생활의 힘듦을 토로하는데, 직업을 구하고 있는 젊은이는 그런 사람을 부러워한다. 이 사람의 자유로움을 이등병이 부러워하고, 그런 군인을 보고 회사원들은 아무 것도 할수 없지만 희망을 가졌다고 부러워한다.

https://www.youtube.com/watch?v=GUmenZZ2Th4./2012년(3분 22초까지)

■ 영상에 등장하는 사람들이 자신의 상황을 생각하는 관점에 대하여 짝과 함께 자연스럽게 말하는 시간을 갖는다.

나의 단점을 장점으로

■ 단점을 장점으로 바꾸면서 하브루타를 한다.
- 4인 모둠을 만든다.
- 책상 가운데에 작은 상자를 하나 놓는다.
- 64절 크기의 종이를 2장 정도씩 나눠 갖는다.
- 자기가 생각한 단점을 종이 한 장에 한 가지씩을 적은 후 접어서 상자에 넣는다.
- 돌아가면서 상자 속의 종이를 꺼내어 단점을 장점으로 바꿔 말해준다.
■ 단점이 장점이 되는 이유를 예를 들어가면서 자유롭게 하브루타를 한다.

 ## 쉬우르

"어떻게 하면 행복할 수 있을까? 행복의 조건은 무엇일까?"
교사는 쉬우르를 통해 행복에 대하여 생각하는 시간을 갖게 한다. 행복의 조건 중 '관점 바꾸기'와 '비교하지 않기'를 예를 들어 설명한다. 아울러 매일 한 가지 이상 감사 일기를 써 보게 한다.

 쉬우르의 의미

쉬우르는 정리 단계에서 교사와 학습자가 상호작용하는 단계이다. 각 단계의 마무리에서도 할 수 있다. 이 때 교사는 아이들이 하브루타 한 것을 정리할 수 있도록 돕는다. 교사는 아이들이 짝 토론에서 해결하지 못한 문제나 오개념을 바로잡는다. 아이들이 한 하브루타의 내용이 실질적인 배움과 연결되도록 돕는다.

 잠깐! 자아존중감을 기르는 방법

- 규칙적인 생활습관을 기르면서 삶에 대한 자신의 성실성을 발견한다.
- 성공 경험을 갖게 한다. 자신에게 중요하고 능력을 발휘할 수 있는 분야를 찾아내고, 자신의 능력을 최대한 발휘할 때 높은 자존감을 갖게 된다. 아이들에게 작은 성공의 기쁨을 느끼게 하라.
- 자신을 지지해 주는 숨어 있는 정서적 지지망을 찾게 한다.
  - 아이들의 정서적 지지망으로 가장 중요한 것은 가족이다. 가족과 함께 그런 역할을 할 수 있는 것으로는, 교사 또는 멘토의 상담 지원, 학습 지원, 생활태도 관리, 다양한 문화 활동이 있다.
- 스스로 자신에 대한 장점과 강점을 찾아내며, 항상 자신에게 긍정적인 피드백을 해준다.

- 부모는 일상의 사소한 일들을 함께하면서 아이를 존중해 주는 것이 좋다. 아이를 동등한 인격체로서, 부정적인 말보다는 의견을 제시하면서 격려한다.

이렇게도 할 수 있어요 패들렛을 이용하여 의견 달기

- 패들렛(https://ko.padlet.com)을 이용하여 의견 달기/선반형(셀프형: 한 열씩 제목 아래쪽에 게시판으로 정렬하는 형식)

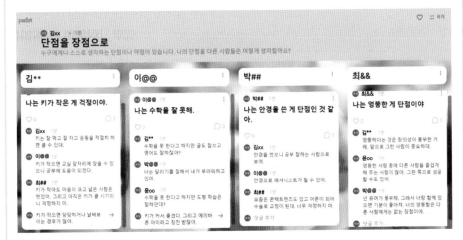

- 패들렛을 개설하고 아이들의 이름을 써 준다.
- 자기 이름 아래의 (+) 부분에 자신이 생각하는 단점을 쓴다.
- 댓글로 단점을 장점으로 바꿔 써 주거나 조언을 해준다.
- 글은 반드시 실명으로 쓰도록 한다.
- 교사는 화상수업 시, 단점을 극복한 사람들의 예를 들어 아이들에게 관점을 바꿔 긍정적으로 생각하도록 지도한다.

💻 수업 이야기

종종 용기가 부족해짐을 느꼈을 때, 나를 칭찬하는 방법을 써보자. 매일 칭찬거리를 찾다보면 나의 말과 행동, 생각까지 세밀히 살펴보게 된다. 학교생활에서 종례 시간, 잠시 시간을 내어 이렇게 아이들 스스로 자신의 하루를 칭찬하는 하브루타를 해보는 것은 어떨까? 짝과의 대화를 통해 나의 내면을 보여 줄 수 있고, 상대방을 더 깊이 이해할 수 있을 것이다. 아이들의 자존감은 매일 조금씩 높아질 것이다.

그림책 내가 가진 강점을 알고 소중한 내가 되기 2~6학년

수업의 의도

자아존중감이 낮아 남과 나를 비교하며 자신을 낮게 평가하는 아이들이 있다. 스스로가 가진 강점을 발견하는 활동을 통하여 소중한 내가 되는 방법에 대해 생각해 볼 수 있는 시간을 갖고자 한다. '나는 잘하는 게 없어'라고 다른 친구들과 비교하며 심리적으로 위축되어 있고 자존감이 낮은 학생들이 치킨마스크처럼 스스로 자신의 소중함을 발견하기를 기대한다.

자신감과 자아존중감이 부족한 아이들을 위해 따뜻한 격려의 마음을 담아 쓰고 그린 그림책이다. 자신의 모습을 그대로 받아들이고 사랑할 수 있도록 도와주는 이 책은 잘하는 게 아무것도 없다고 생각하던 치킨 마스크가 스스로의 강점을 발견하고 자신감을 찾는 과정이 그려졌다.

『치킨 마스크』 (2008). 우쓰기 미호 지음. 책 읽는 곰.

1차시

 그림책 『치킨 마스크』를 읽고 인물의 마음 알아보기

학습 목표

『치킨 마스크』를 읽고 인물의 마음을 짐작할 수 있다.

수업의 흐름

 열기
• 책 표지 살펴보며 나의 경험 떠올리기

펼치기
• 『치킨 마스크』 읽기
• 치킨 마스크가 느꼈을 감정 찾아보기
• 치킨 마스크의 마음 이해하기

 다지기
• 치킨 마스크에게 위로의 말 전하기

책 표지 살펴보며 나의 경험 떠올리기

■ 마스크(가면)를 써 본 경험을 이야기한다.

■ 책의 제목과 표지 그림을 살펴보며 떠오르는 단어를 말해본다.

■ 책 표지를 보고 질문을 통해 책의 내용을 예상해 본다.

• 왜 제목이 치킨 마스크일까요?

• '그래도 난 내가 좋아!'는 언제 이렇게 말하나요?

• 치킨 마스크의 표정이 슬퍼 보이는 것은 무엇 때문일까요?

 1. 『치킨 마스크』 읽기

■ 함께 그림책을 읽으며 내용 파악을 위한 질문을 한다.

• 치킨 마스크는 어떤 마스크를 선택할까요?

• 치킨 마스크의 숨은 장점은 무엇이었나요?

■ 치킨 마스크의 고민에 대한 경험 나누기

• 다른 사람을 부러워했던 적이 있나요?

• 다른 친구보다 못한다고 생각해서 속상했던 경험이 있나요?

• '나 같은 애는 없는 게 나아'라고 느꼈던 적이 있나요?

• 내가 만약 치킨 마스크라면 여러 가지 마스크 중 무엇을 선택하고 싶은가요?

 2. 치킨 마스크가 느꼈을 감정 찾아보기

■ 치킨 마스크가 느꼈을 감정을 감정 카드를 활용하여 찾아본다.

• 내가 만약 치킨 마스크라면 어떤 기분이 들었을까요?

■ 시간의 흐름에 따른 치킨 마스크의 감정을 카드를 보고 모둠 내에서 돌아가며 말한다.

기쁘다	화내다	우울하다	신나다	부끄럽다
외롭다	상쾌하다	반갑다	귀찮다	행복하다
즐겁다	슬프다	귀찮다	자랑스럽다	무섭다
안심되다	초조하다	감사하다	감격스럽다	불안하다

3. 치킨 마스크의 마음 이해하기

■ 인물의 마음을 나타내는 단어 떠올리기
• '보고 싶어, 고마워, 사랑해, 안타까워, 좋아, 행복해, 흐뭇해' 등 치킨 마스크의 마음을 짐작하며 인터뷰 활동을 한다.
■ 치킨 마스크와 친구들에게 어떤 질문을 하고 싶은지 궁금한 것을 생각하며 질문을 만든다.
■ 모둠별로 책 속 인물 중에서 인터뷰할 친구를 선정하고, 그 인물에게 질문한다.
■ 왜 그렇게 생각하는지에 대한 이유와 생각을 꼬리를 물며 질문하고 답변한다.

 치킨 마스크에게 위로의 말 전하기

■ 치킨 마스크가 힘을 낼 수 있는 말이 있다면 무엇일지 생각한다.
■ 내가 치킨 마스크라면 어땠을까?라고 생각하며 치킨 마스크에게 하고 싶은 위로의 말을 붙임쪽지에 쓴다.
■ 붙임쪽지를 칠판에 붙인 후 유목화하여 힘이 되고 위안이 되는 말이 무엇인지 알아본다.

 자신의 강점을 찾아 자아선언하기

학습 목표

자신의 강점을 찾아 내가 소중한 존재임을 알고, 자아 선언을 할 수 있다.

수업의 흐름

 열기
• 내가 들었던 기억에 남는 말 떠올리기

펼치기
• 나의 강점 그릇 채우기
• 나를 위한 치킨 마스크 만들기
• 나를 빛나게 하는 나만의 마스크 소개하기

 다지기
• 자아 선언하기

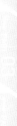

 내가 들었던 기억에 남는 말 떠올리기

■ 친구, 부모님, 선생님, 주변 사람들에게 들었던 칭찬이나 기분 좋은 말, 기억에 남는 말 등을 떠올려 본다.

■ 언제, 무엇 때문에, 어디에서 들었는지 등 당시 상황을 떠올려 본다.

 1. 나의 강점 그릇 채우기

■ 나를 포함하여 다른 사람을 기분 좋게 하고, 마음을 편안하게 만들어 주는 나만의 강점을 찾아본다.

• 내가 가진 강점은 무엇일까?

• 나는 무엇을 좋아하고 잘할 수 있을까?

• 내가 가장 자신 있는 것이나 나의 자랑스러운 점은 무엇일까?

■ 내 강점 그릇에 꼭 넣고 싶은 것과 그 이유를 생각해 본다.

■ 나의 좋은 점, 잘하는 점을 생각하면서 강점 그릇을 채운다.

  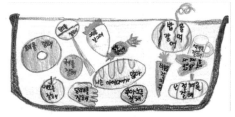

 2. 나를 위한 치킨 마스크 만들기

■ 나의 강점 그릇을 보면서 나에게 필요한 가면이 무엇인지 생각해본다.

2. 자아존중감 **33**

- 나의 개성이 담긴 나만의 마스크를 만든다.
  - 내가 좋아하는 마스크, 내가 되고 싶은 마스크, 내가 상상해 본 마스크를 만든다.
  - 내가 쓰고 싶은 마스크는 무엇이고, 그 마스크를 쓰면 어떤 기분이 들까?
  - 나는 그 마스크를 쓰기 위해 어떤 노력을 해야 할까?

 ## 3. 나를 빛나게 하는 나만의 마스크 소개하기

- 만든 마스크에 나의 강점과 가치가 담긴 나와 가장 잘 어울리는 이름을 지어준다.
- 이름을 지을 때는 나의 강점, 나를 표현하고 싶은 동식물이나 사물을 연결하여 긍정적인 이름을 만든다.
- 친구들에게 이름을 지어준 이유와 함께 마스크를 소개한다.

넘넘이: 2단 높이 뛰기를 못했는 데 하게 됨	전삼: 글쓰기 전국대회에 나가 3등을 함
소편이: 소닉베가스 동영상 편집에 성공함	외발이: 외발 자전거 타기 대회에 나가기 위해 매일 연습함
수영잼맨: 수영할 때가 가장 즐겁고 재미있음	익사이팅: 공중회전 낙법에 성공함
미글이: 그림 그리기와 글쓰기를 좋아함	친절맨: 누구에게나 친절하게 대하고 잘 도와줌

 ## 자아 선언하기

- '그래도 나는 내가 좋아!'라는 말의 의미를 생각한다.
- 내가 좋은 이유를 생각하며 자아 선언문을 작성한다.

(　　　　) 이런 모습이 조금 속상하기도 하지만, 그래도 (　　　　)한 내가 좋아!

- 친구들 앞에서 큰소리로 선언한다.

	(손재주가 없고 수학을 못하는) 이런 모습이 조금 속상하기도 하지만, 그래도 무언가를 잘 외우고, 찾아내는 것을 잘하는) 내가 좋아!
	(겁이 많고 운동을 못하는) 이런 모습이 조금 속상하기도 하지만, 그래도 (긍정적이고 많이 웃는) 내가 좋아!

(느릿느릿하고 둔한) 이런 모습이 조금 속상하기도 하지만, 그래도 (행복한) 내가 좋아!

 (모든 일에 부정적이고 짜증이 많은) 이런 모습이 조금 속상하기도 하지만, 그래도 (해야 할 일이 있을 때 열심히 하는) 내가 좋아!

이렇게도 할 수 있어요(1) 　　　　　　　　　　　노래 가사 바꿔 부르기 2학년

- 나에게 힘을 주는 말이나 친구에게 응원해주는 말이 무엇인지 생각해본다.
- 적당한 노래를 선정하여 가사를 바꾼다.
- 동요 '넌 할 수 있어'의 가사를 바꾸고, 가사에 어울리는 동작을 만들어 노래를 부른다.

'(포기하지마)'라고 말해주세요! 그럼 우리는 무엇이든 할 수 있지요. 짜증나고 힘든 일이 있어도 신나게 할 수 있는 꿈이 크고 고운 마음이 자라는 따뜻한 말 '(포기하지마)' 큰 꿈이 열리는 나무가 될래요. 더없이 소중한 꿈을 이룰 거예요. '(포기하지마)'	'(사랑한다)'라고 말해주세요! 그럼 우리는 무엇이든 할 수 있지요. 짜증나고 힘든 일이 있어도 신나게 할 수 있는 꿈이 크고 고운 마음이 자라는 따뜻한 말 '(사랑한다)' 큰 꿈이 열리는 나무가 될래요. 더없이 소중한 꿈을 이룰 거예요. '(사랑한다)'

이렇게도 할 수 있어요(2) 　　　　　　　'아하 대화'로 강점 이름 짓기 2~6학년

- '아하 대화법'을 활용하여 나의 마스크 이름 짓기를 할 수 있다.
  ① 2명이 한 팀이 되기
  ② 최근에 성취한 일이나 자신의 강점을 생각하기
  ③ 한 사람이 정해진 시간 동안 자랑하기
  ④ 다른 사람은 경청하며 듣기(듣는 사람은 절대 말하지 않고 표정만 짓기)
  ⑤ 역할 바꾸어 활동하기
  ⑥ 이야기를 듣고 짝의 특징을 나타내는 멋진 이름 지어주기

 잠깐! 아하 대화

호주에 살고 있는 '말로 모건'은 어느 날 참사람 부족이 사막을 횡단하는 행사에 초청을 받았다. 아하 대화는 그 과정을 기록한 '말로 모건'의 「무탄트 메시지」에서 유래한다. 참사람 부족은 생일을 축하하지 않고 그 무언가를 완수한 날을 축하하는 풍습이 있다. 부족 사람 모두가 빙 둘러앉은 자리에서 자신이 그동안 한 일에 대한 새로운 성공을 알리면 부족 사람들은 모두 그의 성공을 축하하고 축복해준다.

또한, 잔치를 벌이고 시를 지어주며, 그를 위해 새로운 이름을 짓는다. "정말 훌륭하구나. 네 이름은 앞으로 ○○야."
중요한 것은 성취한 것을 판단하는 것은 다른 사람이 아닌 바로 '자신'이라는 것이다. 나에 대해 가장 잘 아는 사람은 나 자신이라는 것을 알기 때문에 모두 그의 말을 믿고 축하해 줄 뿐이다.

이런 책도 있어요

- 너는 특별하단다(2002). 맥스 루케이도 글. 세르지오 마르티네즈 그림. 고슴도치.
- 난 내가 부러워(2012). 김영민 글. 뜨인돌어린이.
- 나는 나의 주인(2017). 채인선. 토토북.
- 까마귀와 샘(2015). 앰벌린 콰이물리나 글 · 그림/마루벌.

3 의사소통

 진로활동 건강하게 화를 내보내는 방법   3~4학년

학습 목표

이야기를 듣고 화가 날 때 건강하게 화를 내보내는 여러 가지 방법을 찾아 말할 수 있다.

수업의 의도

감정을 잘 다스리는 것은 다른 사람과의 의사소통에 매우 중요하다.
『소피가 화나면』 그림책을 활용하여 '화'에 대하여 생각해보는 수업이다. '화'는 좋은 것
도 나쁜 것도 아닌 누구나 가지는 자연스러운 감정이다. 하지만 화를 다스리는 방법은 다
양하다. 평소 자신의 화에 대한 행동이나 습관을 돌아보고, 친구들과 함께 다른 사람에게
피해를 주지 않고 화를 다스리는 건강한 방법을 탐색하며 실천 의지를 다지게 한다.
참고도서: 소피가 화나면(2017). 몰리 뱅, 박수현 옮김. 책읽는곰.

수업의 흐름

 열기
- '소피가 화나면' 그림책 소개하기

 펼치기
- 나는 이럴 때 화가 나요.
- 그림책 내용 살펴보기
- 핫시팅 활동하기
- 건강하게 화를 내보내는 방법 찾아보기

 다지기
- 내가 해보고 싶은 방법 말하기
- 소감 나누기

 '소피가 화나면' 그림책 살펴보기

- 책의 앞표지를 보고 소피가 화가 났다는 것을 알 수 있는 것들을 찾아서 발표해 본다.
  - 얼굴색, 제목 색깔, 눈꼬리, 입모양, 머리모양, 배경색 등

1. 나는 이럴 때 화가 나요

- '화'라는 감정에 대하여 생각해보게 한다.
  - 화는 무엇일까? 어떤 경우에 화가 나는가? 등 질문을 통하여 생각해본다.
- 화가 많이 났던 경험을 떠올려보기
  - 눈을 감고 화가 많이 났을 때를 떠올려본다.
  - 화가 날 때 나는 주로 어떻게 행동을 하는지 생각해본다.
- 짝과 함께 화났던 경험과 화가 날 때 하는 행동에 대하여 서로 이야기해본다.

 2. 그림책 내용 살펴보기

- 그림책의 이야기를 들려주고 책의 내용을 살펴본다.
- 그림책을 두 부분으로 나누어서 읽어준다(~12쪽 '소피가 화나면 정말 정말 화나면' 까지).
- 앞부분까지 읽은 다음 뒷이야기를 예상해보도록 질문을 한다.
  - "정말 정말 화가 난 소피는 어떻게 했을까요?"
- 예상되는 발표를 들은 후 그림책에서 소피는 화날 때 어떻게 했는지 이어서 뒷부분의 이야기를 들어본다.
  - 밖으로 나가 마구 달리고, 조금 울고, 산에서 나무, 바위 등 자연을 보면서 기분을 풀었어요. 늙은 너도 밤나무를 찾아가 나무 위로 올라갔어요.

 3. 핫시팅 활동하기-소피가 되어보고 공감해 보기

- 아이들 중 2명을 초대하여 소피 역할을 하도록 한다(역할 머리띠 등을 준비하면 효과적이다).
- 소피 역할을 하는 친구에게 그림책의 내용을 활용하여 질문을 하고 대답하는 활동을 한다

• 밖으로 나가는 것 말고 해본 것은 뭐니?	• 아빠한테 왜 말하지 않았니?
→ 내 방에 들어가서 혼자 있는 거야.	→ 아빠도 언니 편일 것 같아서야.

• 너는 화가 나면 왜 숲으로 가니?	• 나무 위에 올라가면 기분이 어때?
→ 밖에 나가면 시원하고 나무가 좋아서야.	→ 화가 풀리고 마음이 편하고 기분이 좋아져.
• 집 밖으로 나가면 엄마의 마음은 어떨까?	• 집으로 돌아왔을 때 기분은 어땠어?
→ 걱정하시겠지.	→ 가족이 고맙고 기분이 좋았어.

 잠깐! 핫시팅(Hot Sitting) 기법

가상의 인물과 만나 서로 대화하는 토론 방법. 의자에 연기자가 앉아 있으며, 의자에 앉은 사람은 글 속의 인물로 가정한다. 배역을 맡은 사람은 글 속 인물을 연기하며 자신의 생각이 아닌 그 인물의 마음으로 주어진 질문에 답을 하도록 한다. 배역을 맡은 사람에게 질문하며 서로 대화를 한다. 이 기법을 활용하면 인물에 대한 이해를 도울 수 있으며, 다양한 관점과 입장이 이해가 가능해진다. 또한 교실이 연극의 공간으로 변하며 아이들에게 재미와 흥미를 느끼게 할 수 있다. 배역을 맡은 사람은 꼭 1명이 아니어도 된다. 1명일 경우 부담을 느끼고 편하게 몰입이 되지 않을 수 있으므로 2~3명을 정해도 좋다.

 4. 건강하게 화를 내보내는 방법 찾아보기

■ 소피가 화를 내보내는 방법 중 좋은 방법이라 생각되는 것은 어떤 것인지 이야기한다.

■ 어떤 점이 좋다고 생각하는지 발표해본다.
  • 다른 사람들에게 피해를 주지 않았어요. 자연과 함께 해결했어요. 등

■ 다른 사람에게 피해를 주지 않고 건강하게 화를 내보내는 방법은 어떤 것이 있을지 함께 생각해보고 발표해본다.
  • 교사는 아이들이 발표하는 다양한 방법들을 칠판에 적는다.

 내가 시도해보고 싶은 방법 말하기

■ 친구들이 소개한 방법 중 내가 시도해보고 싶은 방법 2~3가지를 생각해본다.

■ 돌아가며 말하기 방법으로 다음에 시도해보고 싶은 방법을 1가지씩 이야기를 한다.

■ 수업을 통하여 알게 된 점, 느끼거나 생각한 점을 나누어 본다.

🖥 수업 이야기   아이들이 찾아낸 건강하게 화를 내보내는 방법

감정은 누구에게나 있는 자연스러운 것이다. 감정카드나 다양한 놀이를 활용하여 감정 단어를 익히고 사용하는 활동을 많이 해보는 것은 매우 중요하다. 특히 '화'는 '어떻게 표현하고 해결하는가?'에 따라 다른 사람과의 관계에 많은 영향을 주게 된다.

수업을 준비하면서 '화를 푼다'라는 말 대신에 어떤 말이 좋을까 고민을 하다가 좀 더 긍정적인 단어로 바꾸어 '건강하게 화를 내보내다'로 바꾸어 보았다.

특히 아이들과 건강하게 화를 내보내는 방법을 찾아보는 활동에서 매우 구체적이고 재미있는 방법들을 잘 찾아내어 소개해본다.

〈혼자서 하는 해결하는 방법〉
• 달리기, 걷기
• 나가서 바람맞으면 자전거 타기
• 다른 곳으로 가기, 나가서 시원한 바람맞기나 경치보기
• 좋아하는 노래나 음악을 듣거나, 들으며 춤추기
• 피아노 치기, 내가 좋아하는 악기 연주
• 베개 치기, 잠자기, 혼자 이불 덮고 누워있기, 누워서 좋은 상상하기
• 그림 그리거나 만화책 보기
• 거울 보며 이야기하기
• 크게 심호흡하며 마음 가라앉히기
• 좋아하는 음식 먹기
• 종이에 화나는 것 적고 종이 구기거나 찢기
• 혼자 울기, 잊어버리기(무시하기)
• 시간 정해서 게임하기(부모님 허락)

〈관계 속에서 해결하는 방법〉
• 놀이터에 가서 놀이기구 타며 놀기
• "너가 ~할 때 난 너무 화나. 그러지 않으면 좋겠어"라고 말하기(나 메시지)
• 친구에게 카톡이나 전화로 이야기하기
• 강아지나 애착 인형에게 말하고 꼭 안기
• 공 가지고 놀기, 축구공 힘껏 차기, 친구들과 신나게 놀기
• 엄마한테 이야기하고 안아달라고 하기

3~6학년

하브루타 함께하는 일의 효과는 몇 배일까?

학습 목표

환경보호를 주제로 짝과 함께 포스터를 만들 수 있다.

수업의 의도

프로젝트학습은 아이들이 협력하면서 주제에 따른 과제를 해결하는 것이다. 아이들 각자의 강점지능을 발휘하기에 좋은 학습법이다. 팀 프로젝트는 구성원 사이에 활발한 의사소통을 필요로 한다. 이 수업은 올바른 식생활의 중요성을 주제로 참여한 연구 프로젝트 학습의 일부이다.

교실 텃밭 가꾸기(무, 깻잎, 부추, 호박, 무순 기르기) → 식생활교육 → 음식 만들기 → 급식 골고루 먹기 → 표어 만들기/포스터 그리기 → 잔반 남기지 않기 캠페인 → 보고서 쓰고 발표하기. 이 중 짝과 둘이서 '음식물에 의한 환경오염을 줄이자.'는 주제로 포스터를 만들었다. 주제부터 표현방법 등, 짝과 함께 의견을 나누면서 하나의 작품을 완성해 간다. 혼자 하는 일과 함께하는 일의 결과를 통해 의사소통의 효과를 확인할 수 있다.

수업의 흐름

 열기

- 음식을 남기면 어떤 일들이 생길까?

 펼치기

- 짝 하브루타로 표어, 그림, 디자인 등 논의하기
- 4절지 색지에 자유롭게 표현하기

다지기

- 발표하기
- 학교의 적절한 장소에 게시하기

 생각의 싹 틔우기

■ 우리가 남기는 음식은 어떻게 처리되는지 발표한다.

먹지 않고 남은 음식물은 어떻게 활용될까?

학교 급식처럼 버려진 음식물은 어떻게 처리될까?

버려진 음식으로 발생하는 문제점은 무엇일까?

포스터 만들기

- 짝과 함께 2명이 한 장의 포스트를 구상한다.
  - 짝 하브루타로 표어, 그림, 디자인 등 아이디어를 모은다.
  - 4절 크기 색지에 자유롭게 표현한다.
- 2명이 나와 포스터의 내용을 설명한다.
  - 잘 된 점을 칭찬하고 궁금한 것을 질문한다.
- 짝과 함께 포스터를 붙일 장소를 논의한 후 게시한다.

이렇게도 할 수 있어요

- 미리캔퍼스를 이용하여 짝과 포스터를 만든다.
  - 미리캔버스에 입장하여 짝과 함께 디자인을 고른다.
  - 하브루타를 하면서 적절한 문구를 만들어 넣는다.
  - 완성된 작품을 패들렛에 올리고 작품의 의도를 설명한다.
  - 친구들은 댓글로 질문을 하거나 반응(좋아요)을 한다.

 쉬우르

근래에 '친환경, 사회적 책임, 윤리적 가치'를 중요하게 여기는 풍조(ESG 경영)[2]가 나타나고 있다. 환경보호는 이제 우리가 살고 있는 지구에 관심을 갖는다는 차원을 넘어 인류의 생존과 깊은 관계가 있다. 지구를 살리는 방법 중, 우리가 실천할 수 있는 가장 쉬운 방법은 바로 먹을거리의 처리이다. 아이들이 실천할 수 있는 방법을 질문으로 확인하고, 실천한 내용을 발표하는 기회를 갖도록 한다. 이 활동을 통해 나의 진로가 인류와 자연과 공생하는 큰 범위로 확장할 수 있도록 돕는다.

 잠깐! 하브루타 질문의 종류와 진로교육과의 관련

질문	내용	진로와 관련성
내용 질문	교재나 상황에 나타나 있는 사실을 확인하기 위한 질문 • 단어의 뜻, 표현이나 문장의 의미, 상황에 대한 이해를 위한 질문	정확한 내용이해와 배움, 상황 파악

상상질문 종합질문	사실을 바탕으로 가정, 추론으로 상상하는 질문 교훈이나 시사점을 찾는 질문(상상질문과 종합질문을 묶어 심화질문으로 할 수 있다.)	미래에 대한 예측과 준비
적용질문	나 또는 우리와의 관련성을 찾아 연결하는 질문	나의 진로에 적용

이렇게도 할 수 있어요   miri canvas 가족과 하브루타로 소통하기 3~6학년

주제: 건강에 좋은 라면을 끓여 가족과 함께 먹어보자.
- 라면 스프는 활용하지 않고 다양한 밑 국물 재료를 활용하여 국물을 만든다.
  - 라면 스프의 장단점을 설명한 후 창의적인 맛을 창출하도록 한다.
- 가족이 머리를 맞대고 건강에 좋고 맛있는 라면 요리를 만들어 함께 즐겁게 먹는 것에 주안점을 둔다.
  - 시간 여유를 두고 과제를 제시한다.
- 발표
  - 패들렛에 만든 음식의 사진이나 재료, 과정을 올린다.
  - 미리캠퍼스(https://www.miricanvas.com)를 활용하여 광고물로 만든다. 원격 수업 시 친구들에게 설명한다.
- 결과물(예시/미리캔버스)

① 멸치, 다시마, 새우, 버섯을 넣어 국물을 만든다. ② 간장(한 스푼), 된장(반 스푼), 고춧가루(반 스푼)을 넣고 조금 더 끓인다. ③ 면을 넣는다. ④ 계란을 풀어 넣는다. ⑤ 라면을 그릇에 담고 면 위에 말린 가다랑어포를 살짝 뿌린다.	① 다시국물 팩을 넣어 국물 맛을 낸다. ② 다시국물 팩을 건져내고 간장 한 스푼을 넣는다. ③ 김치를 송송 썰어 넣고 한소끔 끓인다. ④ 면과 파를 넣는다. ⑤ 라면을 그릇에 담는다.

가족 간의 의사소통 시간을 가짐으로써 음식을 조리하는 수고로움을 알게 되었다고 했다. 가족과 이야기를 나누면서 요리뿐만 아니라 일상적인 대화와 질문을 통해 서로 가까워진 듯했다는 소감이 많았다.

잠깐! 왜 하브루타에 대한 관심이 커졌을까?

우리나라에서 이스라엘의 전통적 교육법인 하브루타에 큰 관심을 갖게 된 이유는 무엇일까? 바로 '의사소통' 때문이다. 가부장적인 사회에서 권위로 문제를 해결하는 것은 '문제의 해결'이 아닌 '문제를 덮음'이었다. 덮어 버렸던 문제는 사라지지 않고 숨어 있다가 어느 날 갑자기 폭발물처럼 실체를 드러낸다. 하브루타는 일상에서의 대화를 권장한다. 여자라고, 어리다고 무시하지 않고 민주적인 태도로 상대방의 말을 경청한다. 교실에서 배운 하브루타를 가정에서, 일상에서 활용하다 보면, 대화가 문제해결의 가장 기본적인 방법임을 알 수 있게 된다.

📖 수업 이야기

4학년을 대상으로 간단한 팀 대항 프로젝트 수업을 할 때였다. 앉은 자리를 기준으로 4인이 한 팀이 되어 과제를 해결하는데, 문제가 생겼다. 한 모둠에서 한 아이를 가리키며, "쟤하고는 같이 하고 싶지 않아요."라고 불편한 감정을 표출한 것이다. 그러자 또 한 모둠도 한 아이를 지목하며, 그 아이하고 같은 모둠이 되는 게 싫단다. 그런 문제가 발생하리라고는 생각지도 못한 나는 무척 당황스러웠다. 그 때 지목당한 아이 둘이 내게 이렇게 말했다.

"선생님, 그러면 그냥 우리 둘이 할래요."

마음이 상했을 것도 같은데, 의외로 아이의 표정은 별로 대수롭지 않은 듯 담담했다. 결과적으로 단 둘이서 프로젝트를 수행하던 그 아이들이 최종 우승을 했다. 우승 비결은 무엇이었을까? 다른 아이들이 두 아이를 성적과 평판으로만 판단한 것과는 달리, 한 아이는 창의성이 뛰어나고 한 아이는 손재주가 좋았던 것이었다. 두 아이는 활발하게 소통을 하면서 최상의 결과를 이끌어냈다. 의외로 산만하거나, 종종 과제를 안 해오거나, 규칙을 안 지키는 아이들 중에 생각이 자유로운 아이들이 많다. 아이들에게 숨겨진 재능이 있음을 인정하고 기다려 준다면 그 아이들의 미래는 지금 보이는 것과 확연히 다를 것이다.

그림책 **내 말을 들어주세요.**

학습 목표

대인관계에서 의사소통의 중요성을 알고 소통하는 태도를 기를 수 있다.

수업의 의도

소통과 공감은 서로의 관계 맺기 및 문제 해결에 커다란 영향을 미친다. 문제가 생겼을 때 제대로 도우려면 문제를 정확히 알아야 하고, 문제를 해결하기 위해서는 상대방의 이야기를 귀 기울여 들어야 한다. 자신의 생각과 느낌을 말하고 듣는 활동을 통해 의사소통의 중요성을 알게 하고자 한다.

혼자 있는 것이 무서운 곰은 도움을 받기 위해 주변 사람들을 만나지만, 사람들은 곰의 이야기는 귀담아들을 생각은 하지 않고 자기가 알고 있는 나름대로의 조언만 해준다. 제대로 도우려면 문제를 정확히 알아야 하고, 알기 위해서는 귀 기울여 듣는 것이 먼저라는 것을 알려주는 그림책이다.

『내 말 좀 들어 주세요, 제발』 (2020). 하인츠 야니쉬 글, 질케 레플러 그림, 김라합 옮김. 상상스쿨.

수업의 흐름

열기	펼치기	다지기
• 책 내용 예측하기	• 그림책 읽고 내용 살펴보기 • 내 말 좀 들어주세요.	• 이야기를 귀 기울여 듣는 것이 중요한 이유 알기

책 내용 예측하기

■ 책 제목을 보고 어떤 생각이 드는지 말한다.

• 내 말을 들어달라고 할 때는 주로 언제인가요?

• 곰에게 어떤 일이 생겼을까요?

• 곰에게 해주고 싶은 말이 있다면 무엇일까요?

• 곰이 하고 싶은 말은 무엇일까요?

1. 그림책 읽고 내용 살펴보기

■ 책을 읽으며 질문을 통해 글의 내용을 확인한다.
• 곰이 만난 사람들은 누구인가요?
• 곰이 만난 사람들의 공통점은 무엇인가요?
• 곰의 말을 자르고 '잘 안다'고 하는 사람들의 행동에 대해 어떻게 생각하나요?
• 고민 많은 곰에게 지금 필요한 것은 무엇일까요?

 ## 2. 내 말 좀 들어주세요.

■ 부정적인 대화 경험 나누기
• 최근에 힘들었던 일이나 고민, 해결해야 할 문제 등을 떠올린다.
• 두 사람씩 짝을 지어 마주 본다.
• 한 사람이 먼저 힘들었던 일이나 고민, 해결해야 할 문제를 말한다.
• 당시 상황을 떠올리면서 상대방에게 적극적으로 말한다.
• 다른 한 사람은 상대방의 말을 들으며 아무것도 아니라는 식의 표정과 행동으로 시큰둥한 반응을 보이며 말한다.
• 한 사람의 이야기가 끝나면 입장을 바꿔 한 번 더 진행한다.
■ 활동이 끝난 후 어떤 생각이 들었는지, 어떤 기분이었는지 돌아가며 말한다.
• 나의 고민은 무엇이었나요?
• 상대방이 나를 대하는 행동을 보면서 어떤 생각이 들었나요?

 ## 이야기를 귀 기울여 듣는 것이 중요한 이유 알기

■ 상대방의 이야기를 귀 기울여 듣는 것이 중요한 이유를 말한다.
• 말이 안 통한다고 느낄 때는 언제인가요?
• 그 때 어떤 느낌이 들었나요?
• 말이 안 통한다고 느낄 때 어떻게 하면 좋을까요?
• 상대방의 이야기를 귀 기울여 듣는 것이 왜 중요한가요?

이렇게도 할 수 있어요

참고도서: 내 말 좀 들어 주세요, 제발(2007). 윤영선 지음, 전금화 그림. 문학동네.
- 나의 마음이 잘 전달되지 않았거나 내가 다른 사람의 마음을 알아차리지 못했던 경험을 나눠본다.
  - 언제, 어디서, 어떻게, 왜? 누구와 그런 일이 있었나요?
  - 그때의 나의 마음은 어떠했나요?
- 그때의 상황과 내가 하고 싶었던 말을 활동지에 나타내기

"나는 싸움쟁이가 아니에요. 오빠가 먼저 시비 거는 거예요."

"나는 달팽이가 아니에요. 빠르게 달리고 싶어도 안 되는 거예요."

"항상 제 이야기만 하지 않아요. 들을 때가 더 많아요."

🖥 수업 이야기 부정적인 대화 경험 나누기

부정적인 대화 경험 나누기를 하고 나서 아이들은 상대방의 이야기를 귀 기울여 듣는 것이 매우 중요하다는 것을 이구동성으로 말한다. 그리고 그동안 말이 안 통한다고 함부로 했던 자신들의 행동이나 상대방의 입장과 마음은 고려하지 않고 제대로 듣지 않았던 자신의 행동을 돌아보게 되었다는 반응이었다.

가장 많이 나온 말은 무시당하는 것 같은 느낌을 받았다는 것이었다. 이에 따른 해결 방법으로는 천천히 상대방을 이해시키거나, 상대방의 입장이 되어보는 역지사지를 생각하게 되었다는 학생도 있었다.

 친구와 말다툼을 했었는데 아무리 설명해도 계속 우기기만 해서 너무 답답했다. 하지만, 내가 친구의 마음을 이해하고 사과했어야 했는데 그러지 못했다.

 동생과 먹고 싶은 것이 서로 달라서 의견이 계속 맞지 않아 답답하고 화가 났다. 하지만 감정을 서로 자제하고 의견을 모을 수도 있었던 것 같다.

 형이 내 연필을 자기 것이라고 우겨서 속상했다. 하지만, 차분하게 이 연필이 내 것인 이유를 말했어야 했던 것 같다.

 내가 말을 하려고 하면 중간에서 말을 끊고 엄마 마음대로 판단할 때 화가 나서 방으로 들어와 버렸다. 하지만 엄마한테 왜 그렇게 했는지 천천히 말하고, 엄마가 그럴 때마다 너무 속상하다고 말씀드려야겠다.

이런 책도 있어요

- 감기 걸린 물고기(2016). 백정섭 글 · 그림. 사계절.
- 이파라파냐무냐무(2020). 이지은 글 · 그림. 사계절.
- 52 헤르츠(2019). 마르틴 발트샤이트 글 · 그림, 이은주 역. 느림보.
- 일곱 마리 눈먼 생쥐(1999). 에드 영. 시공주니어.

공감과 배려

 모두가 편리한 유니버설 디자인(UD)

학습 목표

유니버설 디자인의 의미를 알고, 우리 학교를 모두가 편리하게 새롭게 디자인해볼 수 있다.

수업의 의도

유니버설 디자인에 대하여 알아보고, 생활 속에 적용된 부분을 찾아본다. 일상생활에서 차별과 편견 없이 다른 사람과 더불어 이해하고 공감, 배려하는 마음이 필요함에 대하여 생각해보는 시간을 가질 수 있도록 한다. 유니버설 디자인을 활용하여 우리 학교에서 개선이 필요한 부분들을 찾아 새롭게 디자인해보는 경험을 통하여 우리 주위의 환경, 제품, 서비스 등에 관심을 가지고 창의적으로 개선하려는 태도를 갖는다. 2차시로 구성하였지만 연 차시 수업으로 진행하면 연결성이 있어서 좋다.

수업의 흐름

 열기
- 평등의 의미 알기

 펼치기
- 유니버설 디자인 이해하기
- 생활 속 유니버설 디자인 사례 찾아보기
- 우리학교를 UD를 활용하여 바꾸어 보기

 다지기
- 도전, 유니버설 디자인 퀴즈!

 평등의 의미 알기

- '차이, 차별, 평등'의 의미를 퀴즈를 통하여 알아본다.
- 물건을 사용하거나 공공장소 등을 이용할 때 불편했던 경험을 떠올려 발표해본다.
- 우리 주변에서 일상생활을 할 때 불편함을 겪을 수 있는 사람들을 찾아본다.
- 다음 그림을 살펴보며 '평등하다는 것은 무엇일까?' 생각해본다.

어느 쪽이 진짜 평등한 걸까?

더 좋은
방법은
없을까?

장벽을 제거하고 누구나 즐길
수 있는 환경을 만드는 것

출처: IISC(Interaction Institute for Social Change), Angus Maguire

 1. 유니버설 디자인이란?

■ 유니버설 디자인을 쉽게 이해할 수 있는 동영상을 함께 시청한다.
• 디자인으로 차별, 편견의 벽을 깨다
(https://youtu.be/tkblHF4kHXw).
• 내용: 일상생활에서 차별과 편견을 없애자는 유니버설 디자인 운동이 일상생활에
적용된 제품을 볼 수 있는 영상(2019. KBS뉴스)
• 3%를 위한 디자인(https://youtu.be/wB3CLJ8zXK4)
• 내용: 색각이상자들을 위한 서울지하철 노선도
■ 유니버설 디자인의 의미 알아보기
• 모든 사람을 위한 디자인
• 성별, 나이, 신체조건, 언어, 문화, 국적에 상관없이 모두가 사용할 수 있는 환경,
제품, 서비스를 디자인하는 것이다.

 2. 생활 속 유니버설 디자인 사례 찾아보기

■ 주변시설, 공공장소 또는 생활 속에서 유니버설 디자인이 적용된 예를 찾아서 발
표해본다.
• 신호등, 지하철의 손잡이, 지하철의 넓은 개찰구 등
■ 불편함을 겪을 수 있는 사람들을 위하여 개선되어야 할 점은 무엇인지 찾아본다.
• 환경, 제품, 서비스 등 다양한 관점에서 생각해보도록 한다.

■ 유니버설 디자인의 7원칙 알아보기
• 사진 자료와 실제 제품 등을 보여주며 이해를 돕는다.

 잠깐! 유니버설 디자인의 7원칙

1. 사용의 융통성: 자신에게 편하거나 원하는 사용 방법을 선택
2. 적은 신체적 노력: 누구나 힘을 별로 사용하지 않고 편안하게 이용할 수 있도록 함
3. 정보의 인지성: 누구나 쉽게 필요한 정보를 얻을 수 있도록 함
4. 공평한 사용: 누구나 차별, 소외되지 않고 이용하도록 함
5. 안전성: 실수나 사고를 미리 예방하도록 함
6. 접근의 용이성: 누구나 쉽게 접근하고 이용할 수 있도록 함
7. 직관성: 누구나 쉽게 한눈에 알아보고 이용할 수 있도록 함

 3. 우리 학교를 유니버설디자인으로 바꾸어봐요

■ 우리 학교에 있는 유니버설 디자인을 찾아본다(환경, 제품, 서비스 등).
■ 우리 학교가 아이들에게 안전하고 편리한 공간이 되려면 어떻게 하면 좋을지 생각해본다.
• 학교에서 생활하면서 불편했던 점을 찾아 이야기해본다.
• 유니버설 디자인이 필요한 부분을 찾아본다.
■ 내가 디자이너가 되어 개선이 필요한 부분을 찾아서 바꾸어 본다.
• 글, 그림 등으로 자유롭게 표현하도록 한다(활동지).
• 유니버설 디자인의 7원칙을 고려하여 디자인해본다.
■ 모둠 친구들에게 자신의 작품을 보여주며 설명한다. 모둠원들은 잘된 점을 찾아 격려한다.
■ 수업 후에 작품란에 전시하여 서로 감상하고 격려하도록 한다.

☑ 3~4학년 학생 작품

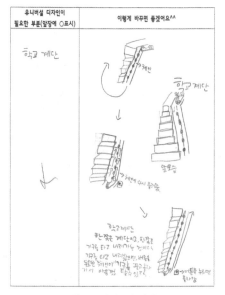

학교 계단 바꾸기

도서관의 책꽂이 바꾸기

 도전, 유니버설 디자인 퀴즈!

- 배운 내용을 활용하여 유니버설 디자인 퀴즈를 만들어 함께 풀어본다.
- 활동을 통해 새롭게 알게 된 점, 느낀 점, 더 알고 싶은 점 등을 발표해본다.

 수업 이야기   유니버설 디자인 수업을 하고

유니버설 디자인 수업 소개

2019년 유니버설 디자인 교원 연수를 통해 처음 알게 되었다. 이미 사회 전반에 유니버설 디자인이 적용된 부분이 많이 있었다. UD의 개념과 가치가 새롭기도 하였지만, 함께 더불어 살아가야 할 우리 아이들에게도 꼭 지도해야 할 내용이라는 생각이 들었다. 2020년부터 3~4학년을 대상으로 2시간씩 수업을 하였다. 5~6학년 아이들에게도 적절한 수업으로, 아이들의 인성과 창의성 기르기에 매우 유익한 주제이다.

유니버설 디자인 수업에 대한 아이들의 반응은?

용어나 의미를 알고 있는 아이들은 거의 없었다. 매우 흥미를 느끼고 즐겁게 참여하였다. 가장 몰입하여 참여한 것은 우리 학교를 UD를 활용하여 고쳐보는 활동이었다.
UD를 활용하여 만들어진 학교나 장소 등을 사진 자료를 활용하여 보여주며 이해를 도왔다. 아이들은 개선이 필요한 부분을 열심히 찾아 모두가 편리하고 다양한 방법으로 바꾸어 보는 활동에 적극적으로 참여하였다. 자신의 작품을 친구들에게 소개하면서 매우 뿌듯해하였다. 빨리 학교가 바뀌면 좋겠다는 기대감으로 행복한 수업이었다.

 유니버설 디자인이 모든 사람들에게 필요하고 생활을 편리하게 해주는 공평한 디자인이라는 것을 처음 알았고 너무 재미있었어요.

 특히 우리학교를 직접 유니버설 디자인으로 바꾸어보는 활동이 너무 재미있었고 꼭 그렇게 바뀌었으면 해요. 불편한 점을 고칠 수 있어서 좋고 뿌듯했어요.

 생활 주변의 유니버설 디자인에 관심과 흥미를 가지고 유심히 보게 되었어요. 배우니까 유니버설 디자인이 눈에 잘 띄었고 찾아보니 재미있었어요.

 선생님이 보여주신 온도 감지 머그잔, 어린이 양손 가위, 약 달력, 캐스타 가위 등 UD 제품들이 신기했어요. 특히 온도에 따라 머그잔의 색과 모양이 바뀌는 것이 가장 신기했어요.

 우리가 사용하는 제품, 계단, 지하철, 버스, 거리 등에 이미 유니버설 디자인을 활용한 부분이 많다는 것을 알게 돼서 좋았어요. 우리 학교 앞 횡단보도 바닥에도 LED등이 설치되어 있는데 눈에 잘 띄고 편리한 것 같아요

 특별한 수업이어서 다른 친구들에게도 추천해주고 싶어요. 몸이 불편한 사람들은 물론 우리에게도 도움이 되는 디자인이라는 점이 인상적이었고 좋았어요.

함께 밥을 먹는 것은 어떤 의미가 있을까? 3~6학년

학습 목표

밥상머리 대화를 실천하여 보자.

수업의 의도

대화의 기초를 배울 수 있는 곳은 어디일까? 바로 가정이다. 가족과 함께 먹는 식사시간이 주는 의미는 무엇일까? 1주일에 한 번이라도 가족이 이야기를 나누는 시간이 필요함을 모르는 사람은 없을 것이다. 더군다나 코로나19 상황에서 집에서 함께 생활하는 시간이 늘어난 편인데, 오히려 갈등상황이 생긴다면 원인이 무엇인지 생각해 볼 필요가 있다. 식사 관련 일들을 돕는 것은 삶의 가장 기본적인 소양이다. 음식을 만들어 가족과 먹으면서 소통하는 시간을 갖게 하여 가족 간 공감하고 배려를 실천하는 데 이 수업의 목적이 있다.

수업의 흐름

 열기

- 가상의 밥상머리대화 해보기

 펼치기

- 밥상머리 공책 사용법 알기
- 가상의 식탁대화 내용 정리하여 써 보기

 다지기

- 밥상머리에서 할 수 있는 대화의 내용 알기

 가상의 밥상머리 대화하기

- 두 사람 앞에 각자 빈 접시 그림을 놓는다.
- 접시 그림 위에 좋아하는 음식 이름을 적는다.
- 짝끼리 이야기를 나눠 본다.
- 어떤 이야기를 나눴는지 한 사람이 발표하고 다른 한 사람은 보충하여 말한다.

 밥상머리 공책 쓰는 방법 알기

- 식탁에서 어떤 대화를 나누면 좋은지 발표한다.

- 공책을 한 권 준비해서 7가지 과제표를 겉장 안쪽에 붙인다.
- 1주일에 한 번 정도 과제 중에서 몇 가지를 골라 실천한다.
- 1주일에 한 번 정도라고 한 이유는, 가족 중 나를 포함한 2명 이상이 한 자리에서 식사하는 것을 고려했기 때문이다.
- 밥상머리 대화를 실천한 날짜와 대화 내용은 꼭 쓰도록 한다.
- 좀 전에 짝과 나눈 '가상의 식탁 대화'를 '밥상머리 대화' 공책에 써 본다.
- 나눈 대화의 문제점을 개선한 내용을 쓰도록 한다.

2020. 11. 22(일) 8:00~8:30	(1) 날짜, 식사시간	(1)~(2)는 쓴다.
2. 아빠, 엄마, 언니, 나	(2) 함께 식사한 가족	
3. 김치, 무국, 고등어조림,	(3) 우리 집 식단	(3)~(5)는 상황에 따라 선택하여 쓰거나 쓰지 않아도 괜찮다.
4. 무국(쇠고기, 무, 간장, 마늘, 파)	(4) 내가 잘 먹은 음식의 재료	
5. 수저 놓기, 물 따르기, 반찬통 뚜껑 열기, 반찬통 뚜껑 닫기, 반찬통 냉장고에 넣기, 먹은 그릇 설거지통에 넣기	(5) 식사 시간에 내가 한 일	
6. 무를 보내 주신 할머니와 김치를 보내 주신 고모께 감사하다는 이야기를 나눔	(6) 식사 시간에 한 가족과의 대화 중 기억에 남는 내용	(6)~(7)은 반드시 쓴다.
7. 이렇게 몸에 좋은 음식을 보내 주셔서 내가 더 건강한 것 같다. 음식을 고맙게 먹고 소중하게 생각해야겠다.	(7) 나의 생각이나 반성	

 쉬우르

- 밥상머리 대화는 어떻게 시작하면 좋을까?

"엄마, 이 반찬 맛있어요. 어떻게 만드셨어요?", "아빠, 오늘 힘드셨죠?"와 같은 칭찬이나 감정을 묻는 말로 시작해 보자.

- 밥상 위에 있는 음식에 대한 이야기는 "맛있다." 또는 "특별하다." 등의 긍정적인 말로 시작한다. 이어서 재료나 조리법에 대해 묻고, 이렇게 맛있는 음식을 준비해 주신 것에 대해 감사한 마음을 나타내면 좋다.

- 음식이 입맛에 맞지 않은 경우, 영양가에 대해 묻거나 그 음식을 누가 좋아하는지, 그 음식에 얽힌 추억 같은 것을 묻는다. 이 때 음식의 취향은 개인적이므로

단정적으로 말하는 것은 삼간다.

■ 밥상머리에서 가족이 대화를 나눌 때 주의할 점은 무엇일까?

• 가능하면 가볍고 즐거운 이야기를 한다. 예를 들어, 밥상 위의 음식에 대한 칭찬이나 관심, 날씨, 학교에서 있었던 일화, 조금 특별한 경험 등을 말한다.

• 신경써서 논의해야 할 이야기는 식사를 마친 후에 한다.

• 무섭거나 잔인한 이야기는 삼간다.

■ 이렇게 서로의 공감대를 만들다 보면 점차 대화하기가 부담스럽지 않게 되고, 자신의 진로에 대해서도 편하게 대화를 나눌 수 있게 될 것이다.

 잠깐! 말하기를 어려워하는 아이들을 도울 수 있는 방법은 없을까?

하브루타를 할 때 교사들이 겪는 어려움 중의 하나는 바로 말하기를 두려워하거나 어려워하는 아이들의 말문 틔우기이다. 말하지 않는 아이들의 이유는, 단순히 컨디션이 안 좋음부터 어떤 말을 해야 할지 모르겠다는 일시적인 대응 부족, 더 나아가 선택적 함묵증과 같은 정서적 문제까지 다양하다. 자신의 성향을 고려하여 진로 결정을 한다 해도, 자기표현과 의사소통의 어려움은 선택의 폭을 그만큼 좁히게 한다. 이런 문제는 어떻게 해결할 수 있을까?

1. 들은 내용 말하기
교사는 말하기를 어려워하는 아이에게, 어떤 내용이 기억나는지 들은 내용을 묻는다. 내용을 다 듣고 아이의 생각은 어떤지 묻는다.

2. 질문 돌려주기
"넌 어떻게 생각하는데?"라는 말로 오히려 질문자에게 질문을 돌려준다. 이 질문 하나로 아이는 당황스런 순간을 벗어나고, 대답을 준비할 약간의 심리적 여유를 갖게 된다. 또는 질문자의 답을 듣고 그것을 바탕으로 자신의 생각을 말할 수도 있게 된다. 질문을 돌려받은 아이는 어떨까? 아이는 궁금한 상태를 유지하며 자신이 생각하는 답을 찾아 말할 것이다.

 "마따호쉐프?"

이스라엘의 선생님은 학생들과 질문으로 수업을 한다. 정답을 알고 있다 하더라도 교사는 아이들이 유추하는 과정에서 답을 스스로 찾도록 "마따호쉐프?"라고 계속 말한다.
짝과 하브루타를 할 때 어떤 대답을 해야 할지 몰라서, 혹은 당황스러워서 말하지 못하는 아이들이 종종 있다. 그럴 때 질문을 돌려주기로 "마따호쉐프?"를 활용해보자.

3. 전체 하브루타 → 모둠 하브루타 → 짝 하브루타로 발전시키기
친구들의 말을 들어서 전체적인 흐름을 파악한 후에 모둠이 대화하고 마지막으로 짝 하브루타를 한다. 이미 들은 정보들이 있기 때문에 맥락을 이해하여 자신의 생각을 말할 수 있다.

4. 여러 가지 방법으로 짝 바꾸기

자리 배치를 다양하게 하여 짝을 바꾸는 방법이 있다. 고정 짝과 하브루타를 하면 서로 주고받는 대화의 양과 질은 비슷하다. 이 때 짝을 바꿔 하브루타를 해본다. 새로운 짝을 만나는 방법은 다양하다. 새로운 짝을 만나면 새로운 질문과 답변으로 생각의 지평을 넓힐 수 있다.

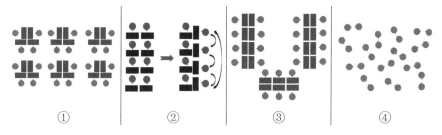

① 옆 짝과 앞 뒤 짝 ② 한 쪽 줄은 앉아 있고 짝 줄이 한 자리씩 자리를 옮긴다. ③ ㄷ자형이나 원형으로 자리를 배치하고 한 자리씩 옮긴다. ④ 아이들이 자유롭게 다니면서 짝을 만난다.

5. 무엇보다도 교사는, 말하지 않는 아이가 짝의 말을 주의 깊게 듣는지 관찰하고, 말하지 않는 원인을 먼저 판단하는 것이 중요하다.

> 💡 **실시간 쌍방향수업 시 다양한 짝을 만나는 방법** 📶
>
> • 소회의실에 입장하기 위해서는 교사가 '로그인-설정-소회의실 기능 켜기'를 먼저 실행해야 한다,
> • 줌 수업에 참석한 학생들을 회의실 수만큼 자동으로 배정하는 방법이 있다.
> • 만약 학생들을 교사의 의도대로 배정하려면, 학생들에게 이름 앞에 1모둠 ○○○, 2모둠 □□ 식으로 지정하도록 안내한다. 참가자 목록이 가나다 순으로 배열되면서 모둠이 결정된다.

💻 **수업 이야기**

가족이 함께 식사를 하는 것의 중요함을 모르는 사람은 없을 것이다. 요즘같이 바쁜 시대에 가족이 한 자리에 모여 밥 한 끼를 먹는 것은 의외로 어렵다. 그러다가 코로나19로 인해 집콕 상황에서 삼시세끼 식사하는 시간이 많아졌다. 모처럼 한 자리에서 식사를 해도 대화는 이루어지지 않는다, 각자 핸드폰만 보거나 TV를 보기 때문이다. 온전히 함께하는 식사시간에 집중하기 위해서, 일주일에 한 번이라도 가족 중 2명 이상이 함께 밥 먹는 시간을 갖는 것을 정중하게 제안해 보자.

가족이 갑자기 대화를 하려면 어색하고 긴장되기 마련이다. 평소 대화가 잘 이루어

지는 가정이 아니라면, '무슨 일이 있나?' 또는 '갑자기 왜?', '귀찮다.' '혹시 잔소리를 하시려나?' 하는 부정적인 생각이 먼저 들 수도 있다. 또 무슨 얘기를 어떻게 해야 할지 모를 수도 있다. 밥상 앞에서는 다른 상황보다 쉽게 말문을 틔울 수 있다.

부모님이 직장을 다니셔서 종종 형이랑 밥을 먹는 아이는, 요즘 유행하는 게임에 대한 이야기를 나눴다고 한다. 형한테 게임 방법도 배우고 게임을 어느 정도 하는 게 좋은지 대화하다 보니 형과 더 친해지는 것 같았다고 했다. 늘 늦게 퇴근하시는 아빠를 제외한 나머지 식구들과 밥을 먹는 아이가 있었다. 가족들과 대화하면서 아빠가 하시는 일을 이해하게 되었고 감사한 마음도 들었다고 한다.

공감과 배려는 상대를 이해하는 마음, 상대를 애틋하게 여기는 마음으로부터 비롯된다고 생각한다. 대화하지 않으면 상대의 마음을 알기 어렵다. 가족 간 하브루타는 이렇게 소소한 일상대화로 공감과 배려심을 키울 수 있게 한다.

1. 가만히 들어 주었어

학습 목표

등장인물의 마음을 공감하며, 적절한 위로의 방법을 찾을 수 있다.

수업의 의도

그림책을 보면서 힘들고 어려운 일이 있을 때 공감하고, 기다려 주는 것이 진정한 위로의 방법이라는 것을 알아가는 활동이다. 책을 함께 읽어 가면서 동물 친구들의 다양한 위로 방법을 보고 자신의 생각과 느낌을 말할 수 있도록 한다. 진정한 위로는 함께 하며 공감하고 기다려 주어 당사자가 스스로 일어날 수 있도록 하는 것임을 깨닫도록 한다.

테일러는 힘들게 블록을 쌓고 부듯해한다. 하지만 새들이 날아와 블록이 무너져버리고, 다른 동물 친구들이 와서 자기들의 방식으로 말해 주었지만 테일러는 위로받지 못한다. 아무 말 없이 테일러 옆에 조용히 있어 주는 동물은 토끼이다. 진심어린 위로는 곁에 있어 주면서 그 사람의 말을 가만히 들어주는 것이라는 것을 알려준다.

『가만히 들어 주었어』 (2019). 코리 도어펠트 글 · 그림, 신혜은 옮김. 북뱅크.

수업의 흐름

 열기
- 경험했던 일 떠올리기

 펼치기
- 동물 친구들의 위로 방법 살펴보기
- 진정한 위로 방법 알기

 다지기
- 내가 위로받았던 경험 나누기

 경험했던 일 떠올리기

- 내가 경험했던 가장 속상했던 일, 화났던 일, 슬펐던 일을 떠올려 본다.
  - 나의 기억 중에서 가장 속상했거나 화났던 일은 무엇인가요?
- 속상하거나 화가 날 때 주로 어떤 행동을 하는지 생각해 본다.
  - 내가 속상하거나 화가 났을 때 어떻게 하면 풀리나요?
- 속상하거나 화가 날 때 하는 행동을 돌아가며 서로 이야기해 본다.

1. 동물 친구들의 위로 방법 살펴보기

- 토끼가 등장하기 전까지의 책 내용을 살펴보며 질문하고 대답하는 활동을 한다.
- 테일러의 동물 친구들이 테일러에게 가르쳐 준 위로의 방법을 살펴본다.
- 동물 친구들이 알려 준 방법 중에서 가장 좋다고 생각하는 방법과 이유를 쓰고 발표한다.
  • 테일러의 친구들이 말한 방법 중 가장 마음에 드는 방법은 무엇인가요? 그 이유는 무엇인가요?
- 반대로 가장 좋지 않다고 생각하는 방법과 이유를 쓰고 발표한다.
  • 가장 좋지 않다고 생각하는 방법은 무엇인가요? 그 이유는 무엇인가요?

 동물들의 위로 방법

수업의 도입 부분에서 이 책의 등장인물인 테일러의 상황에 함께 공감하는 분위기를 만드는 것이 중요하다. 그런 다음 토끼가 등장하기 전까지의 책 내용을 꼼꼼히 살펴보며 질문하고 대답하는 활동을 통해 동물들의 위로 방법에 대한 자신의 생각을 활동지에 적도록 한다.

나는 (   )의 방법이 좋은 것 같아. 왜냐하면 (   ) 때문이야.

 나는 (코끼리)의 방법이 좋은 것 같아.
왜냐하면, 시간은 조금 걸리겠지만, 다시 만드는 동안 집중이 되고 속상함도 풀릴 것 같아.

 나는 (뱀)의 방법이 좋은 것 같아.
왜냐하면, 마음에 들지는 않지만, 내가 당한 만큼 돌려주면 마음이 확실하게 풀릴 것 같아.

 나는 (하이에나)의 방법이 좋은 것 같아.
왜냐하면, 마음에 담아두고 슬퍼하는 것보다 긍정적으로 생각하고 웃고 넘어가는 것이 좋다고 생각해.

 나는 (닭)의 방법이 좋은 것 같아. 왜냐하면, 말을 하면 속이 시원하기 때문이야.

나는 (   )의 방법은 좋지 않다고 생각해. 왜냐하면 (   ) 때문이야.

 나는 (하이에나)의 방법은 좋지 않다고 생각해.
왜냐하면, 화나고 속상한데 웃어버린다는 것은 이해가 안 가고 사람들이 날 이상하게 생각할 것 같아.

나는 (곰)의 방법은 좋지 않다고 생각해.
왜냐하면, 소리 지르면 더 화날 것 같고, 시끄럽다고 혼나기 때문이야.

 나는 (뱀)의 방법은 좋지 않다고 생각해.
왜냐하면, 내가 당한 걸 똑같이 복수하는 것이 더 나쁘다고 생각하기 때문이야.

 나는 (캥거루)의 방법은 좋지 않다고 생각해.
왜냐하면, 부서진 것을 깨끗이 치우려면 더 속상해질 것 같아.

 ## 2. 진정한 위로의 방법 알기

- 이야기의 뒷부분을 함께 읽는다.

- 토끼의 등장부터 그림책 끝까지 읽어주면서 질문하고 대답하는 활동을 한다.

- 토끼의 방법과 다른 동물들이 한 위로 방법의 차이점은 무엇인지 이야기해 본다.
  - 토끼의 방법과 다른 동물들이 한 위로 방법의 차이점은 무엇일까요?
  - 내내 좌절과 절망에 빠져있던 테일러가 다시 의욕을 갖고 도전하게 한 토끼의 힘은 무엇이라고 생각하나요?

 ### 위로 받았던 경험 나누기

- 최근 속상했던 일, 화났던 일, 슬펐던 일이 있었을 때 위로를 받았던 경험을 떠올려 본다.

- 친구들과 위로받았던 경험에 대해 이야기 나누고 공감의 마음을 전한다.

- 이 책에 제목을 붙인다면 어떤 제목이 적절할지 책 이름을 알아맞힌다.
  - 내가 만약 작가라면 이 책의 제목을 어떻게 하겠습니까? 그 이유는 무엇인가요?

  - '우리 친구하자' 왜냐하면, 속상할 때 친구가 옆에 있어 주면 위로가 되니까.
  - '동물들의 위로 방법' 왜냐하면 동물 친구들이 위로하는 방법이 자세히 알려주어서
  - '속상하고 화가 날 때는' 속상할 때 해결할 수 있는 방법들이 자세히 나와 있다.
  - '속상하지? 내가 도와줄게'. 나도 속상한 일이 있었는데 이 책을 읽고 마음이 편해졌다.

- 책 제목을 알려주고 내 생각과 어떻게 다른지 비교해 본다.
  - 책의 제목이 왜 '가만히 들어 주었어'일까요? 작가의 의도는 무엇일까요?

수업 이야기 위로 받았던 경험 이야기

 학교에서 친구들과 싸워서 힘들어 할 때 엄마가 위로의 편지를 써 주셔서 엄청 위로 받았고, 펑펑 울었다.

 동생과 카드 게임을 하다가 싸우게 되었는데, 동생이 울어 나만 혼났다. 그런데 유일하게 아빠가 내 편을 들어주시며 '괜찮아', '괜찮아.'하고 위로해 주셨다.

 부모님께 혼나서 시무룩해 있을 때 '나도 그래... 나도 그런 적이 있었는데... 많이 힘들겠다' 하면서 친구가 공감해 주었다.

 전교 회장 연설을 하는데 너무 긴장을 해서 실수를 했었다. 그 때 친구가 진심으로 따뜻하게 위로해 주었다. 너무 고마웠다.

그림책 ## 2. 나의 공감 요술 테이프   2-3학년

학습 목표

공감 요술 테이프로 친구의 마음을 공감할 수 있다.

수업의 의도

공감하기는 타인의 마음을 이해하려는 노력이며 우리가 살아가면서 가장 필요한 요소 중의 하나이다. 그러므로 누군가의 지지와 공감은 살아가는 데 큰 힘이 된다. 공감하기를 잘하는 아이들은 정서적으로도 안정적이며, 친구들과도 잘 어울린다. 수업을 통해 자신을 제대로 표현하는 것에 서툰 아이들이 타인과의 관계 속에서 생각을 나누며 함께 느낄 수 있기를 바라는 마음이다.

 테푸할아버지는 무엇이든 고장 난 것을 고치고 마음의 상처를 치유해 준다. 그런 테푸할아버지에게 어려움이 생기자 아이들이 힘을 합쳐 할아버지를 도우며 테이프의 마법이 시작된다. 이 책은 아이들의 아픈 마음에 공감하고, 테이프를 붙여 상처가 치유되기를 바라는 따뜻함을 느낄 수 있다.

『테푸할아버지의 요술 테이프』 (2016). 박은경 글. 김효주 그림. 고래이야기.

수업의 흐름

 열기
- 표지 보고 내용 상상하기

 펼치기
- 테푸 할아버지의 요술 테이프 내용 알기
- 마음 공감 놀이하기

 다지기
- 나의 요술 테이프 공유하기

표지 보고 내용 상상하기

■ 테푸 할아버지의 요술 테이프를 보고 책의 내용을 상상해본다.

• 테푸는 무엇을 말하는 것일까요?
• 할아버지의 이름이 테푸인가요?
• 요술 테이프는 진짜 요술을 부릴까요?
• 할아버지는 왜 이가 빠졌을까요?
• 테푸 할아버지는 어떻게 요술 테이프를 갖게 되었을까요?
• 요술 테이프를 가지고 할 수 있는 것은 무엇일까요?

 1. 테푸 할아버지의 요술 테이프 내용 알기

■ 함께 책을 읽으며 주고받는 질문을 하면서 내용을 확인한다.

■ 테푸 할아버지의 신기한 요술 테이프는 어떤 효과가 있는지 알아본다.

• 부서진 과자를 붙이는 테이프
• 낙서를 지우는 테이프
• 방귀 냄새를 딸기향으로 나게 해주는 테이프
• 속상한 마음이 기분이 좋아지고 편안해지는 테이프

■ 이가 모두 빠진 테푸 할아버지를 도울 수 있는 방법은 무엇일지 짝과 상의하여 발표해 본다.

• 테이프를 붙여 만든 틀니를 받은 할아버지의 마음은 어떨까요?
• 아이들의 마음이 편안해지고 행복해진 것은 무엇 때문일까요?

 2. 마음 공감 놀이하기

■ 다양한 모양과 색깔이 있는 테이프나 붙임쪽지를 모둠별로 준비한다.

■ 모둠에서 할아버지와 아이 중 어떤 역할을 할 것인지 각각 2명씩 정한다.

■ 내게 요술 테이프가 필요했던 때가 언제인지 경험을 떠올린다.

■ 테푸 할아버지 역할을 맡은 아이들은 자리에 앉아 있고, 나머지 친구들은 다른 모둠의 테푸 할아버지 중 한 명을 선택하여 찾아간다.

- 공감받지 못했거나 속상했던 경험을 떠올리며 할아버지에게 차분하게 말한다.
  - 누가, 언제, 어디서, 어떻게, 왜? 그런 일이 있었나요?
  - 그때의 나의 마음은 어떠했나요?
- 테푸 할아버지는 아이의 말을 잘 듣고 테이프나 붙임쪽지를 붙여주며 마음을 편안하게 해주는 말을 해준다.
- 테이프는 얼굴, 손등, 다리 등 아이가 원하는 곳에 붙여준다.
- 활동이 한번 끝나면 역할을 바꿔서 다시 진행한다.

> - 아이: "할아버지, 엄마는 나만 혼내요. 오빠랑 싸우면 오빠 말만 듣고 내 말은 잘 들어주지 않아요. 그래서 답답하고 억울해요."
> - 할아버지: "저런, 엄마가 네 말 안 들어줘서 아주 많이 속상했겠구나. 이 테이프를 붙이면 속상한 마음이 사라질 거야. 요술 테이프를 어디에 붙여줄까?"

 ### 3. 나의 요술 테이프 공유하기

- 역할 놀이를 마친 후 활동 내용에 대하여 느낀 점이나 소감을 발표한다.
  - 친구들에게 붙여준 테이프는 어떤 테이프인가요?
  - 친구에게 어떤 말을 해주었나요? 왜 그 말을 해주었나요?
  - 친구가 내게 테이프를 붙여주며 해주는 말을 들었을 때 어떤 생각이 들었나요?

이런 책도 있어요

- 사자도 가끔은(2020). 허아성 글·그림. 길벗어린이.
- 귀 없는 그래요(2018). 스테판 세르방 글. 시모네 레아 그림. 한울림스페셜.
- 사자가 작아졌어(2015). 정성훈 글·그림. 비룡소.
- 내 말 좀 들어주세요(2007). 윤영선 지음, 전금화 그림. 문학동네.

협력

 진로활동 **세상을 치유하는 나눔 디자이너 배상민**　　4~6학년

학습 목표

나눔 디자이너 배상민 교수에 대하여 알아보고, 다른 사람과 협력하고 함께 하는 것의 중요성을 알 수 있다.

수업의 의도

나눔 디자이너 배상민 교수의 이야기를 통해 나눔의 중요성을 생각해본다. 자신이 가지고 있는 능력을 나눔으로써 다른 사람과 협력하고 함께 하는 것의 의미와 가치를 알아본다. 더 나아가 현재 내가 할 수 있는 나눔에는 어떤 것이 있을지도 함께 생각해볼 수 있도록 하면 좋다.

수업의 흐름

 열기
 펼치기
 다지기

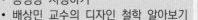
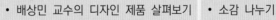

열기	펼치기	다지기
• 산업디자이너에 대하여 알아보기	• 동영상 시청하기 • 배상민 교수의 디자인 철학 알아보기 • 배상민 교수의 디자인 제품 살펴보기	• 내가 할 수 있는 나눔은? • 소감 나누기

 산업디자이너에 대하여 알아보기

■ 산업디자이너는 어떤 일을 하는지 알아본다.
• 생활에 필요한 다양한 제품의 모양을 더 아름답고 사용이 편리하도록 디자인하는 전문가이다.
• 상품의 모형이나 기능, 시장 및 소비자의 특성을 파악하여 상품을 디자인한다.

■ 어떤 적성과 흥미가 필요한지 살펴본다.
• 필요한 지식: 미적 감각과 창의력, 의사소통과 미디어, 사물에 대한 호기심, 디자인

- 흥미 유형: 진취형, 예술형

 1. 배상민 교수 동영상 시청하기

■ 나눔 디자이너 배상민 교수에 대하여 알아본다.

> • 뉴욕 파슨스디자인학교 졸업
> • 27세에 동양인 최초로 뉴욕 파슨스디자인스쿨 교수가 됨.
>   – 휴먼인터랙티브 오디오시스템인 'SOUND PUMP'
> • 한국과학기술원(KAIST) 산업디자인학과 교수
> • 연구소명: ID+IM
> • 세계적인 디자인상을 50여회 수상(~2017년).

■ 디자인이란 어떤 상황에 어떤 문제인지를 정확히 파악하고 혁신적, 창의적으로 해결하는 과정. 디자인은 사회의 문제를 아름답게 해결하는 것이다.

■ 배상민 교수의 디자인에 대한 생각을 잘 알 수 있는 동영상을 시청한다(적절히 선택하기).

• 세바시: 세상을 치유하는 나눔 디자인(배상민 KAIST교수) 18분 37초
  https://www.youtube.com/watch?v=LH71QPRuQDQ

• 가치있는 디자인 CENS−Brand People 10분
  https://www.youtube.com/watch?v=cFswGmixWTM 나눔프로젝트 배상민 디자이너

 2. 배상민교수의 디자인 철학 알아보기

■ 배상민 교수의 디자인에 대한 자신만의 철학을 알아본다.

■ 디자인이란 어떤 상황에 어떤 문제인지를 정확히 파악하고 혁신적, 창의적으로 해결하는 과정이다. 디자인은 사회의 문제를 아름답게 해결하는 것이다.

 90;10 하루에 1만원을 쓸 수 있는 인구의 퍼센트
이를 통해 우리는 상당한 축복을 누리고 있는 민족임을 알 수 있다. 그리고 90%에게 실질적인 문제가 있음을 말한다.
그러므로 우리는 그들과 나누어야 한다

출처: http://idim.kaist.ac.kr

나눔을 실천하는 사람들이 많아질 때 이 사회는 더 밝아지고 따뜻해지고 환해
질 것이다.

그리고 그 혜택은 결국 나 자신에게 돌아오게 되어 있다.

단지 눈앞의 혜택에 연연할 것이 아니라 더 큰 시야로 세상을 보자.

나눔이야말로 그 무엇과도 비교할 수 없는 최고의 자기계발이자 미래를 위한
투자다.

-배상민 나눔 디자이너-

 ## 3. 디자인 제품 살펴보기

1. 나눔 프로젝트

■ ID+IM이라는 사회공헌디자인 연구소를 만들어 발명 디자인 상품의 수익금을 기
부해 어려운 학생들을 돕는 프로젝트이다.

ID+IM = I Dream + Design + Donate There I am(나는 꿈꾸고, 디자인하고,
기부한다, 그러므로 나는 존재한다라는 뜻)

■ 제품: 크로스 큐브, love pot, 하티, 딜라이트등 다수

• 이 발명품 판매금 17억원 전액을 월드비전에 기부하였다.

  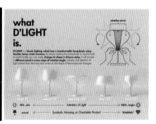

나눔 크로스 큐브	love pot	D'Light
휴대용 접이식 MP3플레이어 2018년 IDEA 은상 수상	자연 증발로 전기가 필요 없고 박테리아가 생기지 않는 친환경 가습기	모양을 변경시킬 수 있고 모양에 따라 밝기 조절이 가능한 조명기구. 하트모양일 때 가장 밝다.

출처: http://idim.kaist.ac.kr

2. 씨앗 프로젝트

■ 제 3세계 사람들이 적정기술을 통해 자립할 수 있도록 돕는 프로젝트
그 지역에서 나는 재료와 쉬운 기술을 이용, 한번 배우면 더는 도움을 받지 않고
독립적인 생활을 영위할 수 있도록 한다.

■ 제품: 바텀업, 박스쿨(BOXCHOOL) 등

박스쿨(BOXCHOOL)	세라믹 물 정화 시스템
소외된 지역 아이들의 교육을 주기 위해 제작한 모듈형 이동식 컨테이너 스마트 교실	지역의 황토와 흰 개미집, 커피가루를 모아서 구워 만든 정수기. 5급수가 1급수가 됨

출처: http://idim.kaist.ac.kr

 내가 할 수 있는 나눔은?

■ 내가 현재 할 수 있는 나눔은 무엇인지 생각해본다.

• 가정, 학교에서 현재 내가 기여할 수 있는 것은 무엇이 있을지 생각해보고 이야
기 나눈다.

> 세상에 나눌 것이 없을 만큼 가난한 사람은 없습니다.
> 디자인을 해야만, 아프리카를 가야만 나눔을 실천하는 게 아닙니다.
> 돈이 없으면 재능을, 재능이 없으면 시간을, 그것도 없으면 긍휼한 마음을 나누세요.

■ 소감 나누기

• 활동을 하면서 새롭게 느낀 점과 알게 된 점 등을 이야기한다.

인간에게 협력은 왜 필요할까?

학습 목표

인간에게 협력의 필요함을 근거를 들어 말할 수 있다.

수업의 의도

이 수업은 도덕과 '더불어 나누는 이웃 사랑' 주제의 단원 도입 부분이다. '인간은 혼자서 살 수 없다.'라는 말로 단원 소개를 한다. 하브루타로 '인간은 사회적 동물'이라는 철학적 명제를 해석하면서 학습에 대한 관심을 끌어올릴 수 있다. 인간이 갖춰야 할 미덕으로의 '협력'은 나의 진로목표를 달성하기 위해서 꼭 갖추어야 할 중요한 역량 중의 하나이기도 하다.

수업의 흐름

🪣 열기	🪣 펼치기	🪣 다지기
• 무인도에서 혼자 살려면 무엇을 가져가야 할까?	• 문장으로 질문 많이 만들기 • 함께 생각하고 싶은 질문 고르기 • 토의하기	• 함께 잘 살기 위해서 협력의 중요함을 일깨워 주기

 퀴즈로 들어가기

■ '만약 나 홀로 무인도에서 살게 된다면 준비해야 할 것을 3가지만 써 보자.'
모둠원들은 각자 자신이 쓴 답으로 서로 발표하고 묻는 시간을 갖는다. 그 중에서 정말로 필요한 것 3가지를 고르고 모둠별로 발표한다.

• 퀴즈를 통해 아이들은 우리가 쓰는 물건들이 사회적 산출물임을 알아챌 수 있어야 한다.

• 무인도에서 생활하기에 적절한 물건을 가졌다 하더라도 혼자 사는 것의 어려움을 느끼도록 유도한다.

1. 질문 만들기

- 교과서에 나온 문장 또는 주제 관련의 문장으로 질문 만들기를 한다.
  ☞ '인간은 혼자서 살 수 없습니다.'
- 시간을 3분 정도 주고 주어진 시간 안에 질문을 많이 만들도록 한다.

 ## 2. 하브루타 하기

- 수집된 질문 중 2~3개를 선택한다.
- 짝 하브루타를 하면서 한 개의 질문으로 압축한다.(♥표)
- 포스트잇에 대표질문을 써서 칠판에 명목분류하며 붙인다.
- 많이 나온 질문 중에서 우리 반 대표질문을 정하고 반 전체가 토의(토론, 논쟁)하면서 생각을 나눈다.
  - 하브루타 전, 대표질문에 대한 자신의 생각을 간략하게 정리한다.
  - 친구들의 의견 중 나와 다르거나 주목할 만한 것은 기록한다.
- 마지막으로 전체 의견을 정리하여 결론을 쓴다.

 ### 질문을 많이 만드는 방법

집단지성으로 짧은 시간 동안 질문을 많이 만들어 보자. 각자 질문을 만든 후, 친구들이 발표하는 질문 중에 나에게 없는 질문을 추가한다.
- 주어진 시간이 되면 자신이 쓴 질문 바로 아래에 분리선을 긋는다.
- '도미노 말하기'로 자신이 쓴 질문을 하나씩 발표한다.
이 때 자신이 발표한 것이나 친구가 발표한 내용과 비슷한 것은 체크하여 표시한다.
친구의 질문과 비슷한 것이 없으면 분리선 아래쪽에 번호를 붙여가며 쓴다.
표시하지 않거나 남은 질문이 있으면 계속 발표한다.

질문 만들기		
4학년 1학기 도덕과 3. 더불어 나누는 이웃 사랑		
♣ 다음 문장으로 가능하면 많은 질문을 만들어 봅시다.		
인간은 혼자서 살 수 없습니다.		
1	인간은 왜 혼자서 살아갈 수 없을까?	√ ♥
2	'혼자서'는 무슨 뜻일까?	
3	인간이 혼자서 산다면 어떤 점이 좋을까?	√
4	꼭 여러 명이 살아야 할까?	
5	같이 산다면 어떤 점이 좋을까?	
6	혼자서 산다면 무엇을 먹으며 살 수 있을까?	
7	엄청 많은 사람과 살면 어떨까?	
8	혼자서 살 수 없으면 누구랑 살아야 할까?	
9	혼자서 살면 결국 어떻게 될까?	
10	이 글을 쓴 사람은 누구일까?	
11	가족이 없다면 누구랑 살까?	√
12	인간은 혼자서 살 수 있지 않을까?	
♣우리 반의 대표 질문 ☞ 인간은 왜 혼자 살 수 없을까?		
내 생각	혼자 살려면 도움이 필요하기 때문이다.	
친구들의 생각	• 인간은 외로움을 타기 때문 • 혼자 살면 건강에 좋지 않다 • 소통할 사람이 없다.	
결론	혼자 사는 것보다 함께 사는 것이 낫다.	

④ ♥표: 짝 하브루타 후 내가 선택한 나의 대표질문

③ √표: 마음에 드는 질문 3개 고르기

①내가 쓴 마지막 내용 아래에 분리선 긋기

②(7~12번 질문) 내가 쓰지 않은 내용만 쓰기

⑤ 우리 반 대표 질문
⑥ 우리 반 대표 질문에 대한 내 생각

⑦ 친구들의 생각

⑧ 나의 결론

 쉬우르

교사는 아이들이 하브루타 하는 것을 듣고, '인간이 사회적 동물'이라는 어원에 대해 간략하게 알려준다. 인간이 사회적 동물임을 증명할 수 있는 경우에 대해 질문하고 발표하게 한다. '로빈슨 크루소'처럼 무인도에 혼자 산 사람은 사회에서 완전히 고립된 것일까? 그가 누린 문명과 문화의 혜택, 그리고 '프라이데이'라는 원주민과 함께 산 것은 어떨까? 협력은 개인과 다수의 발전에 긍정적인 영향을 미치므로, 앞으로의 진로선택에서 협력하는 사람의 가치는 그만큼 높아질 것이다.

잠깐! 도미노 말하기(돌아가며 말하기)는 자신감을 길러 준다.

도미노가 쓰러지듯이 자리 순서에 따라 발표하는 방법이다. 만약 내가 발표하려던 내용을 앞에서 먼저 발표를 했거나, 미처 생각하지 못한 경우엔 "통과"를 외친다.
교사는 전체 발표가 끝난 후, 통과를 외친 아이들의 의견을 물어 모두가 참여할 수 있도록 돕는다. 이 방법은 말하는 사람을 심리적으로 편안하게 해준다.
통과를 한 후, 미처 생각이 떠오르지 않으면 다른 사람들의 말을 듣고 정리하여 발표할 수 있다.
무엇보다도 짧은 시간 안에 모든 아이들이 편안하게 말할 기회를 주고 경청하는 태도를 길러 준다. 왜냐하면 다른 사람들이 말한 것을 들어야 내 의견과 비교할 수 있기 때문이다.
누구나 자신의 생각을 말할 기회를 부여한다는 점에서 기회의 평등을 실천할 수도 있다.

그림책 ## 서로 배려하고 함께 나누는 삶

학습 목표

모두가 행복하게 살아가기 위한 나눔의 방법을 알고 실천할 수 있다.

수업의 의도

우리가 살고 있는 시대는 다양한 가치와 문화가 존중되는 사회이다. 모두가 행복하고 건강하게 살아가기 위해서는 올바른 협력을 통한 공존의 힘이 필요하다. 다른 사람과 신뢰를 가지고 관계를 맺으며, 사람들과 조화롭게 살아가기 위해서는 서로 돕는 태도가 중요하다. 나눔은 단순히 자기가 가지고 있는 것을 남에게 베푸는 일이 아니라 상대와 서로 나누며 함께 살아가는 것이라는 것을 알게 하고, 생활 속에서 실천하려는 의지를 기를 수 있도록 한다.

전쟁, 가뭄 등 여러 일을 겪으며 마음의 문을 닫고 나만 잘 살면 된다는 생각으로 살아가는 마을 사람들에게 스님들은 돌멩이 국을 끓여 이들에게 행복의 의미를 알려주기로 한다. 더불어 사는 삶의 의미를 돌멩이 국이라는 소재로 그려낸 그림책이다.

『돌멩이국』(2003). 존 무스 저, 이현주 역, 달리.

수업의 흐름

열기	펼치기	다지기
• 돌멩이 국은 어떤 국인지 표지를 보고 내용 상상하기	• 『돌멩이국』을 읽으며 함께 생각해보기 • 나눔의 의미와 중요성 알기 • 모두가 행복한 나눔 국 만들기	• 나눔의 실천 의지 다지기

그림책 표지를 보고 내용 상상하기

■ 표지와 면지를 보며 어떤 내용일지 예측해본다.

• 돌멩이 국은 무엇을 넣고 끓인 국일까요?

• 돌멩이 국은 어떤 맛일까요? 어떻게 만드는 것일까요?

• 왜 돌멩이로 국을 끓였을까요?

1. 『돌멩이국』을 읽으며 함께 생각해 보기

■ 함께 책을 읽으면서 떠오르는 생각과 느낌을 주고받는 활동을 한다.

■ 책을 읽으면서 마을의 분위기는 어떠한지 짐작해본다.

• 스님들이 마을에 왔을 때 사람들이 빗장을 걸어 잠근 이유는 무엇일까요?

• 마을 사람들에게 돌멩이 국을 끓이는 방법을 알려주겠다고 하는 이유는 무엇일까요?

• 굳게 닫혔던 마을 사람들의 문을 열게 한 것은 무엇이었나요?

• 왜 이런 변화가 생겼을까요?

• 이 이야기의 핵심 단어는 무엇입니까?

 2. 나눔의 의미와 중요성 알기

■ 돌멩이국 이야기에 비추어 나눔에 관련된 자신의 경험을 이야기한다.

• 나눔을 실천하였거나 다른 사람으로부터 도움을 받았던 경험을 이야기한다.

• 나눔이란 무엇인지 짝과 함께 나눔의 의미에 대하여 이야기를 나누어본다.

• 나눔을 생각하면 떠오르는 말은 무엇인지, 나눔과 비슷한 의미를 가진 말을 찾아서 발표한다.

■ 왜 나누어야 할까요? 나눔의 중요성 알기

• 나눔의 중요성을 브레인라이팅 기법을 적용하여 모둠별 의견을 발표해 본다.

• 나눔의 좋은 점을 생각나는 대로 붙임쪽지에 적어 활동지에 붙인다.

• 적은 내용을 모둠원에게 돌아가며 자신의 의견을 말한다.

• 비슷한 내용일 경우는 유목화하고 모둠 의견을 모아 이끔이가 전체 앞에서 발표한다.

■ 우리 모둠과 어떻게 다른지 비교하며 듣는다.

 3. 모두가 행복한 나눔 국 만들기

■ 사람들이 나눌 수 있는 나눔에는 무엇이 있는지 알아본다.

• 남을 도와주고, 남에게 베푸는 것만이 나눔의 전부일까요?

- 지구의 환경을 보호하기 위해 실천하는 나눔
- 자신이 가진 재능을 필요한 사람을 위해 봉사하는 재능 나눔
- 물건이나 돈으로 불우한 돕는 경제 나눔
- 자신의 시간을 남을 위해 봉사하거나 사용하는 시간 나눔
- 상대방의 마음을 이해해주는 마음 나눔
- 자신이 알고 있는 지식이나 정보를 공유하는 지식 나눔

■ 우리들의 나눔 국 만들기
- 생활 속에서 내가 할 수 있거나 하고 싶은 나눔이 무엇이 있는지 생각해본다.
- 교실, 가정, 이웃, 사회 등 나눌 수 있는 것을 붙임쪽지에 적어보도록 한다.
■ 나눔을 실천하기 위한 친구들의 생각은 무엇인지 꼼꼼히 읽어본다.

 나눔 실천의 예

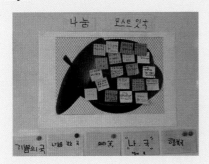

- 착한 나눔을 하는 물건 사기
- 기부단체에 기부하기
- 친구와 공부 나눔하기
- 일회용품 줄이기
- 잘 어울리지 못하는 친구에게 말 걸기
- 친구 고민 들어주기
- 집안 일 도와 드리기
- 교실 청소 도와주기

 나눔 실천 의지 다지기

■ 수업을 하면서 알게 된 점, 느낀 점 등을 발표해 본다.
- 나눔은 남을 위한 것이 아니라 내 자신을 위한 것이라는 것을 알았습니다.
- 나눔은 돈이나 물건을 나누는 것 뿐만이 아니라 여러 가지가 있다는 것을 알았습니다.
- 서로 도우며 살아가는 것이 우리 모두의 행복을 위하는 것이라는 것을 알았습니다.
- 생활 속에서 내가 할 수 있는 것을 정해서 실천하도록 하겠습니다.

잠깐! 브레인라이팅으로 의견 나누기

브레인라이팅(Brainwriting)은 토론에 참여하는 사람 모두가 빠짐없이 자신의 의견을 내도록 하는 토론 방법이다. 한 주제에 대한 개인의 의견을 자유롭게 적어보고, 모둠원들과 기준을 정해 의견을 분류하고, 전체와 공유하며 적극적인 의사소통 과정을 거친다.

1. 주제 제시
   - 모둠 안에서 주제에 대한 배경지식을 공유한다.

2. 개인 의견 적기
   - 한 사람당 2~3개의 붙임쪽지를 나누어준다.
   - 주제에 대한 자신의 아이디어를 붙임쪽지 한 장에 하나씩 적는다.

3. 의견 분류하기
   - 돌아가면서 모둠 활동판에 붙임쪽지를 한 장씩 붙이면서 자신의 아이디어를 발표한다.
   - 발표한 모둠의 아이디어를 비슷한 것끼리 모아서 분류한다.
   - 모둠토론을 하여 분류된 아이디어에 붙이고 보기좋게 꾸민다.

4. 의견을 발표하여 전체와 공유하기
   - 모둠활동에서 나온 의견을 전체에 발표한다.

이런 책도 있어요

- 염소 4만원(2020). 옥상달빛 글, 조원희 그림. 그린북.
- 그건 내 거야!(2020). 아누스카 아예푸스 글·그림, 신수진 역. 비룡소.
- 행복을 나르는 버스(2016). 맷 데 라 페냐 글, 크리스티안 로빈슨 그림, 김경미 역. 비룡소.
- 헤엄이(2019). 레오 리오니 글·그림, 김난령 역. 시공주니어.

질문의 답을 완성해 가는 과정에서 나를 이해하다

2016년 작가 '한강'은 『채식주의자』로 '맨부커상'을 수상하였습니다. '맨부커상'은 스웨덴의 노벨문학상, 프랑스 콩쿠르상과 함께 세계 3대 문학상으로 꼽히는 유명한 상입니다. 작가 '한강'은 수상소감으로 다음과 같은 말을 했습니다.

"4년 6개월에 걸쳐 쓴 소설은 우리가 폭력과 아름다움이 공존하는 세계를 잘 견뎌낼 수 있는가에 대해 질문한다. 대답을 찾아내는 것이 아니라 질문을 완성하고 싶었다."
"책을 쓰는 것은 내 질문에 질문하고 그 답을 찾는 과정이었다. 때로는 고통스러웠고 힘들기도 했지만 가능한 한 계속해서 질문 안에 머물고자 노력했다. 나의 질문을 공유해 주어서 감사하다."(2016. 05. 17, 연합뉴스)

작가 한강은 이 세상을 살아가는 사람들과 그들을 바라보는 자신에게 질문합니다. 질문으로 작품의 주제를 찾고 질문에 대한 답을 찾아가는 과정을 문학으로 완성해 갑니다.

엄지혜 기자(채널예스/YES24.com.)는 '작가 '한강'의 작품세계를 다음과 같이 분석했더군요. '그녀는 매 작품마다 자신이 가졌던 질문의 답을 찾거나 독자들에게 질문을 던져 주고자 했다.
"우리가 이토록 폭력과 아름다움이 뒤섞인 세계를 견딜 수 있는가, 껴안을 수 있는가?"
/『채식주의자(2007, 창비)』
"우리는 삶을 살아내야 하는가, 그것이 가능한가?" /『바람이 분다(2010, 문학과 지성)』
"정말 우리가 살아내야 한다면, 인간의 어떤 지점을 바라보면서 그것이 가능할 것인가?"
/『희랍어 시간(2011, 문학동네)』
이런 질문들은 "인간의 연하고 섬세한 자리를 들여다보고 싶다" /『소년이 온다(2014, 창비)』로 집결되면서 작가의 세계관은 점차 변하게 된다.'

'한강'의 질문이 어떻게 발전하고 있는지, 작품 속에서 어떤 답을 찾아가는지 궁금해지지 않습니까? 질문 중에 가장 어려운 질문은 바로 '자신을 향한 질문'인 것 같습니다. 질문을 하고 답을 찾는 과정에서 자신을 온전히 이해하게 됩니다. 스스로의 삶뿐만 아니라 가족과 이웃, 인류와의 공존을 생각하게 되기도 합니다. 이와 같은 질문 공부의 과정은 진로의 방향성과도 일치합니다. 학문에 대해 질문하고, 나의 삶에 대해 질문하고, 지구와 인류의 미래에 대해 질문하는 과정에서 나의 진로는 실수와 실패를 거듭하면서도 그에 굴하지 않고 서서히 영글어 갈 것입니다. 진로교육은 질문으로부터 시작하고 질문을 완성하는 과정이라고 믿는 것은 과연 나만의 생각일까요? 작가가 질문을 문학으로 승화시키듯, 우리 아이들의 하브루타가 자신을 이해하고 자신의 진로에 도움을 주는 질문공부로 발전했으면 합니다.

PART
02

변화하는 세계에
적응하는 사람

1.
자기를 이해하고
협력하는 사람

2.
변화하는 세계에
적응하는 사람

1. 진로탐색
2. 진로유연성
3. 감사하기

3.
탐구하며
공부하는 사람

4.
꿈을 그리며
도전하는 사람

'직업 세계'가 급변하고 있다. 많은 직업이 사라지고 듣지도 보지도 못한 새로운 직업이 부상하고 있다. 그렇다면 이런 세계에 대비하고 적응하기 위해서 우리 아이들은 지금 무엇을 준비해야 할까?

진로탐색은, 자신이 관심을 갖고 있는 일과 직업세계에 대한 꾸준한 탐색으로 변화하는 세계에 대한 적응을 준비하는 것이다. 목표를 향해 가는 길에서 미처 생각지도 못한 여러 가지 상황에 맞닥뜨렸을 때, 문제를 해결하는 다양한 방안을 모색하는 역량뿐만 아니라 그런 상황에 유연하게 대처할수 있는 마음의 힘을 길러 주는 것 또한 매우 중요한 일이다.

진로유연성은 진로와 관련된 여러 상황과 환경에 따라 융통성 있게 대응하고 변화시킬 수 있는 능력이다. 진로유연성은 긍정적이고 열린 마음으로 보다 많은 선택에 대한 기회를 가질 수 있게 한다.

감사하는 마음은 현재의 나와 주변에 대한 긍정적인 마음으로 불안을 이겨낼 수 있는 내적 자신감을 만들어 준다.

진로탐색

학습 목표

일(직업)의 소중함을 이해하고 다양한 직업에 대하여 알 수 있다.

수업의 의도

모든 일과 직업은 다 소중하다. 직업에 대한 편견이나 고정관념 없이 개방적인 인식을 형성하는 것이 중요하다. 2학년은 저학년이므로 우리 주변에는 다양한 직업이 있음을 이해할 수 있도록 하고, 알고 있는 범위 내에서 직업을 찾아보도록 한다.

직업을 선택할 때 자신이 좋아하고 잘하는 직업을 선택하는 것이 중요함을 이해하고, 나는 어느 쪽에 관심이 있는지 살펴보는 수업이다.

수업의 흐름

열기	펼치기	다지기

• 작가소개
  -레오리오니
• '노랑이와 파랑이'
  그림책 함께 읽기
	• 프레드릭 그림책 표지 살펴보기
	• 영상으로 프레드릭 이야기 듣기
	• 들쥐와 프레드릭의 하는 일 비교해보기
	• 다양한 직업세계 알아보기
		• 직업은 모두
		  소중함을 알기
		• 직업에 대한
		  태도 생각해보기

 그림책 및 작가소개

■ 도입 단계에서 그림책 '프레드릭'을 보여주고 표지와 속지 등을 함께 살펴본다.

■ 책을 소개하기 전에 작가 레오 리오니에 대하여 알아본다.

• 기차여행을 지루해하는 손자들을 위해 즉흥적으로 잡지를 찢어 만들었던 첫 번째 그림책 '파랑이와 노랑이'를 들려준다.

• 다른 작가와 달리 그림을 콜라주 기법을 활용하여 표현하고 있음을 그림책을 통

해 살펴본다.

 1. 프레드릭 그림책 살펴보기

■ 그림책 '프레드릭'을 읽어본다(영상자료를 활용하거나 그림책을 활용한다)
• https://www.youtube.com/watch?v=mw6l6xuTj4U&t=61s(프레드릭 진짜영상)
■ 그림책의 내용을 질문을 통하여 함께 살펴본다.
• 친구들이 열심히 일하고 있을 때 프레드릭은 어떻게 하였나요?
• 맨날 놀기만 하는 프레드릭에게 친구들은 뭐라고 했나요?
• 모든 식량이 떨어졌을 때 프레드릭은 어떻게 했나요?
• 프레드릭의 이야기를 들으며 친구들의 반응은 어땠나요? 등

 2. 다양한 직업세계 살펴보기

■ 활동지를 활용하여 다양한 직업에 대하여 살펴보기
■ 들쥐들과 프레드릭을 비교하며 질문을 통하여 함께 찾아 적어본다.
■ 들쥐와 프레드릭이 하는 일 중 나는 어느 쪽에 좀 더 관심이 있는지 생각해본다.

★ 다양한 직업세계 ★

들쥐들이 하는 일의 특징은 무엇입니까?	프레드릭이 하는 일의 특징은 무엇입니까?
먹이를 모은다. 일을 한다.(몸을 움직이는 일)	햇살, 색깔, 이야기 모으기 일을 한다.(몸을 움직이지 않음)
들쥐들이 하는 일과 비슷한 일을 하는 직업은 어떤 것이 있습니까?	프레드릭이 하는 일과 비슷한 일을 하는 직업은 어떤 것이 있습니까?
농부, 건축가, 목수, 운동선수, 요리사, 의사, 경찰, 소방관, 환경미화원,	게임개발자, 교사, 화가, 작가, 시인, 음악가, 프로그래머, 디자이너
위와 같은 직업의 사람들에게서 우리는 어떤 도움을 받나요?	위와 같은 직업의 사람들에게서 우리는 어떤 도움을 받나요?
곡식 얻기, 필요한 물건, 안전, 직접 필요한 도움	다양한 지식, 생각, 아이디어, 재미, 감동, 상상, 기쁨, 심리적 도움

직업에 대한 태도

- 수업을 통하여 알게 된 점, 느낀 점 등에 대하여 이야기를 나눈다.
  - 우리 주위의 직업은 모두 필요하고 소중하다. 여러 가지 직업이 있음을 알게 되었다.
  - 나는 프레드릭과 같은 일에 관심이 가요. 등
- 우리는 직업에 대해 어떤 태도를 가져야 할지에 대하여 이야기를 나눈다.

이렇게도 할 수 있어요 　　콜라쥬기법을 활용한 짧은 그림책 만들기

'파랑이와 노랑이'를 읽고 난 후 미술시간과 연계하여 학년 수준에 맞게 10쪽 이내의 짧은 그림책 만들기를 해보아도 좋다. 아이들은 상상의 이야기를 잘 만들어내는 특성이 있다. 그림 그리기에 대한 부담감을 줄이고 색종이, 색연필, 사인펜 등을 활용하여 자유로운 작품을 만들어 보는 것도 좋다. 자신이 만든 그림책을 친구들과 서로 돌려가면 읽어보고 재미있는 부분과 잘했다고 생각하는 부분들을 찾아 줄을 쳐주거나 예쁜 포스트잇 등으로 소감을 적어주면 더욱 뿌듯해하고 즐거워한다. 자신이 마치 그림책 작가가 된 것 같은 느낌이 들고 자신감이 높아지게 된다.

 2. 직업가치관(같은 꿈 다른 길)　　　5~6학년

학습 목표

- 직업가치관의 의미를 알고, 여러 가지 직업에 알맞은 직업가치관을 선택하여 발표할 수 있다.
- 주니어 커리어넷의 진로카드를 활용하여 내가 중요하게 생각하는 가치를 살펴볼 수 있다.

수업의 의도

직업가치관의 의미와 자신이 중요하게 여기는 직업가치에 대하여 생각해봄으로써, 자신에게 맞는 진로를 탐색해보도록 한다. 나의 직업가치관과 친구들의 직업가치관에 대하여 서로 공유하는 시간을 가지도록 하여 직업가치에 대하여 좀 더 깊이 생각해보는 시간이 되도록 한다.
온라인 수업일 경우, 주니어 커리어넷의 진로카드를 활용하는 방법을 소개하고, 스스로 활용할 수 있도록 지도한다.

수업의 흐름

 열기

- 주제보고 질문하기
- 동영상 시청하기

 펼치기

- 직업가치관의 의미와 종류 알아보기
- 직업에 알맞은 직업가치관 선택하기
- 모둠별로 발표하기

다지기

- 나의 직업가치관 에 대하여 생각해 보기

 동영상 시청하고 생각 나누기

■ 학습주제인 '직업가치관(같은 꿈 다른 길)'을 보고 궁금한 점 찾아 질 문하기

■ 동영상 시청하기(지식채널e 의사 장기려 2부 바보라 불린 의사) https://www.youtube.com/watch?v=wwANwlwHlgU(5분)

- 동영상을 보고 난 후 활동지에 나의 소감을 적어 발표한다.

---

 1. 직업가치관의 의미와 종류 알아보기

■ 여러분은 앞으로 어떻게 살고 싶은가요?

- 행복하게 살고 싶어요. 다른 사람을 도와주고 싶어요. 정직하게 살고 싶어요. 등
- 인생가치관이란 '나는 앞으로 다른 사람에게 도움을 주고 싶다'와 같이 살아가면 서 중요하게 생각하는 삶의 가치를 말한다.

■ 직업가치관의 의미가 무엇인지 질문을 통해 생각해본다.
  "내가 직업을 선택한다면 어떤 점을 중요하게 생각하나요?"

- 직업가치관이란 직업을 선택할 때 중요하게 생각하는 기준이다.

■ 직업가치의 종류 알아보기

- 아이들과 함께 찾아본 후, 교사가 적절히 선택하여 안내하기
  성취, 봉사, 직업안정, 변화 추구, 영향력 발휘, 몸과 마음의 여유, 자율성, 금전적 보상, 인정, 지식추구, 애국, 창의성 등
- 사람마다 추구하는 직업가치는 어떨까요? 다른 이유는 무엇인지 생각해본다.

☑ **직업가치의 종류**

성취	봉사	직업안정
자신이 스스로 목표를 세우고 이를 이루기 위하여 능력을 발휘하는 것	사람들을 도와주고 어려운 이웃을 돕는 것	직업에서 얼마나 오랫동안 안정적으로 일하는 것을 중시함
영향력 발휘	**몸과 마음의 여유**	**자율성**
동료들에게 업무를 지시하거나 리더로서 사람들에게 영향력을 미치는 것	마음과 신체적인 여유를 가질 수 있는 업무나 직업을 중시	상사의 명령이나 통제없이 스스로 일을 계획하고 추진하는 것
인정	**지식 추구**	**애국**
다른 사람에게 인정받는 것을 중시	새로운 지식을 얻는 것을 중시	국가를 위해 도움이 되는 것을 중시하는 것
금전적 보상	**변화 추구**	**창의성**
돈을 많이 벌 수 있는 것을 중시	업무가 고정되어 있지 않고 변화 가능함	아이디어를 발휘하여 새로운 시도를 할 수 있는 일

 2. 직업에 알맞은 직업가치 선택하기

- 여러 가지 직업과 관련된 직업가치를 알아보는 활동하기(모둠활동)
- 모둠원 중 1명이 나와서 직업 이름이 적힌 종이를 선택한다.
  유투버, 교사, 광고디자이너, 최고경영자, 연예인, 외교관, 과학자, 여행상품개발자 변호사, 화가, 프로그래머 등
- 선택한 직업에 알맞은 직업가치를 선택하는 방법 안내하기
- 각자 모둠에서 선택한 직업인이 가져야 할 직업가치를 생각하여 3장의 포스트잇에 1가지씩 적고 그 이유도 생각하여 본다.
- 그 직업인이 되었다고 가정하고, 직업가치 자료를 보고 신중하게 선택하도록 한다.
- 직업에 알맞은 직업가치에 대하여 모둠 토의하기
- 모둠원에게 자신의 3가지 직업가치를 돌아가며 말한다(유목화).
- 친구들과 의견이 일치하지 않을 경우에는 모둠토의를 통하여 선택한다.
- 직업가치 3개를 선정하여 활동지에 적고 그 이유도 의논하여 적는다.
- 칠판에 해당 직업의 모둠의 직업가치 3개를 적어 붙인다(8절 종이).

3. 모둠 발표하기

■ 모둠에서 1명이 나와서 선택한 직업과 모둠이 선택한 직업가치와 이유를 발표한다.

• 모둠 발표 내용 외에 추가로 필요한 가치관에 대하여도 생각해보게 한다.

• 우리 모둠과 어떻게 다른지 비교하며 듣는다. 궁금한 점은 질문한다.

☑ **학생 발표 자료 예시**

교사	여행상품 개발자	연예인
직업안정	창의성	인정
인정	변화추구	영향력 발휘
지식추구	금전적 보상	애국

 우리 모둠이 선택한 직업은 연예인입니다. <학생발표 예시자료>

발표학생: 우리 모둠이 선택한 직업은 '연예인'입니다. 연예인이 가져야 할 직업가치는 인정, 영향력, 애국이라고 생각합니다.
　　　　인정을 선택한 이유는 연예인은 대중의 인정을 받아야하기 때문입니다. 둘째는 영향력 발휘입니다. 그 이유는 연예인은 다양한 활동을 통해서 사람들에게 많은 영향을 주기 때문입니다. 셋째는 애국입니다. 요즘에는 K-pop처럼 우리나라 뿐 아니라 세계에 널리 알려져서 우리나라를 빛내는 역할을 하기 때문입니다.
교　　　사: 잘했어요. 이 세 가지 말고 연예인에게 또 필요한 직업가치가 있을까요?
다른 학생: 금전적 보상입니다. 왜냐하면 연예인으로 계속 활동을 하려면 금전적으로 여유가 있어야 할 수 있기 때문입니다.

 ## 학습정리 및 소감 나누기

■ 오늘 배운 내용을 질문을 통하여 정리해본다.

• 직업에 따라 직업가치관이 다른 이유는 무엇일까?

• 직업 가치관을 가지고 있으면 좋은 점은 무엇일까?

■ 수업에서 알게 된 점, 느낀 점, 생각한 점, 궁금한 점 등을 발표해본다.

■ '나의 직업가치관 검사'는 과제로 또는 다음 시간에 해보도록 한다.

이렇게도 할 수 있어요 나의 직업가치관 검사를 활용한 나의 직업가치 알기 4~5학년

- 나는 직업을 선택할 때 어떤 직업가치를 중요하게 생각하는지 알아본다(활동지).
  - 직업을 선택할 때 어떤 진로가치를 중요하게 생각하는지 막대그래프로 나타내 본다.
  - 내가 중요하게 생각하는 3가지 직업가치와 그 이유를 적어본다.
- 직업가치관 검사 결과를 짝 또는 모둠별로 서로 이야기를 나눈다.
  - 나의 직업가치관과 친구들의 직업가치관에 대하여 서로 공유하는 시간을 가지도록 하여 직업가치에 대하여 좀 더 깊이 생각해보는 시간이 되도록 지도한다.

〈예시자료〉

⊙ 나는 직업을 선택할 때 어떤 가치관을 중요하게 생각하는지 막대그래프로 그려 봅시다.

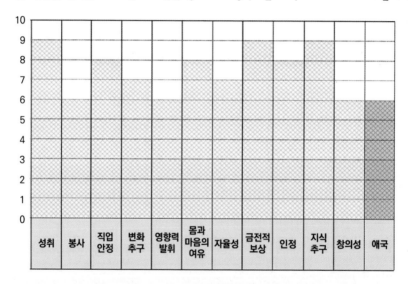

⊙ 내가 중요하게 생각하는 직업가치와 그 이유를 적어 봅시다.

1. 성 취	내가 원하는 일을 하면서 하나하나 이루어가고 싶어서
2. 금전적 보상	안정적인 생활을 하려면 어느정도 금전적인 것이 필요해서
3. 지식 추구	새롭게 배우고 다른 사람들에게도 나누어주고 싶어서

⊙ 나의 직업가치관과 친구들의 직업가치관이 어떻게 다른지 비교해 봅시다.

이렇게도 할 수 있어요 주니어 커리어넷-진로 카드 활용한 진로가치 알아보기

주니어 커리어넷의 진로 카드에는 알쏭달쏭 카드(미래직업 트랜드), 반짝반짝 카드(진로가치), 으쓱으쓱 카드(진로효능감)의 3종류가 있다.
이중 반짝반짝 카드를 활용하여 자신의 진로가치를 간단히 살펴볼 수 있다. 제시된 방법을 따라서 하다 보면 자신이 가장 중요하게 생각하는 진로가치가 무엇인지 알 수 있다. 또 주니어 직업정보로 연결할 수 있게 되어 있어 혼자서도 쉽게 활용할 수 있다.

 잠깐! 의사 장기려 박사에 대하여

외과의사로 일명 '바보의사', '한국의 슈바이처'로 불린다. 사람들이 말하는 성공의 길이 아닌 "치료비가 없어 평생 의사 얼굴 한번 못 보고 죽는 사람들을 위해 일하고 싶다"는 자신의 말을 실천하신 분이다. 노후에 몸에 마비가 왔을 때도 쉬지 않고 사람들을 도왔다.
평생을 본인의 사택 없이 병원 옥탑방에서 생활했으며, 특히 남북 이산가족 찾을 당시 북에 두고 온 부인과 특별상봉을 제안받았지만 특권을 거부하였고 독신으로 살았다. 사망 당시에도 1000만 원짜리 통장이 전부였는데 이마저도 간병인에게 주고 세상을 떠난 일화는 잘 알려진 이야기이다.
최초의 민간 의료보험인 '청십자의료보험'을 만들어 많은 사람들이 저렴한 비용에 의료를 이용할 수 있도록 했다. 이것이 모태가 되어서 만들어진 것이 국민건강보험이다.
(장기려, 그 사람(2015), 지강유철, 홍성사.)

진로활동 **3. 직업인 인터뷰 활동하기** 4~6학년

학습 목표

가족이나 이웃에 있는 직업인 인터뷰를 통해 그 직업에 대하여 자세히 알아볼 수 있다.

수업의 의도

아이들은 자신의 부모님의 직업에 대하여 알고 있다고 하지만 어떤 일을 하는지 자세히 알고 있는 경우는 드물다. 가족이나 이웃에 있는 직업인 중 한 명을 택하여 기자가 된 듯한 느낌으로 인터뷰 활동을 하면서 그 직업에 대하여 자세히 알아보는 수업이다. 가능하면 부모님과 하도록 하고 어려울 경우 주위 친척이나 이웃 사람을 대상으로 해도 좋다.
이 수업은 부모님의 직업을 인터뷰하면서 부모님과 대화시간을 가질 수 있고, 부모님의 직업에 대하여 잘 알 수 있을 뿐만 아니라 감사함을 느끼는 시간이 될 수 있어 의미가 있는 수업이다.

수업의 흐름

 열기

- 직업인 인터뷰 활동 안내하기

 펼치기

- 직업 인터뷰할 대상 만나기
- 활동지를 보면서 직업인 인터뷰하기
- 직업인 인터뷰 활동 소감 적기

 다지기

- 활동 소감 나누기

 ### 직업인 인터뷰 활동 안내하기

- 직업인 인터뷰 활동에 대하여 자세히 안내한다.
  - 과제로 제시하기 전에 직업인 인터뷰 활동을 하는 이유와 방법에 대하여 자세히 안내하여 의미있는 활동이 되도록 한다.
- 직업을 인터뷰할 대상 정하기
  - 가능하면 부모님이나 가족 중에서 대상을 정하도록 안내한다. 직업에 대하여 알아보는 것도 필요하지만, 부모님과 진로에 대한 진지한 대화를 나눌 수 있는 소중한 시간이 될 수 있기 때문이다.
  - 가족 중에서 하기 어려울 때는 이웃이나 친척 중에 대상을 정해도 좋다.
  - 예의 바른 태도로 인터뷰할 수 있을지 허락을 받도록 한다(날짜, 시간 등).

☕ 1. 직업인 인터뷰 활동하기

- 직업 인터뷰할 대상 만나기
- 내가 직업인을 인터뷰하는 기자가 되었다고 생각하고 태도나 마음가짐을 바르게 한다.
- 활동지를 보면서 직업에 대하여 자세히 질문하고 경청하면서 듣는다.
- 하나씩 질문하고 들으면서 중요한 내용을 스스로 정리한다.
- 부모님이 대신 적어주지 않도록 주의한다.
- 활동지의 질문내용 이외에 궁금한 것이 있으면 질문해도 좋다.

왼쪽 활동지

진로교육	2. 직업의 세계	5학년 4반 56번
직업 인터뷰		이름:

☺ 가족이나 이웃에서 한 명을 택하여 하는 일이 무엇인지 인터뷰하고, 그 내용을 정리해 봅시다.

- 인터뷰 날짜: 2019년 5월 26일 일요일
- 인터뷰 대상: 아빠

1. 직업은 무엇입니까?
   프로그래머

2. 직업을 선택하신 이유는 무엇입니까?
   무언가를 개발하면 재밌을 것 같고!
   그 프로그램을 많은 사람들이 사용하면 보람이 느껴질 것 같기 때문에

3. 구체적으로 하시는 일은 무엇입니까?
   예전에는 사람들이 사용하는 프로그램을 개발하였고
   현재는 필요로 하는 사람들에게 컨설팅 해주는 일을 한다.

4. 직업을 갖기 위해 어떤 노력을 하셨습니까?
   학원도 다니고 책도 많이 읽고 세미나도 많이 참석해서 최신 기술을 습득하였다.

5. 즐겁고 보람된 일은 무엇입니까?
   내가 만든 프로그램을 많은 사람들이 쉽고 편하게 사용하는 것을 보면 뿌듯하다.

6. 일 하실 때 어렵고 힘들었던 점은 무엇입니까?
   끝도 없이 신기술이 나와서 계속 공부를 해야하는 것이 어렵다.

7. 학생들에게 해 주고 싶은 말씀은 무엇입니까?
   책도 많이 읽고 많은 경험을 쌓으면서 창의적인 사고력을 갖추어 인공지능 인공지능 같은 훌륭한 시스템을 개발할 수 있는 어른이 되었으면 좋겠습니다.

오른쪽 활동지

진로교육	2. 직업의 세계	5학년 5반 7번
직업 인터뷰		이름

☺ 가족이나 이웃에서 한 명을 택하여 하는 일이 무엇인지 인터뷰하고, 그 내용을 정리해 봅시다.

- 인터뷰 날짜: 2018년 6월 21일 목요일
- 인터뷰 대상: 아빠

1. 직업은 무엇입니까?
   웹 기획자입니다.

2. 직업을 선택하신 이유는 무엇입니까?
   평소에 사물이나 컴퓨터를 만지고 다루는 것에 흥미가 있었고, 처음 직업을 선택할 당시에만 해도 시작한지 오래 되지 않았던 기 때문에, 도전해 보고 싶은 마음이 있었습니다.

3. 구체적으로 하시는 일은 무엇입니까?
   사용자가 필요로 하는 사이트를 만들기 위해 정보를 수집하고, 기획하고, 설계하는 일을 하고 있습니다.

4. 직업을 갖기 위해 어떤 노력을 하셨습니까?
   컴퓨터에 대한 이해와 프로그램, 디자인 등 다양한 분야의 지식을 갖기 위해, 대학에서는 컴퓨터 공학을 전공하였고, 관련 서적을 읽으며, 관련 자격증을 취득하였습니다.

5. 즐겁고 보람된 일은 무엇입니까?
   내가 기획하여 만든 사이트를 소비자들이 많이 이용하고, 편하게 잘 사용하며, 사이트를 통해 원하는 정보를 얻을 때, 보람을 느낍니다.

6. 일 하실 때 어렵고 힘들었던 점은 무엇입니까?
   하나의 사이트를 만들 때, 개인이 만드는 것이 아니라 각각의 개성과 다양한 생각을 가진 사람들이 팀을 이루어 기획하고 만들기 때문에 다양한 때가 있습니다.

7. 학생들에게 해 주고 싶은 말씀은 무엇입니까?
   어떤 직업을 선택하든, 먼저 "내가 정말 흥미가 있는가?, 이 일을 할 때 즐거운가?, 이것을 통해 내가 보람을 느낄 수 있는가?" 생각해보고 자신이 진심으로 좋아하는 일을 선택할 수 있기를 응원합니다.

1. 진로탐색 **91**

2. 직업인 인터뷰 활동 소감 적기

■ 가족 또는 이웃과 직업에 대하여 인터뷰를 한 후, 그 일과 직업에 대하여 알게 된 점이나 생각하거나 느낀 점 등을 글로 나타내어 본다.
• 가능한 소감을 자세히 적도록 안내한다.

📎 < 활동 2 > 가족 또는 이웃의 직업에 대하여 인터뷰를 한 후, 그 일과 직업에 대하여 알게 된 점이나 생각하거나 느낀 점 등을 글로 나타내어 봅시다.

조사한 직업에 대해 느낀 점

우리 엄마가 평소에 사람들이 입고 있는 옷의 원료인 실을 만드는 일을 하는 것이 자랑스럽다. 만약 이런 회사가 없다면 옷을 못 입고 다닐 수도 있다는 생각에 깜짝 놀랐다. 또 직업 인터뷰를 해보니 나도 내 꿈인 의사가 되기 위해 더욱 노력해야겠다. 미래에 내가 직업을 가지면 보람 있을 때도 있겠지만, 힘들고 어려울 때도 있을 거라는 것을 알게 되었다. 그래도 나는 내 직업이 하는 일을 꾸준히 열심히 해야겠다.

직업인 인터뷰를 하면서 느낀 점

어떤 직업이든 '소통'이 중요하다는 것을 느꼈다. 아빠의 직업에 대하여 알아가면서 그동안 모르던 것을 많이 알게 되었고, 아빠와 가까워진 느낌이 들어 좋았다. 외국회사에서는 영어는 기본, 제2외국어도 필요하며 여러 나라의 문화를 배우면 다름의 차이를 인정해야 된다고 느꼈다. 이 숙제를 하면서 아빠에 대해 좀 더 알게 되어 기쁘고 나 또한 우물안 개구리가 되지 않도록 견문을 넓혀 내 꿈을 이루고 싶다.

 활동 소감 나누기

■ 활동 소감 나누기
• 직업 인터뷰 활동 소감 나누기를 할 경우, 아이 중에는 부모님의 직업을 발표하기를 주저하는 경우도 있다. 직업 내용보다는 활동 소감 위주로 발표하고 이야기 나누는 것이 좋다.
■ 인터뷰한 직업에 대하여 더 알고 싶으면 주니어 커리어넷을 활용하도록 안내한다.
■ 나아가 인터뷰 활동 경험을 바탕으로 자신이 관심 있는 직업인을 만나보는 기회를 만들어보는 것도 좋을 것이다. 이것은 자신의 관심사와 진로를 연결하는 방법을 알 수 있게 해준다.

수업 이야기 　직업인 인터뷰 활동을 한 아이들의 소감

　보육교사인 엄마가 아이들을 열심히 가르치기 위해 자료를 준비하고 책이나 영상을 보는 보습을 볼 때마다 별생각이 없었고, 엄마의 직업에 대하여 잘 몰랐다. 인터뷰를 하면서 엄마의 직업에 대하여 정확히 알게 되어 기쁘다. 인터뷰를 하면서 엄마께서 이 일을 즐긴다는 것을 알게 되었고, 나도 내 직업이 생긴다면 열심히 즐기며 할 것이다. 언제나 최선을 다하는 엄마가 멋지다.

　그동안 잘 몰랐던 아빠의 직업에 대하여 잘 알게 되었다. 가장 좋았던 점은 아빠와 꿈에 대한 이야기를 나눌 수 있는 기회가 되어 좋았다. 마치 내가 기자와 아나운서가 된 느낌이 들었다. 아빠의 직업의 특징, 단점, 장점을 알게 되었고 매우 흥미로웠다. 내 주변에 있는 이웃의 직업에 대해서도 관심을 가져보아야겠다.

　사회복지사가 단순히 어려운 사람을 도와주는 것뿐만 아니라 여러 가지 분야가 있다는 것을 알게 되었다. 엄마의 이야기를 들으면서 사회복지사는 육체적, 정신적으로 힘든 직업이라는 생각이 들었다. 사회복지사가 되려면 남을 돕는 것을 정말 좋아하고 잘하는 사람이어야겠구나라는 생각이 들었다.

　아빠가 하고 있는 '웹 기획자'가 무슨 일을 하는지 자세히 몰랐었는데 이번 직업 인터뷰 활동을 통해 평소에 궁금했던 아빠의 하는 일과 직업에 대하여 좀 더 이해할 수 있는 시간이 되었다. 아빠의 말씀처럼 내가 진심으로 좋아하는 일을 선택할 수 있도록 열심히 노력해야겠다.

진로활동 **4. 광고 천재 이제석**　4~6학년

학습 목표

광고디자이너에 대하여 알아보고. 이제석의 광고의 특징과 광고작품을 살펴볼 수 있다.

수업의 의도

광고디자이너 이제석과 그의 광고제품을 살펴보고, 도전정신과 광고에 대한 가치관이 뚜렷한 이제석에 대하여 알아본다. 특히 공익광고와 기부 콘텐츠광고를 통하여 사회에 기여하고 있는 모습을 통하여 직업인이 가져야 할 직업가치에 대하여도 살펴보는 수업이다. 2시간으로 나누어 수업을 진행하였다. 온-오프라인 수업 모두 가능하다.

열기

- 광고 디자이너란?
- 이제석에 대하여 알아보기

 펼치기

- 동영상 시청하기
- 이제석의 광고 살펴보기
- 이제석의 공익광고를 통한 사회기여와 나눔에 대하여 알아보기

🪴 **다지기**

- 내가 뽑은 이제석의 베스트 광고

 광고 디자이너에 대하여 알아보기

■ 광고 디자이너는 어떤 일을 하는지 알아본다.

- 텔레비전, 잡지, 신문, 라디오, 포스터 등의 영상이나 인쇄매체의 광고 화면을 구성하고 필요한 그림과 이미지를 디자인하는 일을 한다.
- 상품의 모형이나 기능, 시장 및 소비자의 특성을 파악하여 상품의 광고물을 디자인한다.

■ 어떤 적성과 흥미가 필요한지 살펴본다.

- 필요한 지식: 미적 감각과 창의력, 의사소통과 미디어, 사물에 대한 호기심, 디자인
- 흥미 유형: 진취형, 예술형

■ 광고 천재 이제석에 대하여 알아본다.

광고천재 이제석

- 계명대학교 시각디자인과 졸업
- 동네 간판가게에서 일을 하다 단돈 500달러로 미국 유학.
- 2005년 미국 뉴욕 비주얼아트스쿨에 편입
- 2년 만에 세계 국제 광고제에서 무려 29개의 메달을 휩쓸게 된다.
- 공익광고 분야 선구자.
- 이제석광고연구소 업무의 70%는 NGO단체를 위한 기부 콘텐츠 광고
  - '반짝이는 아이디어로 세상을 밝힌다.'

---

1. 동영상 시청하기

■ 넛지 광고 천재 이제석

■ 소변기 사진을 보여주고 '무엇이 보이나요?' 질문을 한다.

• 아이들은 자세히 살펴보고 소변기에 무언가 있다고 이야기한다. 파리 모양이라고 답을 하는 아이들도 있다.

■ '넛지 효과'에 대하여 소개하며 흥미를 느끼게 한다.

• 넛지 효과
  - 넛지란 '(팔꿈치로) 슬쩍 건드리다'라는 의미로 전하고자 하는 메시지를 직접 전달하기보다 간접적으로 전달하는 것이다.
  - 넛지 효과는 매우 커서 광고. 홍보, 마케팅 분야에 많이 활용되고 있다.
  - 화장실 소변기에 파리 모양 스티커를 붙여놓는 아이디어만으로 소변기 밖으로 새어 나가는 소변량을 80% 줄일 수 있었다고 한다.

■ 광고천재 이제석에 대한 동영상을 시청한다. 인상적인 단어나 말을 적으면서 시청한다.

• 대도서관 잡쇼 3. 광고 기획자 이제석 편(10분 41초)
  https://www.youtube.com/watch?v=_WTCKyGYfIw

 ## 2. 이제석의 상업광고 살펴보기

■ 이제석 광고의 매력은 엄청나다. 가까이에 있고 간결하고 강렬하다.

맞춤형 가발 광고　　요가학원 광고　　지퍼락 광고　　오레오 광고　　살충제 광고

출처: 이제석 광고연구소

3. 이제석의 공익광고 살펴보기

■ 이제석의 공익광고 작품

 이만큼의
물이면
아이가 사는
마을은
1년을
버팁니다

 누군가에게
이 계단은
에베레스트
입니다

 누나만 믿어

 112
허위장난신고
예방 캠페인

물부족으로 시달리는 아프리카 어린이를 돕기 위해서	장애인협회를 홍보하기 위하여	경찰청 광고

출처: 이제석 광고연구소.

■ 설치 작품

이순신 장군 가림막

문제: 40년 전에 세워진 이순신 장군상은 균열과 녹으로 인해 파손의 위험 때문에 보수 수리 공사를 받게 된다(2010년).

해결: 공사 가림막을 탈의실을 연상케 하는 그래픽물을 설치해 이순신 장군상의 부재에 대한 이유를 위트있게 설명했다.

결과: 서울의 가장 상징적이고 권위 있는 문화 예술품에 저지른 이 장난스러운 공사 가림막디자인에 서울 시민들은 놀라움을 감추지 못했으며 대한민국의 거의 모든 주요 언론사에서 이 옥외 광고물에 대해 크게 보도했다. 서울을 찾은 관광객들에게도 유머와 큰 문화적 충격을 주었다.

출처: 이제석 광고연구소.

이제석 광고디자이너에게 묻다

 광고의 매력은 무엇이라고 생각하시나요?

 어떤 광고를 보고 뒤통수를 '땅!' 맞은 것 같은 느낌을 받았을 때의 희열이라고 생각해요.

 어떤 마음으로 광고를 만드시나요?

저는 특이하거나 새로운 이미지 쓰는 걸 좋아하지 않습니다. 그런 건 어차피 잊혀지니까요. 그저 정직하고 단순한 게 좋아요. 그래야 안 질리니까요.

70대의 이모 할머니도, 12살짜리 내 조카도 제 광고를 좋아합니다.

아마 내 작품은 100년이 지나도 낡은 것처럼 보이지 않을 거예요. 저는 100년을 내다보고 작품을 제작합니다. 그러자면 단순해야 해요. 그게 진리지요.

 내가 뽑은 이제석의 베스트 광고

- 활동을 하면서 적어놓은 것 중에서 '내가 뽑은 이제석의 베스트 광고'를 선정하고 그 이유를 적고 친구들에게 발표해본다.

- 광고디자이너 이제석에 대한 활동을 하면서 느낀 점이나 알게 된 점을 발표한다.

일과 직업은 어떤 조건을 갖추어야 할까?

5~6학년

학습 목표

일과 직업의 조건을 말할 수 있다.

수업의 의도

아이에게 꿈을 물었을 때, 어른들이 묻는 꿈은 미래의 직업일 가능성이 매우 높다. '꿈= 직업'이 아니라 '꿈=어떤 가치를 가진 사람이 될 것인가?'로 해석되어야 하지 않을까? 초등학생인 아이들은 자신의 꿈에 대한 질문에 명확하게 답하는 것을 어려워한다. 왜냐 하면 아직 지식과 경험이 부족하기 때문이다. 초등학교의 진로교육은 변화하는 세계 속 에서 아이들의 올바른 직업 가치관을 만들어 나가도록 도와주어야 한다.

수업의 흐름

 열기

- 직업 이름 대기 놀이하기

 펼치기

- 직업(일)의 조건 말하기
- 가장 중요한 조건이 무엇인지 하브루타 하기

 다지기

- 일과 직업의 조건 알기

 놀이로 들어가기

- 4인이 한 모둠이 된다.

- '아이엠그라운드, 직업 이름 대기'로 돌아가면서 직업을 한 가지씩 말한다.
  - 직업을 대지 못 한 사람은 탈락하고 끝까지 남은 사람이 이기는 게임이다.

- 직업에 대한 관심을 갖게 되고, 같은 직업이 나오는지 집중하면서 친구들의 말에 경청하게 된다.

 하브루타 하기

- 아이들은 자신이 생각하는 직업(일)의 조건을 발표한다.
  - 교사는 칠판에 발표 내용을 쓴다.

- 그 중 중요하다고 생각하는 조건을 3개 정도 찾는다.
  - 짝과 함께 왜 그 조건을 중요하다고 생각하는지 하브루타로 토의한다.
- 토의 후, 가장 중요하다고 생각되는 조건을 고른다.
- 포스트잇이나 작은 보드에 써서 칠판에 명목분류하여 붙인다.
- 가장 많이 나온 조건(①)과 두 번째로 많이 나온 조건(②)을 고른다.
- 짝과 1대1 토론을 해 본다.
  - 먼저 왼쪽에 앉은 친구가 ①, 오른쪽에 앉은 친구가 ②의 조건이 더 중요하다고 근거를 들어 설득한다.
  - 이어서 찬반 입장을 바꿔서 하브루타 한다.
- 직업(일)의 조건을 중요한 순서대로 정해본다.

명목 분류하기

- 아이들 스스로 자신의 생각이나 질문을 분류하여 정리하는 방법
  - 포스트잇이나 작은 자석보드판에 각자 질문을 쓴다.
  - 쓴 사람은 질문을 쓴 포스트잇(자석보드)을 들고 나와 칠판에 붙인다.
  - 먼저 친구들이 붙인 질문을 읽고, 내 질문이 앞서 붙인 질문과 비슷하면 바로 아래에, 비슷한 질문이 없으면 바로 옆에 붙인다.
  - 이렇게 질문을 다 붙이고 나면 자연스럽게 비슷한 것과 다른 것으로 분류된다.

- **장점**: 교사가 아이들의 질문을 일일이 읽어 주지 않아도 된다. 아이들이 관심을 갖고 다른 질문들을 읽는다. 어떤 종류의 질문이 많은지 눈으로 직접 확인할 수 있다. 그리고 공부 시간에 자리에서 일어나서 몸을 움직이는 것은 긴장을 풀어 주고 기분을 환기시켜 준다.

쉬우르

일과 직업 선택 시 고려해야 할 점은 무엇일지 생각해 보게 한다.

먼저 멋진 직업의 조건은 무엇일까 묻는다. 내가 하고 싶은 일, 잘하는 일, 사회에 도움이 되는 일, 이 세 가지이다. 그런데 뭔가 아주 중요한 한 가지가 빠진 것 같지는 않은가? 바로 '돈'이다. 어떤 일을 하든지 나의 생계를 유지할 정도의 경제력은 중요하다.

그렇다면 「일을 행복하게 하는 조건」은 어떤 것들이 있을까?

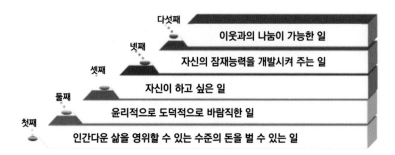

다섯째 **이웃과의 나눔이 가능한 일**

넷째 **자신의 잠재능력을 개발시켜 주는 일**

셋째 **자신이 하고 싶은 일**

둘째 **윤리적으로 도덕적으로 바람직한 일**

첫째 **인간다운 삶을 영위할 수 있는 수준의 돈을 벌 수 있는 일**

1. 아무리 훌륭하고 보람 있는 일이라 하더라도 인간다운 삶을 위한 최소한의 대가는 있어야 한다.
2. 남의 비난을 받는 일은 직업으로서 가치가 없다.
3. 무엇보다도 자신이 하고 싶은 일을 할 때 행복하다.
4. 일을 할수록 자신의 잠재력이 신장되거나 더욱 발전시키고픈 의욕을 갖게 하는 일이어야 몰입하고 지속적으로 하게 된다.
5. 마지막으로 나눔을 실천할 수 있다면 더 의미 있는 일이라고 할 수 있을 것이다.

 잠깐! 강제 찬반토론은 왜 하죠?

하브루타로 다양한 생각을 듣고 나면 나름대로 자신만의 생각이 정립된다. 이 때 강제 찬반토론을 해보면 어떨까?
가위바위보로 찬성과 반대를 정한다. 찬성은 찬성대로 주제에 대한 입장을, 반대는 반대대로 토론한 후, 다시 입장을 바꿔 토론한다. 이 활동으로 경청하는 태도와 상대방을 논리적으로 설득할 수 있게 된다.
나만의 생각에 매몰되지 않고 상대방의 입장을 생각해보는 시간을 가질 수 있다. 진로교육에서 중요한 열린 마음을 기를 수 있다.

이렇게도 할 수 있어요   **나의 버킷리스트 만들기** 1~3학년

참고 도서: 당나귀 실베스터와 요술 조약돌(1994). 윌리엄 스타이그, 이상경 옮김. 다산기획.

'윌리엄 스타이그'는 60세 이후에 그림책 작가가 되고 싶은 자신의 꿈을 이루었다.

"아이들은 인류의 희망이다. 아이들이 세상을 바꿀 수 있게 하려면 삶을 낙관하는 일부터 출발해야 한다. 나는 아이들을 억압하고 우울하게 만드는 책은 쓰고 싶지 않다."

작가가 한 이 말은, 아직은 미숙한 아이들에게 어른들이 어떻게 해야 하는지 생각하게

한다. '윌리엄 스타이그'의 작품은, 아이들의 눈높이에서 저지를 수밖에 없는 실수나 어려움을 아이들 스스로 극복하거나 우연의 힘으로 해결하게 만든다. '우연'이라고 하지만 책을 읽다 보면 최선을 다하거나 착한 심성을 가진 사람만이 받을 수 있는 '선물과도 같은 우연'임을 느낄 수 있다.

- 책을 읽어 주면서 장면에 따라 아이들의 상황과 연계하여 질문을 할 수 있다.
  - 예를 들면, (처음~실베스터의 취미) 부분까지 읽어 주고, 「나의 취미는 무엇인가?/좋아하는 물건이 있다면 그 이유는 무엇인가?/우리 가족의 특징이나 장점은 무엇인가?」와 같은 질문으로 하브루타를 하게 할 수 있다.
  - 사자와 마주친 장면에서는, "실베스터는 왜 '돌이 되겠다.'고 했을까?"라는 질문으로 '갑작스런 상황에 나도 모르게 한 실수'에 대한 이야기를 나누도록 한다. 이 장면을 통해 누구나 실수를 할 수 있음을 이해할 수 있다.

- 마지막으로 '만약 나에게 빨간 조약돌이 생긴다면?'이라는 질문을 통해 각자의 버킷리스트를 만들어 보도록 했다.
  한 가지 놀라운 것은 대부분의 아이들이 버킷리스트 중의 한 가지를 자신의 꿈을 일이나 직업을 쓴 점이다. 이렇게 아이들은 주변의 일에 관심을 가지고 미래에 자신이 무엇을 하고 싶은지 생각하고 있음을 알 수 있다.

(예시) 2학년 아이들의 버킷리스트

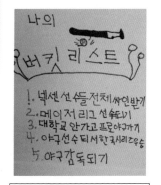
야구선수(감독)이 되고 싶다.

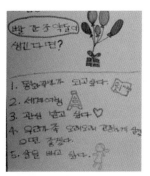
동화작가가 되고 싶다.

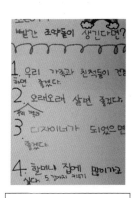
디자이너가 되고 싶다.

학습 목표

과학자가 하는 일을 통해 일과 직업의 다양성을 알 수 있다.

수업의 의도

아이들이 생각하는 과학자는 실험실에서 실험하는 모습을 많이 떠올린다. 하지만 우리가 사는 세상에서 과학자가 얼마나 다양한 일을 하고 있는지 직업 세계를 탐구함으로써 과학자에 대한 고정관념에서 벗어나 다양한 진로를 탐색할 수 있도록 한다.

『과학자들은 하루 종일 어떤 일을 할까?』는 일터에 모인 과학자들의 하루를 담아낸 '직업 그림책'이다. 아이들에게 친숙한 병원을 비롯하여 쉽게 접하기 어려운 우주 비행 관제 센터와 우주 정거장에 이르기까지 장소 14곳을 탐색한다. 그리고 110여 명의 과학자가 저마다 일터에서 어떤 일을 하는지, 그 직업을 갖기 위해 어떤 능력과 노력이 필요한지, 사회에서의 역할은 무엇인지를 알려준다.

『과학자들은 하루 종일 어떤 일을 할까?』(2021). 제인 윌셔 글. 매기 리 그림. 손성화 역. 주니어 RHK.

수업의 흐름

 열기

• 과학자는 무슨 일을 하는 사람일까?

  펼치기

• 책을 읽으며 내용 알아보기
• 나는 이런 과학자가 되고 싶어요

 다지기

• 활동 내용 공유하기

 과학자는 무슨 일을 하는 사람일까?

■ 과학자들이 일하는 것을 본 경험을 말한다.
 • 과학자들이 하는 일을 본 적이 있나요? 어디에서 보았나요?

■ 떠올린 생각을 바탕으로 책 표지를 보며 과학자가 하는 일을 말해본다.
 • 책표지를 보며 내가 생각하는 과학자들은 어떤 일을 하는지 발표해 봅시다.

1. 함께 책을 읽으며 내용 알기

■ 함께 책을 읽으며 과학자들은 책 속의 일터에서 각각 어떤 일을 하는지 꼼꼼히 살펴본다.

컴퓨터기술연구소

대학교

병원

자연보호구역

건강증진센터

항공우주센터

발전소

과학자는 무슨 일을 할까?

박물관

신도시

북극과학기지

식물원

천문대

지구과학연구소

우주 비행 관제센터/우주정거장

■ 책을 읽고 생각이 바뀌거나 알게 된 사실을 발표한다.

• 책을 읽고 생각이 바뀐 것이 있나요?

• 새롭게 알게 된 사실은 무엇인가요?

• 내가 생각했던 과학자의 모습과 같거나 다른 점이 있나요?

2. 나는 이런 과학자가 되고 싶어요

■ 책에 소개된 다양한 과학자 중에서 인상적이거나 관심이 가는 과학자가 있는지 찾아본다.

■ 기억에 남는 과학자 2명을 뽑아 보고, 그 이유를 적어본다.

■ 그 일을 하기 위해 무엇을 잘해야 할지, 어떤 노력이 필요할지 생각하여 써 본다.

■ 책에 소개된 내용 외에 다른 장소에서 일하는 과학자도 가능하다고 안내해 준다.

• 어떤 일을 하고 싶은가요? 그 이유는 무엇인가요?

• 내가 되고 싶은 과학자가 되기 위해서 무엇을 준비해야 할까요?

과학자들은 하루 종일 무슨 일을 할까?	학년　　　반
	이름 (　　　　　)

1. 책에 소개된 과학자 중에서 인상적이거나 관심이 가는 과학자가 있나요?

　책 속에 나온 2명의 과학자를 골라 무엇을 잘해야 할지 어떤 노력이 필요한지 써 봅시다.

지구과학연구소	시스템 엔지니어
산, 바다, 날씨 등 에너지가 넘치는 지구를 연구하는 사람이다. 기후변화 및 지구과학에 대해 끊임없이 관찰하고 연구해야 한다.	컴퓨터 업무 처리 시스템을 개발하거나 설계하는 사람이다. 시스템의 장비 설계와 설치에 대해 공부해야 한다.

2. 내가 되고 싶은 과학자를 고르고 그 이유를 써 보세요.

수의사	내가 키우던 강아지가 사고를 당해 다리에 장애가 있다. 강아지를 좋아하고, 아픈 강아지들을 치료하고 싶은 마음이 강하기 때문이다.

 활동 내용 공유하기

- 모둠 안에서 내가 과학자가 되면 어떤 일을 하고 싶은지 발표하고 소감을 나눈다.
- 활동지는 게시하여 서로 공유한다.

 2. 동네 사람들이 하는 일　　　　　1~2학년

학습 목표

우리 동네 사람들이 하는 일을 알 수 있다.

수업의 의도

우리 주변에서 찾을 수 있는 일이나 직업 등을 몸으로 표현하고 알아맞히는 활동을 통하여 세상에는 수많은 일과 직업이 있음을 이해하고 진로에 대한 간접 체험을 하고자 한다.

요시타케 신스케 특유의 기발한 상상력과 아기자기한 캐릭터가 돋보이는 그림책이다. 무궁무진 변신을 하는 아이의 기발한 생각을 통하여 우리 주변에서 찾을 수 있는 일이나 직업 등을 몸으로 표현하고 알아맞히는 활동으로 진로에 대한 간접 체험을 할 수 있다.

『뭐든 될 수 있어』 (2017). 요시타케 신스키 글그림. 위즈덤하우스.

 열기

 펼치기

 다지기

열기	펼치기	다지기
• 우리 동네 사람들이 하는 일 떠올리기	• 다음 장면 알아맞히기 퀴즈 놀이하기 • 몸동작으로 사람들이 하는 일 알아맞히기	• 우리 동네 사람들이 하는 일에 관심 갖기

 우리 동네 사람들이 하는 일 떠올리기

■ 우리 동네에서 볼 수 있는 가게나 일하는 사람들의 모습은 무엇이 있는지 떠올려 본다.

• 우리 동네 사람들은 어떤 일을 하고 있나요?

• 우리 동네 가게나 일하는 사람들은 어떤 모습이었나요?

■ 돌아가며 말하기로 우리 동네에서 보았던 가게나 일하는 사람들의 모습을 말한다.

 1. 다음 장면 알아맞히기 퀴즈 놀이하기

■ 함께 책을 읽으며 다음 장면을 상상한다.

■ 물건, 행동, 기분 등을 나타내는 몸동작임을 미리 알려주고, 다음 장면 알아맞히기 퀴즈 놀이를 한다.

■ 필요한 도구는 교실 안의 물건을 활용한다.

- 사람들이 일하는 모습이나 만든 물건에 대한 문제를 내어 알아맞히기 활동을 한다.
  - 교사는 일, 직업, 물건 등 발표하고자 하는 영역을 허니콤보드에 써서 칠판에 붙여둔다.
  - 아이들은 붙임쪽지에 발표하고자 하는 일이나 물건, 직업 등을 쓴다.
  - 발표하는 아이는 허니콤보드에 쓴 영역을 가리켜 발표할 동작에 대한 힌트를 준다.
  - 붙임쪽지를 교사에게 주고, 몸으로 표현한다. 붙임쪽지는 학생들이 잘 모를 때 힌트를 주기 위한 자료이다.
  - 동작을 크고 분명하게 5초 정도 보여 준다.
- 간단한 동작과 몸짓으로 표현하면, 내용을 알아맞힌다.
  - 문제를 낸 사람은 발표자를 지정하고 답의 맞고 틀림을 알려준다.

 우리 동네 사람들이 하는 일에 관심 갖기

- 사람들이 하는 일을 몸으로 표현해 보고 알게 된 사실, 느낀 점을 말한다.
- 우리 동네 사람들이 하는 일에 관심을 갖는다.
- 교사는 어떤 일이든지 의미가 있고 소중한 일임을 강조한다.

이런 책도 있어요

- 꿈을 다리는 우리 동네 세탁소(2017). 강효미 글. 김규택 그림. 토토북.
- 어른들은 하루 종일 어떤 일을 할까? (2021). 비르지니 모르간 글·그림. 주니어 RHK.
- 일과 사람(2014). 사계절, 편집부.
- 다 같이 돌자 미래 직업 한 바퀴(2018). 박주혜 글. 이경석 그림. 주니어김영사.

 잠깐! 정지와 움직임(조각 만들기 기법)

어떤 상황이나 주제가 주어지면 그에 맞는 정지된 동작을 취하는 것이다. 마임의 전 단계 또는 마임의 다음 단계이기도 하다. 조각 만들기는 그 상황이나 주제에 맞는 몸 짓을 해야 되므로, 아이들의 상상력이 많이 요구되는 활동이다. 혼자서도 할 수 있으나 모둠별로 하면 더욱 효과적이다.

1. 정지장면 만들기 (1)
   모둠을 나눈다. ⇨ 장소가 적힌 쪽지를 뽑는다. ⇨ 뽑았을 때 나오는 장소로 정지 장면을 만든다. ⇨ 모든 역할에 긍정적인 피드백을 해준다.

2. 정지장면 만들기 (2)
   교사가 준비한 이미지를 학생들에게 보여준다. ⇨ 모둠을 구성한다. ⇨ 현재의 정지장면을 만든다. ⇨ 원인이 되는 과거 정지장면을 만든다. ⇨ 이후에 어떻게 될지를 상상하며 미래의 정지 장면을 만든다. ⇨ 숨 불어넣기를 한다.

※ 오브제를 활용하여 장면을 만들 수 있다.
   – 오브제: 뭉뚱그려서 여러 가지 상상력을 발휘할 수 있도록 변형 가능한 소품
※ 숨을 불어 넣으면 다시 움직임 동작으로 돌아온다.

진로 유연성

 진로활동 **내가 만드는 미래 직업**   4~6학년

학습 목표

변화하는 직업 세계를 이해하고, 명사와 동사를 활용하여 미래의 직업을 상상하여 만들 수 있다.

수업의 의도

아이들도 다가올 미래 사회를 긍정적으로 생각하기도 하지만 조금은 막연하고 두려움도 가지고 있다. 미래에 생길 수 있는 다양한 직업을 스스로 만들어 보는 직업 상상연구소 활동을 통하여 좀 더 적극적으로 미래의 모습을 생각해보는 수업이다.

처음부터 미래직업을 만들어 보라고 하면 막연할 수 있다. 제시된 명사와 동사를 활용하여 좀 더 쉽게 미래직업을 상상해보도록 하였다. 더 나아가 친구들이 만든 미래의 직업을 살펴보면서 마음에 드는 직업을 선택해보는 활동을 통하여 미래에 좀 더 관심을 가지고 자신의 꿈을 구체적으로 그려보도록 하는 데 도움을 주고자 한다.

수업의 흐름

열기	펼치기	다지기
• 미래사회 동영상 시청하기	• 변화하는 직업세계 살펴보기 • 직업 상상 연구소 활동하기 • 내가 만든 미래 직업 발표하기	• 친구들이 만든 직업 살펴보고 스티커 붙이기 • 활동 소감 나누기

 미래사회 동영상 시청

- 미래사회의 모습을 담은 동영상을 시청한다(약 6분).
  (https://www.youtube.com/watch?v=jZkHpNnXLB0)
  • A Day Made of Glass 2: Same Day. Expanded Corning Vision(2012)

- 동영상을 보면서 어떤 생각이나 느낌이 들었는지 이야기해본다.

1. 변화하는 직업세계

- 옛날 직업의 모습의 사진과 동영상 보여주며 어떤 일을 하는 직업인지 알아본다.
  • 버스 안내양, 전화 교환수, 물장수, 전기수
- 사진 속 사람들이 하는 일을 보면서 오늘날 그 직업이 사라진 이유를 생각해본다.
  • 버스 안내양 → (과학)기술의 발달로
  • 갓 만드는 사람 → (생활)모습의 변화로
  • 전기수 → (교육)수준의 향상으로 등
- 사회가 변화하면서 새롭게 생겨난 직업을 알아본다.
  • 드론 조종사, 귀농·귀촌 플래너, 애견유치원 교사, 사이버 범죄 수사관 등
- 미래 사회는 어떻게 변화할지 예상하여 발표해본다.
  • 교통, 식생활, 환경, 주택 등의 변화가 일어난다.
  • 우주를 여행할 수 있다. 사람의 수명이 길어진다. 로봇이 집안일을 해준다.
  • 환경의 중요성에 관심이 많아진다. 여가 시간이 많아진다 등.

 2. 미래 직업 상상해보기

- 미래 사회를 대비하여 직업을 연구하는 직업 상상연구소 연구원이 되었다고 생각하고 다양한 직업을 만들어 본다.
  • 이름을 나타내는 낱말과 움직임을 나타내는 낱말이 들어 있는 활동지를 제공한다.
  • 20년 후 미래사회의 모습을 생각하며 생겨날 수 있는 새로운 직업을 상상해본다.
  • 이름을 나타내는 낱말과 움직임을 나타내는 낱말을 조합한다(스스로 만들어도 된다).
  • 직업 이름을 만든다. 그 직업이 필요한 이유와 하는 일을 적는다.

☑ **수업 자료**

음식	음료수	책	공부	운동	선택하다	예측하다	완성하다	설명하다
온라인	과학	음악	미술	성격	꾸미다	그리다	만들다	계획하다
영어	자동차	장난감	나무	물	여행하다	조사하다	고치다	움직이다
사진	화장품	건강	병원	유튜브	날다	지키다	말하다	관리하다
바다	우주	산	동물	지구	안내하다	연주하다	청소하다	경고하다
하늘	공기	몸	컴퓨터	스마트폰	연결하다			

 3. 내가 만든 미래직업 발표하기

■ 친구들에게 내가 만든 미래직업을 소개한다.
• 내가 만든 것과 어떻게 다른지 비교하며 듣는다.
• 발표를 들으면서 궁금한 점은 질문한다.

☑ **활동 예시**

내가 뽑은 단어	우주 청소하다
내가 만든 직업	우주 청소 로봇 조종사
직업설명	미래에 우주 쓰레기의 증가로 인해 우주가 더러워지는 것을 막기 위해 우주 청소로봇을 우주에 보내고 안전하게 지구에서 조종하는 직업

내가 뽑은 단어	우주 그리다
내가 만든 직업	행성그리기 체험가
직업설명	자기가 직접 그린 행성이 진짜 하늘에 나타난다. 인공위성에 홀로그램 시스템을 연결하여 아이들이 그린 행성을 하늘에 나타나게 해주는 일을 한다

내가 뽑은 단어	음악 여행하다
내가 만든 직업	음악 여행 가이드
직업설명	음악을 좋아하는 사람들에게 음악을 들으면서 그 음악에 맞는 여행지를 선택하여 여행할 수 있게 도와주는 직업

내가 뽑은 단어	재능 안내하다
내가 만든 직업	재능 안내 교사
직업설명	사람들이 가지고 있는 재능을 찾아서 안내해주고, 그 재능을 키울 수 있는 방법을 확실하게 알려주고 도와주는 직업

친구들이 만든 직업 살펴보고 스티커 붙이기

- 친구들이 만든 직업을 살펴보면서 관심이 가는 직업에 스티커를 붙여준다(1인당 2개씩).
- 마음에 드는 직업이나 아이디어가 좋다고 생각하는 직업에 스티커를 붙여준다.
  - 가장 많은 스티커를 받은 친구에게 메달 스티커를 붙여주고 격려한다.
- 소감 나누기
  - 수업을 하면서 새롭게 알게 된 점, 느낀 점, 재미있었던 점 등을 발표해 본다.
  - 내가 하고 싶은 직업을 직접 만들어보는 활동이 새롭고 재미있었다. 친구들이 만든 직업들이 정말 있었으면 좋겠다는 생각이 들었다. 활동을 하면서 내가 미래사회에 살고 있는 상상을 해볼 수 있었다.
  - 활동을 하면서 내가 미래사회에 살고 있는 상상을 해볼 수 있었다 등.

1. 책 속 등장인물로 나의 진로를 생각할 수 있을까? 5~6학년

학습 목표

책을 읽고 등장인물의 진로를 함께 찾을 수 있다.

수업의 의도

2018년부터 '한 학기 한 권 읽기'라는 독서단원을 선정하였다. 독서단원은 교과 재구성 수업으로 진행하는 것이 좋다. 한 권 읽기 교재로 『소리 질러 운동장』을 선택하고, 국어 과와 진로교육, 체육과를 연계하였다. 이 책은 좋아하는 일과 잘하는 일, 공부와 일에서 의 성역할 등 요즘 아이들의 고민을 유쾌하게 풀어 쓴 책이다.[3] 다음 소개 내용은 8~10차시의 수업 중 1, 2차시를 정리한 것이다.

참고 도서: 진형민(2015). 소리 질러 운동장. 창비.

수업의 흐름

열기	펼치기	다지기
• 전 시간에 읽은 내용 상기하기	• 주인공에 대하여 파악한 내용 말하기 • 좋아하는 일과 잘하는 일 중 무엇을 선택해야 할지 토의하기 • 등장인물의 미래 모습에 대하여 하브루타 하기	• 내가 원하는 진로가 이루어지기 어려워졌을 때의 방안 모색하기

 전시학습 내용 상기하기

■ 핵심 낱말을 골라 전 시간에 읽은 내용을 말한다.

• 교사는 전 시간에 읽은 부분의 핵심 낱말을 카드로 만들어 칠판에 붙인다.

• 아이들은 그 낱말을 2개 이상이어서 책의 내용을 말한다.

 1. 주인공에 대하여 파악하기

■ 등장인물을 파악한다.

 **공희주**

 김동해

- 공부는 못하지만 야구를 좋아하고 소질이 있다.
- 수학학원 원장인 아빠는 수학을 못하는 공희주를 부끄러워한다.
- 야구선수가 되고 싶지만 여자라고 차별을 받는다.
- 아이디어가 풍부하고 실천력이 있다.

- 야구는 좋아하지만 재능이 부족하다.
- 정직하고 스포츠정신을 존중한다.
- 야구를 잘하지는 않지만 최선을 다한다.
- 다른 사람의 말을 경청하면서 자신의 생각을 말할 줄 안다.
- 어른에 대한 예의가 있다.

 2. 좋아하는 일과 잘하는 일 중 무엇을 선택할지 토의하기

■ 짝 하브루타: '잘하는 일'과 '좋아하는 일' 중 어느 것을 선택해야 할까?

- 좋아하는 일과 잘하는 일 중 하나를 선택한다.
- 자리 배치를 'ㄷ자 형'이나 '반원형' 등으로 만들어 짝을 바꿀 수 있게 한다.
- 자신이 선택한 주제로 만나는 짝과 토의한다.

잘하는 일과 좋아하는 일 중 어느 것을 선택하면 좋을까?

 좋아하는 일보다 잘하는 일을 선택해야 성공할 것 같아. 잘하는 일은 더 쉽게 좋은 결과를 만들 수 있다고 생각해. 그리고 자신감도 생기고.

 좋아해야 더 열심히 하지 않을까? 내가 좋아서 하는 일은 시간 가는 줄 모르고 하잖아?

 잘하는 게 왜 잘하는 걸까? 재능이 있어서 그럴 거야. 없는 재능이 좋아한다고 생기지는 않을 것 같아.

 재능은 있지만 하기 싫은 경우도 있잖아? 좋아하면 시간과 노력을 더 투자하니까 점점 잘할 수 있을 거야.

 자신의 적성이나 강점을 찾아보는 게 중요할 것 같아. 나도 모르는 적성이나 소질이 있다면 그 쪽으로 진로를 찾아보는 게 좋을 것 같아.

3. 등장인물의 미래 모습에 대하여 하브루타 하기

김동해와 공현주의 미래는 어떤 모습일까?

 김동해는 뚝심이 있으니까 노력하여 결국은 야구선수가 될 것 같아.

 김동해가 아무리 노력해도 재능이 없다면 힘들지 않을까? 후보 선수가 되는 것도 어렵지 않을까? 취미생활 정도로 만족해야 될 것 같아.

 노력해서 안 되는 일이 없다고 하잖아. 그리고 좋아하면 즐겁게 하니까 더 열심히 할 것 같아.

 누구나 노력해서 된다면 이 세상에 안 되는 일이 어디 있겠어?

 우리나라에 여자 야구선수단이 있나 궁금해. 공희주는 외국에 나가면 선수생활을 할 수도 있을 것 같은데….

 공희주가 어른이 되었을 때 여자야구단이 늘어날 수도 있잖아? 희주는 계속 노력하면 원하는 야구선수가 될 수 있을 것 같아.

 야구선수가 안 돼도 야구와 관련된 일을 직업으로 가질 수 있을 것 같아.

 쉬우르

- 자신의 진로를 위해 노력했으나 어른이 되어 할 수 없게 된다면?
  - 직업 외의 취미활동으로 하고 싶은 일을 할 수 있다.
  - 원하는 일과 관련된 계통의 일을 할 수 있다.
- 원하는 일과 비슷한 일은 어떤 것들이 있을까? 이 책의 주인공을 예로 든다면?
  - 야구선수 코칭스태프, 야구학원(영어로 가르치는 야구 학원 등), 야구복 디자이너, 야구용품 판매, 어린이야구단 강사나 운영, 야구장 매점 운영, 야구중계 아나운서, 야구 해설사, 야구장 정리, 치어리더, 야구응원단장 등
- 학창 시절에는 자신의 적성과 소질을 끊임없이 탐구하고 진로의 방향을 바꿀 수 있는 유연한 자세가 필요하다.

잠깐! 모두가 참여하는 전시학습 내용 상기 방법

- 지난 시간에 배운 내용을 나타내는 낱말을 칠판에 쓰거나 붙인다.
- 쌍방향실시간 수업 시 PPT로 만들어 활용할 수 있다. 아이들을 출석번호 순으로 정렬한 후, '호스트보기'를 설정하면 교사가 보는 아이들의 이름 순서와 아이들이 보는 이름 순서가 같게 된다. 정렬된 이름순으로 돌아가며 말하기를 할 수 있다.
- 아이들은 낱말을 2개 이상 연결하여 내용을 말한다.

  예 '소리 질러 운동장' 1장을 읽은 다음 시간의 활동

김동해	야구	5학년	6학년	5 대 4
아웃	후보선수	본선	안타	홈
감독님	주전자	작전상 후퇴	세이프	타자
중학교	스포츠정신	포수	심판	혈압

- 김동해는 5학년이다.
- 김동해는 야구를 좋아하지만 후보 선수이다.
- 감독님은 김동해를 '작전상 후퇴'라고 하면서 야구부에서 내보냈다.
- 6학년은 본선에 진출해야 중학교 야구부에 들어갈 가능성이 생긴다.
- 김동해 네 학교가 상대 학교에 5대4로 지고 있었다.
- 김동해는 주전자에 물을 떠오다가 상대팀 포수가 자기 팀 주자를 아웃시키는 것을 보았다.

학습 목표

목표했던 일의 결과를 유연하게 받아들이는 태도를 가질 수 있다.

수업의 의도

아기여우가 우연히 노란양동이를 발견한다. 토끼와 원숭이를 제외한 다른 친구들은 양동이를 갖고 있다. 아기여우는 노란양동이가 몹시 갖고 싶지만, 혹시나 주인이 나타나면 어떨까 싶어 선뜻 갖지 못한다. 토끼와 곰의 조언에 따라 1주일을 기다려 보고 주인이 안 나타나면 양동이를 갖기로 한다. 이 이야기는 1주일 동안 아기여우가 노란양동이와 함께 한 기록이다. 최선을 다했지만 목표에 이르지 못했을 때, 우리는 그것을 실패라고 할 수 있을까? 아기여우의 마지막 말 한 마디는, 우리가 진로에 있어 왜 유연한 마음을 가져야 하는지 깨닫게 해준다.

참고 도서: 노란양동이(2011). 모리야마 미야코 지음, 스치다 요시하루 그림, 양선하 옮김. 현암사.

수업의 흐름

열기	펼치기	다지기
• 내용 알기(처음~일요일 밤)	• 나머지 내용 알기(월요일 아침) • 질문 만들고 짝 하브루타 하기 • 대표질문으로 전체 하브루타 하기	• 과정에서 얻는 값진 경험에 대해 알기

 내용 알기

■ 그림책 내용 중, 처음부터 일요일 밤 부분까지 읽어 준다.

■ 아기여우가 1주일 동안 한 일을 쓴다.

• 3분 정도 시간을 준다.

• 학습지 한 장에 짝과 함께 의논하며 쓴다.

• 아기여우가 한 일, 상상한 일 등 양동이와 관련된 내용을 모두 쓴다.

■ 돌아가며 쓴 내용을 하나씩 발표한다. 이 때 다른 사람들이 발표한 내용 중 내게 없는 내용을 보충하여 쓴다.

PART 02

■ 아기여우가 노란양동이와 함께한 일

양동이에 담긴 물 보며 '메롱'하기, 웃기, 양동이 들고 외나무다리 왔다갔다 하기, 양동이 옆에서 선잠자기, 양동이에 물 담아 나무에 주기, 양동이 바닥에 이름 쓰는 시늉하기, 집에 있는 사과나무에 물주는 상상하기, 양동이에 사과를 가득 담아 친구들에게 나눠주는 상상하기, 양동이 주위를 빙빙 돌며 노래 부르기, 양동이 씻어 주기, 비 오는 날 우산 쓰고 양동이 보러가기, 양동이에 담긴 빗물 비우기, 하루에 몇 번이고 양동이 보러가기, 양동이가 바람에 날아가지 않게 물을 가득 담기, 양동이에 뜬 달에게 인사하기, 양동이가 바람에 날아가는 꿈꾸기….

※ 아기여우가 노란양동이에게 최선을 다했음을 알게 하는 활동으로 의미가 있다.

 하브루타 하기

■ 책의 남은 부분(월요일 아침~마지막)을 들려준다.

■ 질문 만들기

• 전체 이야기에서 궁금한 것을 질문으로 만든다.

• 짝과 나누고 싶은 질문을 골라 하브루타를 한다.

■ 우리 반 대표질문을 고른다.

• 자신이 만든 질문 중에서 한 개를 골라 칠판에 명목분류하면서 붙인다.

• 가장 많이 나온 질문을 우리 반 대표질문으로 정한다.
  (만약 교사가 '하브루타 하기' 좋은 질문을 발견한다면, 아이들이 선택한 대표질문을 먼저 토의한 후에 제시한다.)

(질문 예시)

• 아기여우의 이름은 무엇일까?(답: 이여돌)
• 토끼와 곰은 아기여우에게 왜 일주일만 기다려 보라고 했을까?
• 아기여우는 왜 하루에도 몇 번씩 양동이를 보러갔을까?
• 아기여우는 왜 매일 이런 일들을 했을까?
• 아기여우는 비 내리는 날, 양동이를 보고 왜 자기가 비를 맞는 것 같다고 생각했을까?
• 노란양동이는 어디로 사라졌을까?
• 양동이의 주인은 과연 누구일까?
• 아기여우는 양동이가 사라졌는데도 왜 "괜찮아."라고 말했을까?

■ 여우의 행동에서 본받고 싶은 덕목을 발표한다.

• 책임감, 최선을 다하는 태도, 좋아하는 일을 열심히 한다.

쉬우르

"목표했던 일이 원했던 만큼 이루어지지 않았을 실패했다고 말할 수 있을까?"라고 아이들에게 질문을 던져 보자. 설사 그렇다 하더라도 그 일에 대한 경험은 내 기억에 남아 있다. 아기여우처럼 결과에 대해 유연하게 생각하는 것은 나의 진로를 찾아갈 때 실수나 실패를 자양분 삼아 다음번에 성공할 수 있는 확률을 높여준다. 또 그 경험으로 진로 설계를 좀 더 유연하게 할 수 있기에 오히려 값진 경험이 될 수 있다.

🖥 수업 이야기 (1)

 아기여우는 왜 양동이가 사라졌는데도 "괜찮아. 이제 괜찮아."라고 말했을까?

 진짜 갖고 싶었던 양동이가 없어졌는데 괜찮았을까?
나는 속상했을 것 같아. 넌 어때?

 나도 그럴 것 같아. 아기여우도 속상했을 텐데….
그런데 왜 여우는 아무렇지도 않은 듯이 말했을까?

 일주일 동안 아기여우는 노란양동이랑 정말 많은 시간을 함께했잖아?

 그래, 아기여우는 노란양동이한테 많은 일을 해주었어.

 그래서 양동이는 사라졌지만 아기여우의 마음속에 양동이와 함께했던 기억은 남아 있지 않을까?

 눈에 보이지 않아도 기억 속에는 있다는 말이지? 아, 추억으로 남았다는 거네?

"아기여우는 노란양동이로 하고 싶었던 일들을 다한 것 같아. 그래서 양동이는 사라졌지만 아기여우의 마음속에서 양동이와 함께했던 시간은 영원히 잊히지 않을 거야."
아이들은 이 기억을 '추억'이라고 했다. 추억은 기억의 한 곳에 머물러 있다가 어느 날 문득 모습을 드러낸다. 아름다운 추억은 현재를 이겨내고 앞으로 나아가게 하는 부드럽지만 힘센 용기이기도 하다. 결과를 유연하게 생각하는 것은 과거의 부정적인 기억에서 벗어나, 새로운 진로를 탐색하게 해준다.

🖥 수업 이야기 (2)

제목: 수석선생님과의 마지막 수업
(앞부분 생략)
수석선생님과 '행복한 나'에 대하여 공부를 하고 오늘이 마지막 시간이었다.
왠지 1시간이 아주 빨리 지나간 것 같았다..
여우와 양동이에 나온 것처럼, 8시간밖에 공부하지 않았지만 수석 선생님하고 공부한
추억은 내 기억 속에 오래 남아 있을 것이다.
재미있는 게임도 많이 하고 발표도 하고 책도 많이 읽게 되어 좋았다.
무엇이든지 적극적으로 해서 좋았다.
선생님, 다음 해도 그 다음 해도 꼭 저랑 같이 공부해요.
(이하 생략)

'노란 양동이' 수업이 끝난 후 2학년 학생이 쓴 일기의 한 부분이다. 이렇게 몰입하거나 최선을 다했을 때, 아기여우처럼 이루지 못한 꿈일지라도 그 과정은 소중한 기억으로 오래 간직될 수 있을 것이다. 이렇게 아름다운 추억으로도 행복해질 수 있다는 것을 아이들 스스로 깨닫게 된다.

💡 그림책, 하브루타, 진로교육

그림책은 하브루타로 진로교육을 하기에 아주 좋은 책이다. 그림책은 재미있는 이야기 속에 인간의 보편적 정서와 사고를 담고 있다. 다양한 질문에 쉽게 접근할 수 있게 한다. 그림책으로 질문하고 대화함으로써 삶의 가치를 쉽고 분명하게 알아갈 수 있다. 그림책은 상상과 현실을 넘나든다. 상상의 그림과 이야기로 '만약 ~이라면'과 같은 상상질문을, 현실의 그림과 이야기로는 삶과 연결된 적용질문을 재미있게 할 수 있다.[4] 그림책의 독자는 세대를 넘나든다. 그림책은 어른과 아이가 함께 행복한 시간을 갖게 한다. 아이와 어른 세대의 마음과 생각이 연결될 때 깊이 공감하며 행복을 맛볼 수 있다. 한 권의 그림책은 보는 관점에 따라 다양한 주제와 덕목을 추출해 낼 수 있다. 따라서 그림책 하브루타 수업으로 다양한 주제의 진로교육을 할 수 있다.

잠깐! 추억 쌓기와 진로체험

어린 시절에 겪은 일 중에서 어른이 되어 기억에 남는 일은 어떤 것일까? 아름다운 추억으로 남는 것은 행복했던 경험이다. 최인철 교수(서울대, 행복연구센터장)는 '아주 보통의 행복(2021)'에서, 여행을 예로 들어 이렇게 말한다. "여행은 오감을 자극하는 경험을 제공한다. 이런 구체성은 경험을 극대화하기 위한 수단이다.", "결국 여행이란, 인간이 의미를 추구하는 존재이며, 진정한 자기를 추구하는 존재라는 점에서 그 가치를 지닌다."[5] 아이들이 행복한 경험을 할 기회를 만들어 주자. 아이와 함께 논의하고 결정하면서 쌓아가는 행복한 경험은 아이들에게 긍정적인 자아의식을 만들어 준다. 이런 의미 있고 자발적인 추억 쌓기는 진로체험의 또 다른 이름이기도 하다.

그림책 **직업에 대한 편견과 고정관념 버리기**   5~6학년

학습 목표

직업에 대한 고정관념과 편견을 살펴보고, 직업에 대한 열린 마음을 가질 수 있다.

수업의 의도

직업 선택에 있어 여러 가지 상황과 환경에 따라 융통성 있게 대응하고 변화시킬 수 있는 태도는 매우 필요하다. 이야기를 통해 나의 필요와 발전에 의해 일의 모습이 다양해질 수 있음을 알고 이에 대한 유연한 생각을 갖도록 한다.

친구들이 모두 신부와 신랑이 되어 섬을 떠났을 때 소녀는 모험을 떠나기로 마음먹는다. 자신에게 주어진 노를 이용해 과일도 따고 요리도 하고, 야구도 한다. 어떤 상황에서도 좌절하지 않고 여러 가지 경험을 통해 자신의 재능을 발견하여 당당하게 자신의 삶을 찾아 새로운 세상으로 나아간다는 유쾌한 신부의 이야기이다.

『노를 든 신부』 (2019). 오소리 글·그림. 이야기꽃 출판사.

수업의 흐름

열기	펼치기	다지기
• 여러 직업에 대한 고정관념 알아보기	• 제목과 표지 그림으로 보고 질문 만들기 • 책의 내용 파악하기 • 진로 유연성으로 발전시키기	• 수업 후의 변화된 생각과 느낌 발표하기

 여러 직업에 대한 고정관념 알아보기

■ 내가 갖고 있는 직업에 대한 고정관념이나 편견이 있는지 O, X로 응답해 본다.
• 고정관념이란 무엇이라고 생각하나요?
• 일상생활 속에 남아있는 고정관념이나 편견을 경험해본 적이 있나요?
• 내가 가지고 있는 직업에 대한 고정 관념은 무엇일까요?

	설문 내용	
1	남자는 아이를 돌보는 직업이 어울리지 않는다.	×
2	연예인이 되면 인기가 많아지고 돈도 많이 번다.	×
3	외국인 노동자는 우리가 하기 싫은 일을 시켜야 한다.	×
4	장애인에게 맞는 직업이 따로 있다.	×
5	좋은 대학을 나와야 성공할 수 있다.	×

 1. 제목과 표지 그림 보고 질문 만들기

■ 책의 표지 그림이나 제목을 보고 궁금한 점에 대한 다양한 질문을 만들어 본다.
- 표지에 무엇이 보이나요?
- (제목을 가리고) 책 제목은 무엇일까요?
- 숲과 신부는 어떤 관계가 있을까요?
- 신부인데 왜 여자인가요?
- 신부는 노를 들고 무엇을 하려고 하는 것일까요?
- 왜 노가 하나 밖에 없을까요?

 2. 책의 내용 파악하기

■ 사건이 일어난 차례와 사건 사이의 원인과 결과의 관계를 생각한다.
■ 사건의 흐름을 정리하며 내용을 파악한다.

1. 신부의 부모님이 드레스와 노 하나를 줌. ➡ 2. 바닷가에서 자신이 탈 배를 찾았으나 구하지 못함. ➡ 3. 산꼭대기에서 가장 호화로운 배를 타라는 사람을 만났으나 거절함.

➡ 4. 숲속에서 늪에 빠진 사냥꾼을 노 하나로 구해줌. ➡ 5. 노 하나로 과일을 따고, 요리를 하고, 격투를 하고, 야구도 함. ➡ 6. 추운 지방의 야구 감독을 따라 새로운 곳으로 떠남.

3. 진로 유연성으로 발전시키기

- 내가 처음에 생각했던 노 한 짝은 무엇이었는지 책을 읽은 후의 생각과 비교해 본다.
- 내가 보람을 느꼈던 작은 일이나 나만이 가진 특징이나 장점을 떠올려 짝과 이야 기해 본다.
  - 나에게 홈런을 날려줄 나의 노 한 짝은 무엇인가요?
  - 한 짝의 노를 가지고 어떤 일을 하고 싶은가요?

 수업 후의 변화된 생각과 느낌 발표하기

- 작품에서 얻은 깨달음을 바탕으로 하여 진로 유연성의 가치를 내면화하는 태도를 지닌다.
- 수업 후의 내 생각의 변화 관찰하기
- 알게 된 점, 느낀 점, 생각이 변화된 점 등을 색깔, 사물 등에 빗대어 정의한 후 발표한다.

소중한 꿈이다. 이번 시간을 통해 더 소중한 꿈을 다시 한번 되새겨볼 수 있는 시간이 되었기 때문이다.

아이스크림이다. 아이스크림 먹는 것처럼 내 마음이 사르르 녹아내리는 것 같다.

오늘 수업은 빨간색이다. 무엇이든지 열정적으로 하면 이룰 수 있을 것 같은 생각이 들었기 때문이다.

이런 책도 있어요

- 꾸다, 드디어 알을 낳다!(2015). 줄리 파슈키스. 이순영 역. 북극곰.
- 세상은 네모가 아니예요(2017). 지넷 윈터 글. 전숙희 그림. 씨드북.
- 샤크 레이디(2018). 제스 키팅 글. 마르타 알바레스 미구엔스 그림. 정수진 역. 청 어람아이(청어람미디어).
- 최고 빵집 아저씨는 치마를 입어요(2016). 길상효 글. 이석구 그림. 씨드북.

감사하기

진로활동 감사하는 생활   3~6학년

학습 목표

생활 속에서 다양한 대상에게 감사하는 마음을 표현할 수 있다.

수업의 의도

'감사하기'는 회복탄력성을 높여 긍정적인 뇌를 만들기 위해 할 수 있는 마음에 좋은 습관이라고 할 수 있다. 아이들에게 감사의 의미를 주입하기보다는 스스로 감사의 진정한 의미와 중요성을 인식할 수 있도록 하며, 일상에서 감사한 일을 많이 찾고 작은 일에도 감사하면서 감사한 마음을 적극적으로 표현할 수 있도록 하는 것에 초점을 두고 있다. 감사의 대상을 사람뿐만 아니라 다양한 대상으로 넓혀 볼 수 있도록 지도하는 것이 중요하다. 또한 감사하기가 일회성 활동으로 끝나지 않고, 습관이 될 수 있도록 실천동기를 강화하는 데 초점을 두고 있다.

수업의 흐름

열기	펼치기	다지기
• 감사한 일 찾아 이야기하기 • 감사의 의미 알기	• 닉 부이치치 동영상 시청하기 • 다양한 대상에게 감사하는 마음 표현하기 • 친구들에게 감사내용 소개하기	• 감사하기의 효과 알아보기 • 색깔을 활용하여 소감 말하기

 감사의 의미 알아보기

- 일주일을 돌아보며 일상생활에서 감사한 일을 찾아서 이야기해본다.
- 두 그룹으로 나누어 같은 내용을 '감사해'와 '당연해'로 바꾸어 실감나게 읽어본다.

감사해	당연해
엄마가 아침밥을 해주셔서 감사해	엄마가 아침밥을 해주시는 건 당연해
시원한 바람이 불어서 감사해	시원한 바람이 부는 건 당연해
길가에 예쁜 꽃을 볼 수 있어서 감사해	길가에 꽃이 피는 건 당연해
녹색어머니께서 횡단보도를 안전하게 건널 수 있게 해주셔서 감사해	녹색어머니께서 교통정리를 해주시는 건 당연해
학교에서 공부할 수 있어서 감사해	학교에서 공부하는 건 당연해
맛있는 급식을 먹을 수 있어서 감사해	점심에 급식을 먹는 건 당연해

■ 두 대화 글을 읽으면서 차이점, 느낀 점을 발표해본다.

• 같은 말인데도 '당연해'라고 말하니까 어이없고 거만하다는 느낌이 들었어요.

• '감사해'라고 말하니까 편하고 마음이 따뜻해졌어요.

• 자연에게 감사하는 것이 색달랐어요. 우리가 평소에 감사하는 내용과 달라요.

• 같은 내용을 다르게 보고 있어요.

• '당연해'라는 말을 하려니 부정적이고 화가 난 것 같은 느낌이 들어서 불편했어요 등

■ 감사의 의미를 알아본다.

• 자신이 생각하는 감사의 의미에 대하여 발표해본다.

• 감사의 사전적 의미를 알아본다.

> 감사란 자신에게 이미 주어지거나 일어난 일들을 당연하게 받아들이지 않고 기쁘고 고맙게 생각하는 것이다. 우리 생활에서 당연하게 여겼던 것들도 잘 생각해보면 감사한 일이 된다.
> (Think & Thank)

 1. 닉 부이치치 동영상 시청하기

■ 닉 부이치치 동영상 시청하기(모두를 위로하는 닉 부이치치의 힐링 강연)

• 힐링캠프 영상 중 일부

(https://www.youtube.com/watch?v=5lbapeBj6f8)

■ 포스트잇에 인상적인 단어나 말을 적으면서 시청한다. 적은 내용을 돌아가며 발

표해본다.

- 선택, 행복, 희망, 용기, 가질 수 없는 것에 화를 낼지, 가지고 있는 것에 고마워 할지, 작은 발을 갖게 된 것에 감사하다 등.

※ 고학년의 경우 오프라 윈프리의 이야기를 활용해도 좋다.

오프라 윈프리	까만 피부의 흑인, 100kg의 뚱뚱한 몸매 지독히 가난한 어린 시절 결혼하지 않은 부모 사이에서 태어남 9살에 사촌오빠로부터 성폭행, 14세가 될 때까지 계속된 친척들의 학대 14살에 출산과 함께 미혼모가 되었고, 2주 후 아기의 죽음

 오프라 윈프리 사례

5, 6학년의 경우는 오프라 윈프리 이야기를 활용해도 좋다. 그러나 1~4학년에게는 내용이 자극적일 수 있으므로 적절히 선택하여 활용하는 것이 좋다.

현재의 모습은?

- 토크쇼의 여왕, 오프리윈프리쇼 (1986~)
- 영화와 TV프로제작, 출판, 인터넷 사업을 총망라한 '하포엔터테인먼트 그룹' 대표
- 20세기 가장 부자인 흑인계미국인
- 자산 규모 2조 8천억
- 세계에서 가장 영향력 있는 여성

성공 비결은?

오프라윈프리의 감사일기

"오늘도 거뜬하게 잠자리에서 일어날 수 있어서 감사합니다."
"오늘도 눈부신 파란 하늘을 보게 해 주셔서 감사합니다."
"오늘 아침에 맛있는 토스트를 먹을 수 있어서 감사합니다."

 2. 다양한 대상에게 감사하는 마음 표현하기

- 감사할 수 있는 대상을 찾아본다.
  - 감사의 대상을 넓혀 볼 수 있도록 지도한다.

- 가족, 선생님, 친구, 주위 사람 등
- 자연환경, 장소, 물건, 사건, 사건, 상황
- 나 자신에 대한 칭찬, 나의 장점, 나의 신체 등

- 감사일기를 쉽게 적는 방법을 소개한다.
  - 감사일기는 감사할 일이 생기기를 기다리는 것이 아니라 찾는 것이다.
  - 부모님, 학교 등 내 주위에 항상 있어서 당연하게 생각했던 것들을 곰곰이 생각

해본다.

- 만일 감사할 대상이 없어진다면 어떤 일이 생길지 상상하여 본다.

  예 우리나라가 없다면, 나무가 없다면, 선생님이 없다면, 다리가 없다면 등.

■ 감사 열매 활동지에 감사하는 대상을 정하고 구체적으로 감사한 일을 찾아 적어 본다.

- 활동지 대신 포스트잇을 활용해도 좋다(1인당 3장 정도씩).

3. 친구들에게 감사내용 소개하기

■ 모둠끼리 감사 열매 활동지에 적은 내용을 1~2개 정도씩 돌아가며 말하도록 한다.

- 내 주변에 나를 좋아해 주는 사람들이 많아서 감사하다.
- 엄마 아빠의 아들로 태어나서 감사하다.
- 코로나로 학교에 등교하지는 못해도 온라인상에서 줌으로 친구들의 얼굴을 볼 수 있어서 감사하다.
- 사계절이 있는 아름다운 대한민국에 산다는 것에 감사하다.
- 목감기 때문에 밥을 먹기 힘들었는데 엄마가 죽을 맛있게 끓여주셔서 감사했다. 내일이면 목감기가 다 나을 것 같다.
- 집에 가면 항상 제일 먼저 나를 반겨주는 강아지가 있어 감사하다.
- 어느 날 'I'm yours'라는 곡을 듣다가, 문득 내가 아름다운 음악을 듣고 생각을 할 수 있다는 것에 감사한 마음이 들었다.

〈감사하기 활동지〉

감사하기의 효과 알아보기

■ 감사하기의 과학적이고 긍정적 효과를 알아본다.

- 짜증, 불안 같은 부정적인 감정이 줄어든다. 긍정적으로 생활하게 된다.
- 다른 사람을 도와주는 태도를 보이게 된다. 활기차게 생활한다.
- 다른 사람들과 관계가 좋아지게 된다. 목표를 잘 세우고 공부를 열심히 하게 된다 등

■ 수업에 대한 소감을 여러 가지 색깔을 활용하여 발표하여 본다.

- 감사수업은 (빨간색)이다. 왜냐하면 감사열매를 적으면서 마음이 따뜻해졌기 때문이다.
- 감사수업은 (초록색)이다. 왜냐하면 마음속에서 평온한 느낌이 들었기 때문이다.
- 감사수업은 (노란색)이다. 왜냐하면 활기찬 하루를 보낼 수 있을 것 같아서이다.
- 감사수업은 (무지개색)이다. 왜냐하면 수업을 하면서 여러 가지 생각을 할 수 있었기 때문이다.

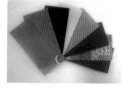

색종이를 반 접은 후 풀로 붙이고 코팅한다. 고리를 끼워서 사용한다.

 색종이를 활용한 소감 나누기

아이들은 색에 굉장히 민감하다. 소감 나누기를 할 때 그냥 말 해보라고 하는 것보다 색종이의 색을 활용하면 색다르고 창의적인 소감나누기를 할 수 있다. 교사가 먼저 시범을 보인 후 해보도록 하면 자신만의 생각을 쉽고 자신있게 다양하게 표현할 수 있다.

※ 감사하기는 1회성으로 그치지 않고 생활 속에서 지속적으로 실천할 수 있도록 꾸준히 지도하여 습관화되도록 하는 것이 중요하다.

💻 수업 이야기 학교에서 제작 활용한 감사일기 예시자료

주제: 교정기
원래 밤에만 차던 교정기, 오늘은 이에다 붙이는 교정기를 하게 되었다. 다행히도 걱정했던 것보다 안 아팠다, 아프지 않게 해주신 치과의사 선생님 감사합니다.
잘 참아준 나, 고마워!

주제: 봉선화
오늘 학교에서 봉선화 물들이기를 했다.
약지 손가락에 물들였는데 너무 예쁘게 잘 나와서 감사하다. 또 손을 아름답게 물들여주는 봉선화라는 꽃이 있어 감사하다. 첫눈이 내릴 때까지 안 지워지면 소원이 이루어진다는데 소원을 이룰 기회가 와서 감사하다. 봉선화는 정말 고마운 꽃이다. ^^

하브루타 감사한 마음을 보여 주려면 어떻게 해야 할까?

전 학년

학습 목표

감사한 마음을 실천하는 방법을 찾을 수 있다.

수업의 의도

감사하는 마음을 갖는 것은 현재 자신의 삶에 영향을 미치는 조건들을 긍정적으로 생각하는 것이다. 감사함은 행복한 생활에 가까이 갈 수 있는 중요한 조건 중의 하나이다. 긍정의 힘은 어려움을 극복할 수 있게 한다. 죽을 것처럼 힘든 일에서도 교훈을 얻을 수 있다. 이 시간엔 그림책을 활용하여 가볍게 수업을 해보았다. 감사한 마음도 그렇게 가볍게 내게 다가온다.

수업의 흐름

열기	펼치기	다지기
• 그림책 제목 알아맞히기 • 오늘 학습주제 알아맞히기	• 짝 하브루타로 방법 찾기 • 모둠 하브루타로 생각 넓히기 • 나만의 방법 찾기 • 실천 계획 세우기	• 마음을 표현하는 방법에 대하여 정리하기

 그림책 제목 알아맞히기

■ 책 제목을 알아맞히기 게임을 한다.

• 책의 내용을 간략히 소개한 후 책 제목을 알아맞히도록 한다.

■ 책의 제목이나 내용에서 오늘 학습의 주제를 유추해본다.

- 돼지책(2016). 앤서니 브라운, 허은미 옮김. 웅진주니어.
- 당나귀 스타이그와 요술 조약돌(1994). 윌리엄 스타이그, 이상경 옮김. 다산기획.
- 구름빵(2019). 백희나. 한솔수북.
- 엄마를 화나게 하는 10가지 방법(2016). 실비 드 마티이시외스 저, 이정주 옮김, 세바스티안 디올르장 그림. 어린이작가정신./아빠(선생님)를 화나게 하는 방법 10가지 등 시리즈 활용 가능

■ 책 소개 북트레일러

- 나의 엄마(2016). 강경수. 그림책공작소.
  https://www.youtube.com/watch?v=dJBbzUD2P_s

- 잠잘 시간(2021). 프로데 그뤼텐 지음, 손화수 옮김, 마리 칸스타 욘센 그림. 책빛.
  https://www.youtube.com/watch?v=2atn_6HBTfM

- 엄마의 이상한 출근길(2021). 김영진. 책읽는곰.
  https://www.youtube.com/watch?v=lPNlzJdRFqY&t=31s

 1. 감사 목록 만들기

■ 친구와 함께 감사의 마음을 실천할 수 있는 목록을 작성한다.
- 브레인라이팅으로 일정 시간 동안 자유롭게 쓴다.
- 할 수 있는 일과 효과에 대해 하브루타를 한다.

 2. 미니북 만들기

■ A4크기의 종이를 접어 8면의 미니북을 만든다.
- 1면은 표지로 제목을 쓴다.
- 예 엄마/아빠/부모님/할머니/할아버지...를 기쁘게 하는 방법 5가지
- 2~6면에는 감사의 마음을 실천할 내용을 쓴다.
- 1주일 동안 실천한 것을 표시할 수 있는 모양을 그린다.
- 실천할 때마다 모양에 색칠을 한다.
- 마지막 날, 감사의 편지를 쓴다.

1	2	3	4	5	6	7	8
앞표지						편지 쓰기	뒤표지

← 2~7면(내가 실천할 내용 체크리스트) →

(2~6면 예시)

신발정리	수저 놓기	안마해 드리기	감사 인사하기	빨래 개기
●●●○○○	◆◆◇ ◇◇	♥♡♡	★★☆☆☆☆	♧♧

- 계획한 횟수를 모양으로 표시하고, 실천할 때마다 색을 칠한다.
- 실천한 만큼 색칠하고, 부족한 경우에는 더 그리도록 안내한다.

 쉬우르

교사는 "마음은 어떻게 표현할 수 있을까?"라고 질문한다. 감사한 마음도 표현해야 상대가 알 수 있다. 가장 쉬운 방법은 말로 표현하는 것이다. 그 다음은 행동으로 실천하며 보여주는 것이다. 감사 미션을 시행하면서 나의 역량과 도전정신을 확인하고 실천의 중요함도 깨닫도록 한다. 무엇보다도 감사미션은 주변을 긍정적으로 바라보게 하는 효과가 있다.

이렇게도 할 수 있어요   감사란 무엇인가?   4-6학년

> 작은 일에도 의미를 부여하고 감사하는 마음은 진로교육의 목표인 '행복한 삶'으로 이어진다. 아이들이 생각하는 감사의 개념을 정의해 보는 시간을 가져 보자. 강제연결법을 활용한 이 활동은 창의성을 신장시켜 준다.

 감사의 뜻 유추하기

- '감사'에 대해 짝 하브루타 하기
  - 의미, 언제 느끼는지, 어떻게 하면 느낄 수 있는지 등 자유롭게 이야기 나누기

■ '감사'의 사전적 의미 알아보기
 ① 고마움을 표시하는 인사 ② 고맙게 여김(출처: 다음사전)

 1. 감사의 정의 내리기 (1)

■ 무작위로 뽑은 낱말을 이용한 강제연결법
• 한 모둠을 4~5명으로 구성한다.
• 여러 가지 낱말이 담긴 주머니를 준비한다.
• 모둠 대표가 주머니에서 인원수만큼의 낱말을 꺼낸다.
• 모둠이 함께 낱말을 자유롭게 구성하여 '감사'를 주제로 한 짧은 이야기를 만든다.
• 마지막 문장으로 '감사'의 정의를 내려 본다.
  예

서울	보리	동생	학교

우리 가족은 서울로 이사를 왔습니다. 엄마가 아침밥으로 보리밥과 된장찌개, 열무김치를 차려 주셨습니다. 동생과 손을 잡고 이야기를 하며 학교에 갔습니다. 나는 맛있는 아침밥을 차려 주신 엄마와 다정한 동생에게 감사했습니다.
☞ 감사란 가족에 대한 사랑을 행동으로 보여 주는 것이다.

달	낮	카메라	신발	사탕

어제 밤에, 친구와 함께 달을 관찰하러 뒷산에 올라갔다. 우리는 낮부터 카메라, 등산신발, 여벌옷, 간식, 텐트 등을 챙겼다. 사탕을 나눠 먹으면서 달을 관찰했다. 이렇게 자연을 잘 보호해 주는 주변 분들께 감사했다.
☞ 감사란 좋은 일이 있을 때 누군가의 수고를 생각하고 고마워하는 것이다.

 쉬우르

'감사하는 마음'은 거창하고 멋지게 표현해야 하는 것이 아니다. 우리 주변에서 누구나 누릴 수 있는 보통의 소소한 일들에 대하여 문득 느낄 수 있는 감정이다. 무엇보다도 중요한 것은 내가 누리는 일들에는 내가 미처 눈치채지 못한 수많은 도움이 있다는 것을 한 번쯤 생각해 보는 것이다. 활동 후 아이들로 하여금 감사하는 마음을 어떻게 표현할 수 있는지 여러 가지 방법을 함께 찾아보도록 한다.

 잠깐! 하브루타에서 짝의 범위는 어디까지인가?

하브루타에서 짝의 역할을 하는 것은 크게 세 가지이다. 대인관계에서의 짝, 글의 본문, 그리고 '나'이다. 먼저 일반적으로 생각하는 짝은 대화 상대로서의 짝이다. 본문을 짝으로 하는 하브루타는 학습자가 본문을 읽고 설명하고, 분석하고 질문하면서 다양한 해석을 하는 것이다. 방법은 짝과 함께 본문을 한 문장씩 번갈아 읽는다. 읽을 때마다 자신이 생각하는 문장의 의미를 설명한다. 상대방은 짝의 설명을 듣고 궁금한 것을 질문한다. 이 방법은 글이나 일반 교과의 내용을 정확하게 파악할 수 있게 한다. 특히 행간에 숨겨진 내용이 많은 교과서의 문장과 문장 사이의 간극을 설명해야 하므로 깊이 있는 학습이 가능하다. 마지막으로 대화짝으로서의 '나'를 만남은 나에게 질문하고 스스로 답을 하면서 자아성찰을 연습하는 것이다.[6]

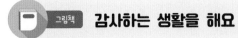
그림책 감사하는 생활을 해요

3~6학년

학습 목표

감사하는 마음을 실천하는 방법을 알고 표현할 수 있다.

수업의 의도

감사는 현재 자신에게 주어진 것들을 당연하게 받아들이지 않고 특별하고 고맙게 여기는 마음을 말한다. 지금까지의 삶에서 감사하는 마음을 얼마나 가지고 살아왔는지 스스로 성찰할 수 있는 기회를 제공하고, 감사하는 마음의 중요성과 이를 실생활에서 실천하려는 의지를 가질 수 있도록 한다.

『때문에』는 19세기 위대한 작곡가 베토벤이 작곡한 음악으로부터 시작된다. 그 아름다운 선율에 영감을 받은 슈베르트를 비롯하여 우연찮게 콘서트에 가게 된 한 소녀의 이야기로 전개된다. '때문에'라는 낱말을 문장마다 반복적으로 넣어 세상의 모든 일은 연결되어 있고, 아주 사소한 일들이 모여서 변화되고 꿈이 이루어지기도 한다는 이야기다.

『때문에』(2020). 모 윌렘스 글·앰버 렌 그림신형건 역. 보물창고.

수업의 흐름

 열기

 펼치기

 다지기

• 표지를 살펴보고 배경 지식 떠올리기	• '때문에' 그림책 읽기 • 나의 '때문에' 이야기	• 감사 정의 내리기

 표지를 살펴보고 배경지식 떠올리기

■ 책의 표지를 살펴보고 이야기가 어떻게 펼쳐질지 예상해 본다.

• '때문에'라는 말은 주로 언제 사용하나요?

• '때문에'라는 말을 들으면 어떤 생각이 드나요?

1. 『때문에』 그림책 읽기

■ 책을 함께 읽으며 '때문에'로 어떤 일이 생겼는지 함께 알아본다.

■ 일이 일어난 원인과 결과를 순서대로 정리한다.

• 삼촌에게 어떤 일이 생겼나요?

• 베토벤의 음악은 누구에게 영향을 주었나요?

• 소녀가 음악가가 될 수 있었던 것은 누구 때문이었나요?

 2. 나의 '때문에' 이야기

■ 일상생활 속에서 감사하게 생각하거나 감사했던 일은 무엇인지 생각해 본다.

■ '때문에'를 연결하여 감사했던 일을 글로 쓰고 모둠 안에서 공유한다.

보기) 루트비히 판 베토벤이라는 사람이 아름다운 음악을 작곡했기 때문에 ➡
프란츠 페터 슈베르트라는 사람은 영감을 얻어 자신의 작품을 만들었지 ➡
오랜 시간이 흘러 사람들이 슈베르트의 아름다운 음악을 듣고 싶어했기 때문에 ➡
그들은 오케스트라를 만들었어.

 감사 정의 내리기

■ 감사에 대한 나만의 정의 내리기

• '감사'란 무엇인지 한 줄 쓰기로 정의한다.

• 한 줄 쓰기의 어려움이 있는 모둠은 예시로 '쿠키 한입의 행복수업' 그림책의 한
부분을 읽어 줄 수 있다.

'감사'란 (   )이다. 왜냐하면 (   )이기 때문이다.

■ 교실 벽면에 결과물을 부착한 후, 감사에 대해 나눈 이야기들을 공유한다.

감사란 쿠키이다. 왜냐하면 쉬는 시간에 먹는 달콤한 쿠키가 피로를 없애주는 것처럼, 감사한 마음으로 일하면 억지로 하는 것보다 더 신나게 일할 수 있기 때문이다.

감사란 지하철이다. 왜냐하면 지하철에 앉아 하고 싶은 일을 하고 있다 보면, 어느 새 목적지에 무사히 도착하기 때문이다. 무사히 목적지에 데려다주신 기관사님이 고맙다.

 잠깐! 포토스탠딩 기법으로 한 줄 정의하기

포토스탠딩은 주제와 사진의 관련성을 찾아 논리적으로 연결되는 이야기를 만들어 보는 것이다. 사진에서 새로운 의미를 발견하여 논리적이고 창의적인 스토리를 만들거나 사진으로 생각 정리하기, 문제 해결하기 등과 같은 주제를 다루는 데 효과적이며 다양한 형태로 활용될 수 있다. 관련이 없을 것 같은 주제와 사진을 연결시켜 이것을 이야기로 만드는 과정에서 창의적이고 논리적인 사고를 기를 수 있는 수업 방법이다.
사진은 다양한 의견을 추출해 낼 수 있는 것이 좋으며, 활동 시 사진과 생각(의견) 결합이 어려움을 보일 때에는 교사가 다른 각도에서 바라보도록 도움을 준다.
① 주제를 정한다.
② 사진(광고지, 그림)을 한 장 고른다.
③ 사진과 관계있는 생각(의견)을 이끌어낸다.
④ 사진과 생각(의견)을 창의적으로 결합하여 한 줄 정의를 내리고 설명을 한다.

 수업 이야기 때문에

'때문에'라는 말은 긍정적인 이미지 보다 부정적인 느낌이 더 강하다. 수업 도입부에서 '때문에'라는 말이 언제 쓰이는지, '때문에'라는 말을 들으면 어떤 것이 떠오르는지를 질문하였다. 대부분 부정적인 상황을 떠올린다. '너 때문에, ~~누구 때문에, ~~무엇 때문에' 등 하지만 이 책은 반전의 내용이 담겨있다. 음악회 티켓으로 인해 결국에 훌륭한 연주가가 된다는 '때문에'는 '덕분에'로 표현된다. 감사한 일이 연속으로 이어지는 이야기에 아이들의 얼굴에 놀람과 감동의 표정이 피어오른다. 책의 감동을 이어 아이들에게도 일상생활에서 감사한 일을 떠올려 보게 하고 '때문에'를 연결지어 글을 써 보는 활동을 했다.

유튜브에서 악기를 멋지게 연주해 준 소년 '때문에' 관심이 생겼고, 악기를 사주신 부모님 '때문에' 열심히 배워서 지금은 기타를 잘 치게 되었어.

 많은 사람들이 나무를 심었기 '때문에' 산소가 많아져 공기가 맑아졌고, 공기가 맑아져 산을 찾는 사람들이 많아졌기 '때문에' 산을 아름답게 가꾸려는 관심들이 커졌어. 이런 관심들 '때문에' 우리 집 뒤에 있는 산은 예쁜 꽃과 나무들이 넘쳐나게 되었어.

 아빠 '때문에' 시작한 공부인데 시험을 잘 봐서 성취감이 느껴졌어. 성취감 '때문에' 꾸준히 한 것이 날 공부 잘하는 아이로 이끌고 있어.

 어떤 작가가 영화 대본을 열심히 잘 썼기 '때문에' 좋은 영화가 만들어졌고, 그 영화 '때문에' 많은 사람들이 감동을 받았어. 그 감동 '때문에' 엄마가 내게 영화를 볼 수 있는 기회를 주셨지.

 아빠가 나에게 스케이트 강습을 받아보라고 제안하셨기 '때문에' 스케이트를 타보았고, 스케이트 선생님께서 너무나도 친절하게 가르쳐 주셨기 '때문에' 내 스케이트 타는 실력은 점점 더 늘고 있어.

이런 책도 있어요

- 감사하면 할수록(2020). 이해인 글. 신진호 그림. 현북스.
- 내가 고마운 이유는 말이야(2016). 에일린 스피넬리 글. 아치 프레스턴 그림. 김율희 역. 예키즈.
- 감사해요(2020). 이정원 글. 임성희 그림. 걸음동무.
- 당나귀 실베스터와 요술 조약돌(2000). 윌리엄 스타이그 글·그림. 다산기획.

행복을 부르는 감사일기

행복은 가진 것의 소중함을 느끼고 감사하는 데 있다.

감사하기의 긍정적 효과는 이미 과학적으로 알려져 있습니다. 명상, 선행 베풀기, 몰입보다 더 강력하고 효과적이며, 긍정성 증진 훈련 중 가장 으뜸이 바로 '감사하기' 훈련이라고 합니다. 긍정적인 뇌를 만들기 위해 할 수 있는 좋은 습관으로 '감사일기'에 대하여 소개해보려고 합니다.

감사일기를 처음 접하게 된 것은 HD행복연구소의 감정코칭 연수였습니다. 심장호흡법을 배울 때 호흡을 하면서 감사하는 대상을 떠올려 보라고 했습니다. 감사하는 대상을 떠올리자 빠르게 호흡이 안정되고 편안한 상태가 되었습니다, 처음에는 감사일기 적기를 과제로 시작하였지만 매일 감사한 것, 다행한 것, 장점 찾기 등을 찾아 적기 시작하자 일상생활에서 행복감이 높아졌습니다.

감사하기에 대하여 다시 한번 중요성을 느낄 수 있었던 것은 서울대 행복연구센터의 행복연수 중 감사하기 수업이었습니다. 닉 부이치치와 오프라 윈프리의 사례는 무척이나 감동적이었습니다. 특히 오프라 윈프리가 죽고 싶을 만큼 힘든 삶을 견뎌내게 한 것이 감사일기였다는 사실에 놀랐습니다. 그녀의 감사일기를 보면 정말 사소한 것조차 소중하게 여기고 감사하는 것이 인생을 바꿀 수 있는 엄청난 힘으로 쓰일 수 있다는 것을 증명해주고 있습니다.

"오늘도 거뜬하게 잠자리에서 일어날 수 있어서 감사합니다."
"오늘도 눈부신 파란 하늘을 보게 해 주셔서 감사합니다."

처음에는 작은 공책에 적기를 실천하다가 나만의 감사밴드를 만들어 적기 시작하였습니다. 공책에 적는 것보다 좋은 점은 장소, 시간에 상관없이 아무 때나 적을 수 있다는 것입니다. 신기한 점은 감사할 일이 생기기를 기다리는 것이 아니라 생활 속에서 감사한 것을 찾고 있는 자신을 발견하는 것이었습니다. 매일 적으면서 느껴지는 긍정의 힘을 느낄 수 있었습니다.

다른 선생님들과의 팀 프로젝트에서도 감사일기 밴드를 만들어 적기를 하였습니다. 방법은 누군가 날짜를 적어놓으면 다른 사람은 댓글로 감사일기를 적는 것입니다. 2년 가까이 적으면서 서로 다른 장소에 있지만, 다른 사람의 감사일기를 보면서 응원하게 되고 서로 연결되어 있는 듯한 느낌이 들면서 더불어 행복한 느낌이 들었습니다.

아이들에게도 '감사하는 생활'을 주제로 수업을 하고 감사일기 적는 법을 지도하였습니다. 처음에 아이들은 감사한 것을 찾는 것을 조금 어렵게 생각합니다. "그동안 당연하다고 생각한 것들이 없어진다면 어떨까?" 하며 관점을 바꾸어 생각해보라고 하면 쉽게 찾아냅니다. 내용은 생활 속에서 감사한 일, 칭찬하기(자신 또는 다른 사람), 다행스러운 일 등을 찾아 적습니다. 아이들은 차츰 1가지 주제만 가지고도 감사일기를 잘 쓸 수 있게 됩니다. 이때 가장 중요한 것은 습관화될 수 있도록 지속적으로 지도하는 것입니다.

처음에는 공책을 활용하다가 학교에서 손바닥만한 크기로 예쁜 감사일기 공책을 만들어주었습니다. 얼마 전 6학년 아이가 감사일기장을 가지러 왔습니다. 그 아이는 4학년 때 감사수업을 들은 후부터 시작하여 지금까지 3년 동안 적고 있는 아이입니다. 너무 기특하고 고맙고 신기한 느낌이 들었습니다. 궁금한 마음에 "감사일기를 계속 적으니 어떤 점이 좋았니?" 하고 질문했습니다. 그 아이는 "감사일기를 적으면 자신이 너무 행복하다는 느낌이 들어서 좋다", "지금은 적지 않으면 이상하다"라고 말했습니다.
감사일기를 지도한 보람을 느끼는 순간이었습니다.

우리는 모두 행복한 삶을 살기를 바랍니다.
작은 행동이지만 강력한 힘을 가진 감사일기 함께 적어보실래요?

탐구하며
공부하는 사람

1. 자기를 이해하고 협력하는 사람	2. 변화하는 세계에 적응하는 사람	3. 탐구하며 공부하는 사람	1. 자기주도학습 2. 연결성	4. 꿈을 그리며 도전하는 사람

초등학교 시절은 평생학습의 기반을 닦는 매우 중요한 시기이다.

자기주도학습은 스스로 배움을 지향하고 실천하는 일이다. 주변의 일에 관심을 가지고 자신이 진정으로 하고 싶은 일을 탐색하고 목표에 도달하기 위해서는 자기주도학습 능력이 필요하다. 자기주도학습 능력은 연결성과도 밀접한 관계가 있다.

연결성은 연결지능이라고도 한다. 연결지능은, 사람과 사람, 사물과 사물, 사람과 각종 상황을 연결하여 새로운 네트워크와 시스템을 만드는 능력이다. 창의적인 산출물을 만들기 위해서는 그만큼 많은 지식과 경험을 쌓아야 하는데, 그것들을 모두 습득하기는 매우 어렵다. 결국 스스로 호기심을 가지고 탐구하여 얻은 지식과 경험에 자원을 결합하거나, 다양하고 이질적인 네트워크 등을 연결하여 가치와 의미를 만들어 낼 수 있어야 한다. 이렇게 창의융합능력과 연결지능을 자기주도적으로 키우는 사람이야말로 자신이 원하는 방향의 진로를 선택할 수 있을 것이다.

자기주도학습

진로활동 **1. 공부하는 습관**   6학년

학습 목표

효율적인 공부 방법을 알아보고, 나의 공부습관을 점검할 수 있다.

수업의 의도

진로교육에서 학습은 매우 중요하다. 6학년 아이들은 중학교 공부에 대한 부담감을 가지고 있다. 자기주도학습을 실천하고 있는 학생들의 동영상을 살펴보면서, 공부의 효율성을 높일 수 있는 방법에 대하여 알아본다. 더 나아가 현재 나의 공부습관을 점검해보고, 자기주도학습을 실천할 수 있는 계기를 가지도록 한다.

수업의 흐름

 열기

 펼치기

 다지기

열기	펼치기	다지기
• 공부를 잘하기 위해 중요한 것 찾아보기	• '0.1%의 비밀' 동영상 시청하기 • 효율적인 공부 방법 정리하기 • 빙고 게임으로 공부 방법 정리하기	• 나의 공부습관 점검 및 소감 나누기

 공부를 잘하기 위해 중요한 것 찾아보기

- 만약 내가 중학교에 가서 1등을 한다면 어떤 기분이 들지 상상해보고 기분을 말해본다.

- 공부를 잘하기 위해 중요하다고 생각하는 것은 무엇인지 생각하여 발표해본다.
  - IQ, 좋은 학원, 선생님, 공부하는 태도, 노력 등

142   PART 03 탐구하며 공부하는 사람

1. 동영상 시청하기

- EBS 다큐멘터리 '0.1%의 비밀'을 시청한다(~16분 20초까지).
  - https://www.youtube.com/watch?v=gF_JxDflrqE

- 공부를 잘하는 학생들의 공부 습관이나 방법을 찾아본다.
  - 동영상을 보기 전에 활동지를 나누어 준다.
  - 초성이 적힌 활동지의 빈칸에 답을 찾아 적으면서 시청한다.
  - 함께 답을 맞히며 공부를 잘하는 방법을 정리한다.

 ## 2. 효율적인 공부 방법 정리하기

- 효율적인 공부를 하기 위한 방법을 시각적인 방법으로 정리한다.
  - 10장의 카드를 보며 준비된 모형의 어느 분분에 붙일지 생각해보게 한다.
  - 질문을 활용하여 정리한다.

예 공부를 할 때 가장 먼저 필요한 것은 무엇일까요?

학교수업에 적극적으로 참여하고 오래 기억하기 위해 필요한 것은? 등

꿈	학교수업	자기공부	공부습관	필기
복습	계획	반성(피드백)	노력	노력

<머리> 꿈(목표)을 가져라.
<몸통> 공부습관을 가져라.
　　　　 꾸준한 복습:
<아래> 계획하고 반성(피드백)하라.
<오른팔> 학교수업에 충실하라.
(수업의 주인이 되라–질문, 필기, 다양한 표정)
<왼팔> 자기 공부 시간을 가져라.
<양손> 노력하라.

3. 빙고게임으로 기억하는 공부 방법

- 빙고판에 앞서 정리한 효율적인 공부방법 9가지를 떠올리며 원하는 칸에 적는다 (활동지).
  - 공부 방법 9가지를 재미있게 익히기 위하여 빙고게임을 활용한 것이다.
  - 교사(또는 학생)가 부르는 것은 빙고판에서 하나씩 지워나간다.
  - 1줄 또는 2줄 빙고가 되면 먼저 빙고를 외친다.

☑ 빙고 게임

노력	반성	꿈-목표
필기	공부습관	학교수업
계획	자기공부	복습

 ## 나의 공부습관 점검 및 소감 나누기

- 9가지 공부 방법을 살펴보면서 현재 나의 공부습관을 점검하여 본다(활동지).
  - 빙고판에 적은 것 중에서 내가 현재 가지고 있다고 생각하는 항목에 동그라미 표시를 해본다(색 펜 활용).
  - 동그라미가 표시되지 않은 항목들을 자세히 살펴본다.
  - 그 중에서 앞으로 내가 꼭 가져야 할 습관이라고 생각하는 것 3개를 적고, 필요한 이유도 적어 본다.
    예 자기공부: 누군가 시켜서가 아니라 나 혼자서도 해야 하기 때문이다
    계획: 공부를 할 때 계획을 세우지 않아서
    복습: 복습을 하면 정리가 잘되고 기억이 안나서
  - 짝과 함께 활동지에 적은 내용을 보면서 서로 이야기를 나눈다.
- 자신이 적은 내용을 잘 실천하기 위한 방법도 생각해보도록 지도한다.
- 활동 소감 나누기
  - 효율적인 공부 방법의 중요성과 나의 학습 습관을 점검해보는 활동을 하면서 느낀 소감을 적고 발표하여 본다.

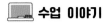 **수업 이야기**

공부에 대한 아이들의 생각은

중학교 진학을 앞둔 6학년 아이들은 공부에 대한 막연한 부담감과 두려움을 가지고 있다. 갑자기 늘어나는 수업 시간과 두꺼워진 교과서, 초등학교와 다른 평가방식에 대하여 잘 알지 못하기 때문이다.

"시험에서 1등을 하게 된다면 어떤 기분일까?"라는 질문에도 실감이 나지 않아서인지 별로 대답이 없다. 공부를 잘하는 방법에 대하여도 IQ, 좋은 학원, 선생님, 기억력, 노력 등 빈약한 답이 대부분이다. 자기주도학습 방법에 대한 지도가 필요한 것이다.

축구를 잘하려면 규칙(Rule)을 알아야 하듯이, 효율적인 공부에도 전략이 필요하다.

'0.1%의 비밀' 동영상을 보면서

동영상을 보는 시간이 16분 정도라 조금 길긴 하지만 충분히 볼만한 가치가 있는 영상이다. 자기만의 공부습관을 가지고 있는 학생들의 모습을 보면서 아이들은 매우 집중한다. 활동지를 통하여 정리를 하면서 자기주도학습의 중요성에 대하여 좀 더 잘 알게 된다.

나의 공부습관을 점검하며

빙고게임으로 공부 방법에 대한 정리를 하고, 현재 자신이 가지고 있다고 생각하는 습관을 체크하고 나면, 자신에게 필요한 습관이 무엇인지 확실히 알게 된다. 내가 가져야 할 습관 3가지를 적고 짝과 함께 앞으로 가져야 할 공부습관에 대하여 이야기를 나누어보면서 실천에 대한 의지를 다지는 모습이 꽤 진지하다. 아이들의 수업소감을 소개해본다.

 0.1% 학생들이 성적이 떨어질 때 학원과 과외를 더 많이 하는 줄 알았는데, 자기공부시간을 늘린다는 것을 알게되어 신기했다.

 0.1%는 재능이 아니라 올바른 공부습관과 노력이라는 것을 알게되었다.

 나의 공부습관과 전략을 다시 되돌아보는 시간이었다. 실제로 공부할 때 공부전략을 잘 활용하면 학습능력이 더 좋아져서 잘 할 수 있을 것 같은 생각에 설레었다.

 중학교에 가면 공부가 어려워진다는 것을 알게 되었고, 자율적으로 공부하는 습관을 길러야한다. 공부습관에 따라서 성적차이가 크다는 것을 알 수 있었다

 영상을 보니 "내가 공부를 못하는 것이 아니라, 복습을 안해서 그렇구나"라는 것을 알게 되었다, 무작정 공부하는 것이 아니라 꿈·목표를 가지는 것이 중요하다는 것과 자기만의 공부습관이 필요하다는 것을 알게 되었다.

학습 목표

코넬식 공책 필기법에 대하여 알아보고 효과적인 공책 정리를 할 수 있다.

수업의 의도

학습에서 공책필기의 중요함을 이해하고 자신에게 효과적인 공책 정리 방법을 배우는 수업이다. 공책 필기법은 자기주도학습의 인지전략에 해당한다. 인지전략이란 자료나 정보를 기억하고 이해하는데 사용하는 실제적인 전략을 말한다.

대표적인 공책 필기 방법인 코넬식 공책 필기법을 배우고 연습하는 활동을 통하여 자신에게 효과적인 노트필기 방법을 익힐 수 있게 된다. 아이들이 학습에 필요한 자료들을 스스로 정리하고 관리하는 것이 습관이 될 수 있도록 꾸준히 지속적으로 지도하는 것이 가장 중요하다.

수업의 흐름

 열기
- 공책 필기하는 이유
- 필기법이 중요한 이유는?

 펼치기
- 수업을 듣기 전 준비할 것은?
- 5단계로 발전하는 공책필기
- 코넬식 공책 필기법 알아보기

 다지기
- 핵심 단어 찾기
- 코넬식 공책 필기 연습하기

 공책 필기를 하는 이유 알아보기

■ 공책 필기를 해본 경험을 이야기한다.

■ 공책 필기를 하면 좋은 점은 무엇일지 생각하여 발표해본다.
- 배운 것을 쉽게 잊어버리지 않는다.
- 나중에 기억한 내용을 떠올리는 데 도움이 된다.
- 공부 시간에 집중해서 들을 수 있다 등.

1. 수업 듣기 전 준비할 것은?

■ 공부의 효과를 높이기 위해 수업을 시작하기 전에 준비할 것은 무엇일까요?
- 교과서를 수업 시간 전에 대충이라도 읽는다.
- 오늘 학습할 단원명과 학습목표를 파악한다.
- 수업과 관련되어 제시된 새로운 용어의 뜻을 이해한다.
- 읽다가 이해하기 힘든 내용에 나름대로 표시한다.
- 수업 시간에 질문할 것을 미리 생각해둔다.

 ## 2. 5단계로 발전하는 공책필기

■ 공책필기를 효과적으로 하는 단계에 이르기까지 공책을 사용하는 단계를 살펴 본다.
- 나는 현재 어느 단계에 해당하는지 생각해보도록 한다.

1단계	단조로운 검은색 필기	• 단색 연필이나 펜으로만 필기. 구조화되어 있지 않음. • 숙제나 검사용으로 대충 작성하는 것
2단계	색 펜을 활용하기	• 색 펜을 사용하기 시작하지만, 제대로 사용하지 못함. 아직 교과서를 베끼는 수준으로 작성
3단계	핵심단어나 핵심문장에 색 펜 사용하기	• 핵심단어, 핵심문장에 색 펜을 활용하기 시작. • 중요 표시, 요약, 더 알고 싶은 점 등 작성
4단계	표, 그래프, 그림 등 활용하여 필기하기	• 구조화된 공책의 특징이 나타남 • 좌뇌, 우뇌를 모두 활용하는 전략을 사용함. • 도표, 그래프, 그림 등을 그리고 색 펜을 잘 활용. • 공책 정리를 즐겁게 하는 모습이 보임
5단계	다시 복습이 가능한 공책필기	• 공책필기의 중요성을 알고 자신만의 방법으로 정리 • 공책을 작성 후 다시 복습을 할 때 도움이 되도록 공책을 작성.

출처: 허승환. 공부가 좋아지는 허쌤의 공책레시피.

3. 코넬식 공책 필기법 알아보기

■ 공책을 살 때 코넬식 공책을 사용해본 경험이 있나요?

• 공책의 왼쪽에 세로로 줄이 그어져 있는 공책을 사용해본 경험이 있는지 알아본다.

■ 코넬식 공책 필기법이란?
• 미국의 코넬대학교 교수인 월터 포크에 의해 개발된 방법으로 현재까지 가장 많이 사용되는 필기 방식 중의 하나이다.

■ 코넬식 공책 필기법의 장점을 알아본다.
• 학습 내용에 대한 깊이 있는 이해를 돕는다.
• 학습 내용을 한눈에 알아볼 수 있게 한다.
• 학습 내용을 체계적으로 정리하고 조직화하는 데 도움을 준다.
• 학습 내용을 더 잘 기억할 수 있게 한다.
• 학습에 대한 적극적 태도, 책임감 및 학습 동기를 높일 수 있다.

■ 코넬식 공책 필기법의 구조와 작성 방법에 대하여 자세히 알아본다.
• 다양한 예시자료를 활용하여 쉽게 이해할 수 있도록 지도한다.

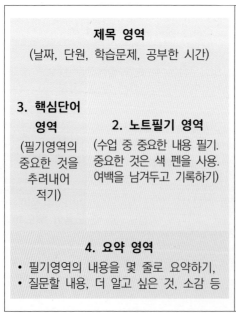

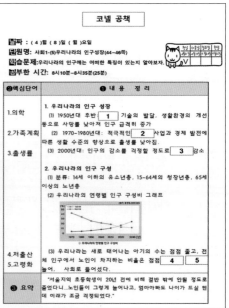

1. 핵심 단어 찾아보기

■ 핵심 단어를 찾는 방법을 알아본다.

- 주로 처음에 제시되는 것
- 반복적으로 제시되는 것
- 추가적인 설명이나 부연 설명이 많은 것
- 처음에 나왔다가 마지막에 다시 제시되는 것
- '강조하면, 요약하면, 중요 핵심은, 결론적으로, 특히, 무엇보다도' 등으로 선생님이 강조하고 있는 것
- 핵심 단어는 반드시 밑줄을 긋거나 동그라미 등으로 표시

■ 연습문장을 활용하여 핵심 단어를 찾는 연습을 해본다.

- 핵심 단어 1개 찾아보기. 2개 찾아보기 등으로 단계를 높여서 연습하도록 한다.

<예시> 1. 다음 문장에서 핵심어 1개를 찾아 ○ 해보세요.

글을 읽을 때에는 낱말이나 문장, 내용 등이 적절하게 표현되었는지 생각하며 읽는 것이 좋습니다. 적절한 표현은 낱말이나 문장을 효과적으로 쓰는 것 이외에도 글의 제목에 어울리는 적절한 내용으로 구성하는 것까지 포함하는 말입니다. 적절한 표현에 주의하며 글을 읽으면 글의 내용을 쉽게 이해할 수 있습니다.

(정답: 적절한 표현)

2. 다음 문장에서 핵심어 2개를 찾아 ○ 해보세요.

인물의 성격이 다르면 사건의 전개가 달라질 수 있기 때문에, 인물의 성격은 사건의 전개를 이해하는 데에 중요한 실마리가 됩니다.

(정답: 인물의 성격, 사건의 전개)

---

 2. 코넬식 공책 필기 연습하기

■ 길지 않은 자료나 교과서의 지문을 활용하여 코넬식 공책 필기를 연습한다(활동지 제공).

■ 코넬식 공책 필기 작성 방법에 대하여 배우고 난 후 소감을 나누어 본다.

복습노트를 활용한 공책 필기 연습

- 초등학교에서는 교과서가 워크북 형태로 제공되는 경우가 많아 공책을 많이 사용하지 않고 있다. 코넬식 공책 필기 연습 시 아이들이 부담을 가지지 않도록 양을 조금씩 늘려가는 것이 필요하다. 예를 들면, 복습노트를 활용하는 것이다. 매일 학교 수업 중 정리하고 싶은 과목을 스스로 선택하여 공책 1/2~1쪽 정도로 정리하면 좋다. 아이들마다 수준이 다름을 고려하여 자기만의 공책 필기 방법을 익히도록 격려하며 꾸준히 습관이 되도록 지도하면 부담을 가지지 않고 잘 할 수 있게 되고, 공책정리를 통하여 자기주도적인 학습태도를 기를 수 있다.
- 노트필기 영역에는 글만이 아니라 마인드맵이나 씽킹맵 등을 활용하여 자신만의 방법으로 즐겁게 정리할 수 있도록 지도하면 더욱 효과적이다.
- 4학년 아이들에게도 공책 필기에 대한 지도를 하고 복습노트 적기를 지속적으로 지도해보면 5~6학년 못지않게 잘하고 즐겁게 참여하는 것을 볼 수 있다.

복습 노트를 써야 하는 이유

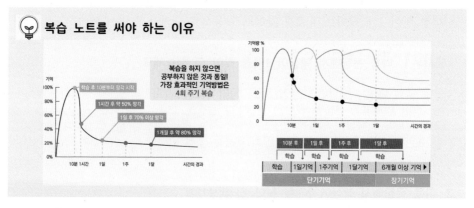

☑ **복습공책 활용 예시자료**

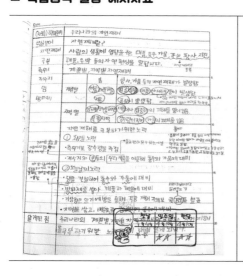

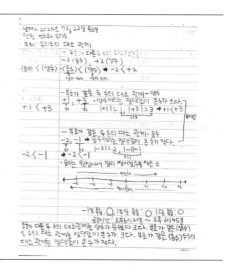

하브루타 # 어떻게 하면 공부를 잘할 수 있을까? 5, 6학년

학습 목표

효과적인 공부 방법을 찾을 수 있다.

수업의 의도

학습은 진로를 결정하는 중요한 요인이자 방법이다. 좋아하는 공부를 하면 시간 가는 줄 모르고 더 많이 더 깊이 알고 싶은 욕구가 생긴다. 내가 좋아하는 공부에 몰입하게 되면 전문성이 자라면서 자신감도 커진다. 한 분야에 자신감이 생기면 다른 영역까지 열심히 하면 잘 될 거라는 희망도 생긴다. 그러려면 '왜 공부를 해야 하는지'를 스스로 깨달아야 한다. 자신의 진로를 결정하는데 공부가 필요함을 알게 해야 한다. 더 나아가 어떻게 하면 효과적으로 공부하는지도 알아야 한다.

수업의 흐름

 열기

- '공부' 하면 떠오르는 생각을 질문으로 만들기

 펼치기

- 공부하는 방법 중에서 공부 효과가 좋은 방법 찾기
- 짝과 각각의 방법의 공부 효과에 대한 생각을 하브루타로 나누기

 다지기

- 가장 효과가 좋은 공부 방법에 대하여 과학적인 근거를 대어 설명하기

 ## 질문 만들기

■ '공부'하면 어떤 생각이 떠오르는지 질문으로 만들어 본다.

(ㄱ) 학생	(ㄴ) 학생
공부는 왜 힘들까?	공부는 왜 해야 할까?
2. 공부는 왜 어려울까?	♥ 공부를 하면 나에게 어떤 이익이 생길까?
3. 공부는 왜 재미없을까?	3. 공부의 뜻은 무엇일까?
4. 공부는 왜 꼭 해야 할까?	4. 공부는 어떻게 해야 할까?
5. 공부를 재미있게 할 수 있는 방법은?	5. 공부를 하지 않으면 어떻게 될까?
♥공부를 꾸준히 할 수 있는 방법은?	6. 공부하는 것은 행복한 일일까?
7. 공부를 하면 무엇이 좋을까?	7. 공부하는 것은 왜 지루할까?

- 짝과 나누고 싶은 질문을 한 개 고른다.
- 자유롭게 서로의 질문에 대한 생각을 나눈다.
  - "공부를 왜 하느냐?"라는 질문에 대한 답이 어떻게 변화하고 발전하는지 다음 예를 보자. 처음에는 "할 수 없이 한다."라는 답이 나온다. 곧 이어 질문이 바뀌면서 좋아하는 공부가 있고, 그 공부를 왜 좋아하는지, 어떤 방법으로 공부하는지 등에 대한 자신의 경험을 대답하게 된다.

 질문의 시작은 "왜?"

아이들에게 질문을 만들어 보라고 하면 일반적으로 이런 현상이 보인다. 제시된 주제에 대해 먼저 "왜?"라는 이유를 묻는 질문으로 먼저 만드는 것이다. 그런데 '왜?'를 넣어 질문을 만들라고 하면 몇 번 지나지 않아 다른 유형의 질문이 나온다. 일반적인 질문 만들기가 '왜'에서 시작하여 '어떻게', '언제', '무엇을'의 6하 원칙과 '만약에'와 같은 질문으로 발전하게 된다. 혁신적인 방안을 찾는 3단계 질문법은 다음과 같다.

왜? → 만약 ~한다면? → 어떻게?

"○○님은 공부를 왜 합니까?"

"엄마가 시키지 않으시면 공부를 안 합니까?"

"그럼, 좋아하는 공부는 무엇입니까?"

"엄마가 시키니까 할 수 없이 합니다."

"그건 아닙니다. 내가 좋아하는 공부는 스스로 합니다."

"저는 수학공부는 좋아해서 시간 가는 줄 모르고 합니다."

- 나는 왜 공부하는지 생각을 정리한다.
  - 나는 장래의 꿈을 이루기 위해서 공부한다.
  - 공부를 하면 나중에 대학이나 취직하기가 쉽고 나에게 이득이 된다.
  - 엄마가 시켜서 하지만 크면 나에게 도움이 될 것 같다.

 하브루타로 공부법 찾기

- 공부 효과를 높일 수 있는 나만의 방법이 있을까?
- 여러 가지 공부법을 발표한다.
  - 선생님 말씀 잘 듣기, 예습하기, 복습하기, 실제로 해보기, 소리 내어 읽기, 외우

기, 영상으로 배우기 등

- 「학습 효율성 피라미드」에 나온 학습법을 카드로 만들어 나누어 준다.
- 짝과 함께 하브루타 하면서 '학습 후 24시간이 지난 후 남아 있는 지식의 비율이 높은 학습법'의 순서대로 늘어놓아 보게 한다.
- 교사는 칠판 위에 카드를 늘어놓고 아이들로 하여금 찾은 방법대로 정리하게 한다.

가르치기	시청각학습	직접읽기	실습하기

강의듣기	집단토의	시범 보이기

 쉬우르

교사는 가장 효율적인 학습법의 순서대로 카드를 정렬한다. 아이들로 하여금 왜 그렇게 생각했는지 질문한다. 미국의 연구기관에서 발표한 학습피라미드를 보면서 설명한다.

■ 학습 효율성 피라미드(학습 후 기억에 남아 있는 지식 비율)

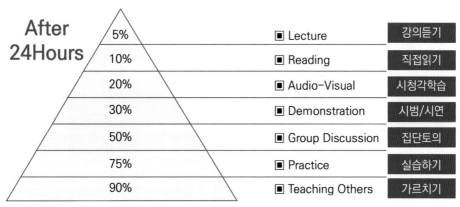

After 24Hours

5%	■ Lecture	강의듣기
10%	■ Reading	직접읽기
20%	■ Audio-Visual	시청각학습
30%	■ Demonstration	시범/시연
50%	■ Group Discussion	집단토의
75%	■ Practice	실습하기
90%	■ Teaching Others	가르치기

출처: NTL(National Training Laboratories, 미국의 행동과학연구기관).

학습법 중에서 가장 효과적인 방법은 시간이 흘러도 기억에 남아 있는 비율이 높은 방법이다. 널리 알려진 내용을 정리한 것이 바로 '학습 효율성 피라미드'이다. 그렇다면 '가르치기'(일명 설명하기)는 왜 가장 효율적인 학습법이 될까? 설명하는 과정에서 자신이 아는 것과 모르는 것을 구분하게 되는데 이런 능력을 '메타인지'라고 한다. 자신이 모르면 설명할 수 없다는 것이다. 또한 남에게 설명한다는 것은 우선 상대방의 이해 수준을 고려해야 한다. 그러기 위해서는 상대의 수준에 맞는 어휘를 사용해서 적절한 수준으로 설명해야 한다. 상대방의 질문에 답하기 위해서는 자신이 미처 설명하지 못한 부분에 대한 추가 학습도 필요하게 된다. 상대방을 이해시키기 위해 하는 설명이 결국은 자신의 논리를 타당하게 해주고, 그런 과정이 되풀이되면서 내가 설명한 것이 나의 기억 속에 오랫동안 남아 있게 되는 것이다.

다음 구글 입사시험 문제의 평가관점을 보면 설명하기와 메타인지와의 관계를 알 수 있다.
「데이터베이스(DATABASE)라는 용어를 8살 조카에게 설명하시오.」
• 정서적 교감을 했는가?
• 듣는 이의 눈높이에 맞추어 설명했는가?
• 원래 의미를 정확하게 전달했는가?
• 창의성 및 독창성이 있는가?
이 기준은 '설명'을 통해, 응시자가 갖고 있는 자질을 살펴보고자 하는 것이다. 그 자질은 '관계', '깊이 있는 지식과 전문성', '창의성'이다. 관계가 좋아야 8살 아이에게 어려운 내용을 전할 수 있다. 깊이 있게 알아야 다양한 계층에게 설명할 수 있다. 또, 다양하게 설명하기 위해서는 창의성 또한 필요하다.

 잠깐! 공부에 대해 생각해 보아요.

• 하브루타 공부법
  https://www.youtube.com/watch?v=zp-0tfW3WiE
• 대한민국 상위 0.1%의 비밀
  https://www.youtube.com/watch?v=3m2vgXE0tSk&t=209s

• 서울대 A+의 조건
  https://www.youtube.com/watch?v=l4gzC6iXn3A
• 꼴찌가 1등처럼 공부해보면
  https://www.youtube.com/watch?v=akXPhw9Ft-A

스스로 찾아서 공부해요

학습 목표

스스로 하는 공부의 중요함을 찾아 실천할 수 있다.

수업의 의도

한 마리 배고픈 늑대가 책을 읽는 동물들을 보면서 스스로 공부를 하게 된다. 글자를 깨우쳐서 마을 동물들에게 무시당하지 않고 나름 큰소리치고 싶었던 소박한 바람으로부터 출발한다. 그런데 어느새 공부를 하고 제 돈으로 책을 사고 도서관을 이용할 수도 있게 된다. 중요한 것은 난폭한 늑대가 아주 교양있는 늑대로 변해간다는 것이다. 내가 찾아서 하는 공부는 이렇게 지식뿐만 아니라 예의와 배려, 나눔도 가능하게 한다. 아이들이 늑대 이야기를 들으면서 어떻게 공부하고 학교생활을 해야 하는지 느낄 수 있었으면 한다.

 글을 모르는 늑대가 농장의 동물들에게 비웃음을 당하여 그 충격으로 책을 읽게 된다는 내용. 포기하지 않고 스스로 서점으로 가서 이야기 책을 사서 한줄 한줄 정성껏 읽어 글을 읽게 된다는 자기주도학습의 의미를 일깨워 주는 이야기이다.

『난 무서운 늑대라구!』 (1999). 베키 블룸 글· 비에 그림. 아기장수의 날개 옮김. 고슴도치

수업의 흐름

 열기
- '공부'하면 떠오른 것들 말하기
- '공부'의 뜻은?

  펼치기
- 책의 내용 알기
- 공부하는 이유를 책 속에서 찾기

 다지기
- 배울 점 찾기
- 나의 공부습관 돌아보기

 ## 공부의 뜻 알기

- '공부' 하면 떠오르는 것을 자연스럽게 말해본다.
  - 공부는 좋은 것이다. / 공부는 힘들다. / 공부하면 똑똑해진다 등.
- '공부'의 뜻을 알아본다.
  - 공부: 학문이나 기술을 배우고 익힘

1. 책의 내용 알기

- 그림책을 보면서 어떤 내용이 펼쳐질지 예상하면서 함께 읽는다.

1. 배고픈 늑대가 마을로 들어옴 →	2. 농장 울타리 안에 동물들이 모여 책 읽는 것을 발견함 →	3. "난 무서운 늑대라구" 소리 지르며 들어감
→ 4. 돼지가 교양 없다고 내쫓음 →	5. 늑대는 교양을 쌓기 위해 학교에 감 →	6. 늑대는 울타리를 뛰어넘어 들어가 글자를 떠듬거리며 읽음
→ 7. 늑대는 옷을 단정하게 입고 도서관에 가서 더 많은 책을 봄 →	8. 노크를 하고 들어가 전보다 유창하게 책을 읽으니, 동물들이 관심을 조금 보임 →	9. 책방에 가서 돈을 내고 책을 사서, 동물들 곁에서 조용히 읽음
→ 10. 비로소 목장 동물들이 교양 있는 늑대라고 인정함 →	11. 동물들과 친구가 됨	

 ## 2. 공부하는 이유를 책 속에서 찾기

- 늑대가 공부한 이유를 책 속에서 찾아서 말해본다.
  - 동물들이 무시해서
  - 돼지가 교양이 없다고 해서 교양 있는 동물이 되려고
  - 동물들과 친구가 되고 싶어서
- 늑대가 교양있게 행동하려면 어떻게 하는 것이 좋은지 발표해 본다.
  - 울타리를 넘어가지 않고 노크를 한다.
  - 다른 사람이 조용히 책을 읽으면 나도 조용히 책을 읽는다.
  - 잘난 척하지 않는다.
  - 말을 조심스럽게 한다.

- 늑대가 교양있는 동물이 되기 위해서 공부를 한 이유는 무엇일까 말해본다.
- 동물들이 책을 읽는데 늑대는 글자를 몰라서 책을 못 읽었다.
- 책을 읽을 줄 알면 동물들이 무시하지 않을 것 같았다.
- 책을 읽는 모습이 교양 있는 모습이라고 생각했다.
- 책 속에 교양있게 행동하는 방법이 있다.

 나의 공부 습관 돌아보기

- 늑대에게서 배울 점을 찾아본다.
- 동물들이 무시했는데도 잘못을 고치려고 했다.
- 교양 있는 것을 스스로 배우려고 노력했다.
- 공부를 찾아서 하려고 했다.
- 열심히 공부해서 원하는 것을 얻었다.
- 현재의 나의 공부습관을 살펴보고 고쳐야 할 점을 찾아서 발표해 본다.
- 숙제를 시켜야만 한다.
- 내 책가방 정리를 안 한다.
- 시간을 정해서 하지 않는다.
- 집중하지 못하고 딴짓을 해 시간이 오래 걸린다.
- 친구들의 발표를 들으며 스스로 공부하는 습관의 중요함을 깨닫도록 한다.

이런 책도 있어요

- 공부를 해야 하는 12가지 이유(2020). 김미희 글. 노은주 그림. 단비어린이.
- 틀려도 괜찮아(2006). 마키타 신지 글. 하세가와 토모코 그림. 토토북.
- 도서관에 간 사자(2007). 미셸 누드슨 글. 케빈 호크스 그림. 웅진주니어.
- 그래, 책이야(2011). 레인 스미스 저. 문학동네.

2 연결성

 진로활동 **주니어 커리어넷을 활용한 진로 탐색 I** 3~6학년

학습 목표

1차시: 주니어 커리어넷을 활용하여 여러 가지 진로정보를 탐색할 수 있다.
2차시: 미래 사회의 변화 모습을 살펴보고 흥미탐색검사를 할 수 있다.

수업의 의도

진로정보를 탐색할 때 여러 가지 자원을 활용하는 것은 매우 중요하다. 주니어 커리어넷은 초등학생들을 위한 맞춤형 진로정보망이다. 주니어 커리어넷의 구성과 내용을 살펴보고, 여러 가지 활동을 통하여 스스로 진로와 관련된 자료와 직업정보를 탐색할 수 있도록 하기 위한 수업이다. 온-오프라인 수업 모두 가능하다.

1차시

주제

주니어 커리어넷을 활용한 진로 정보 탐색

수업의 흐름

열기	 펼치기	다지기
• 진로에 대한 정보를 알 수 있는 방법 찾아보기	• 주니어 커리어넷 접속하기 • 주니어 커리어넷으로 진로정보 탐색하기 • 나의 관심직업 찾아보기	• 직업 알아맞히기 퀴즈

진로에 대한 정보를 알 수 있는 방법 찾아보기

■ 진로나 직업에 대한 정보를 알아보기 위해 할 수 있는 다양한 방법을 생각해본다.
• 진로사이트, 부모님이나 주위 사람들에게 물어보기, 진로 관련 책, 직업인 인터뷰 등

 1. 주니어 커리어넷 접속하기

■ 주니어 커리어넷에 접속하는 방법을 알아본다(http://www.career.go.kr/jr/).
• 커리어넷 접속 → 초등학생 → 주니어 커리어넷 순서로 이동하여 접속하기
• 구성을 함께 살펴본다(나를 알아보아요, 진로정보를 찾아봐요, 진로고민이 있어요).

 2. 주니어 커리어넷으로 진로정보 탐색하기(활동지)

■ 주니어 직업정보를 활용하여 여러 가지 직업을 살펴본다.
• 주니어 커리어넷 → 직업정보 → 주니어 직업정보 접속하기
• 새롭게 알게 된 직업을 10개 정도 적어본다.

■ 미래 직업정보 탐색하기
• 주니어 커리어넷 → 진로정보 → 미래 사회의 직업 접속하기
• 미래에는 어떤 직업이 주목을 받게 될지 탐색해본다.
• 관심 있는 분야를 클릭하여 관련된 미래직업을 찾아 적어본다.

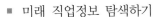 3. 나의 관심 직업 알아보기

■ 내가 관심 있는 직업을 알아본다.
• 주니어 커리어넷 → 직업정보 → 주니어 직업정보 접속하기
• 관심 있는 직업 2개를 검색하여 보고, 그 결과를 정리한다.

 직업 알아맞히기 퀴즈

■ 주니어 직업정보 검색을 활용하여 직업명 알아맞히기 퀴즈를 한다.
• 교사 또는 학생이 직업의 하는 일을 알려주고 검색을 통하여 직업이름을 빨리 알아맞히도록 한다.

잠깐! **커리어넷과 주니어 커리어넷**

커리어넷은 한국직업능력개발원에서 운영하고, 대한민국 교육부에서 지원하는 진로진학 정보 홈페이지이다. 직업 정보, 학과정보 등 다양한 진로, 진학 정보 및 자료를 제공하고 있다.

주니어 커리어넷은 초등학생들을 위한 맞춤형 진로정보망이다. 자기 자신을 이해할 수 있도록 돕고 진로탐색까지 가능한 홈페이지이다. 초등학생 대상 온라인 진로 서비스 제공, 초등학생 맞춤형 진로 활동을 지원한다. 커리어넷에서 제공하는 다양한 앱 기능도 활용할 수 있다.

출처: 교육부. 2020.

 2차시

 진로활동 **주니어 커리어넷을 활용한 진로탐색 II** 📶 5~6학년

수업의 흐름

🪣 열기	🪣 펼치기	🪣 다지기
• 동영상 시청하기	• 미래 사회의 직업 알아보기 • 관심 있는 직업동영상 찾아보기 • 나를 알아보아요/고학년 흥미탐색검사	• 진로탐색활동 소감 나누기

 동영상 시청하기

■ 지식채널e 꿈꾸는 행동가들

(https://www.youtube.com/watch?v=WGYFMCDx7FM(5분)

■ 동영상을 시청하며 인상적인 부분이나 소감을 서로 이야기한다.

1. 미래 사회의 직업 알아보기(활동지)

■ 다가오는 미래 사회 직업 세계의 변화를 살펴보며 정리한다.
• 주니어 커리어넷 → 직업정보 → 미래사회의 직업 접속하기
① 직업 세계 이해하기
② 우리나라 일자리 변화 살펴보기
③ 미래변화 예상하기
④ 미래 직업 세계 준비
• 변화하는 미래사회에 대비하기 위한 7가지 능력을 알아본다.

  공감, 사회적 민감성, 창의성, 스토리텔링, 유머, 관계 맺기, 지도력

• 나는 7가지 능력 중 어떤 능력을 가지고 있다고 생각하는지 찾아서 적어 본다.

 2. 관심 있는 직업 동영상 찾아보기(활동지)

■ 주니어 커리어넷 → 직업정보 → 주니어 진로동영상 → E-진로채널 접속하기
■ 직업소개 동영상 중 관심 있는 직업을 5개 정도 골라 시청하고 정리한다.
• 개인용 헤드셋을 준비한다(컴퓨터실에서 할 경우).
• E-진로채널에는 176개 정도 직업 관련 동영상이 탑재되어 있다. 재생시간이 대부분 5분 이내여서 수업시간에 활용하기 좋다.

 3. 나를 알아보아요-고학년 흥미탐색검사

■ 주니어 커리어넷 → 흥미탐색 → 고학년 진로흥미탐색 접속하기(5-6학년용)
• 검사시간은 15분 정도이나 시간제한은 없음. 총 문항수는 48문항이다.
• 회원가입을 하게 되면 검사 결과가 저장이 되어 추후에 검사결과를 비교할 수 있어서 좋다.
• 검사를 실시하고 자신의 흥미유형 결과를 잘 살펴본다.
※ 저학년의 경우 '저학년 진로흥미탐색'을 활용하여 검사할 수 있다.

진로탐색활동 소감 나누기

■ 주니어 커리어넷을 활용한 다양한 진로탐색활동에 대하여 소감을 나누어본다.
• 가장 유익하고 재미있었던 활동은 무엇이었는지 이야기를 나누어본다.
• 새롭게 알게 된 진로정보나 직업은 무엇이었는지 발표해본다.

 잠깐! 진로흥미탐색 검사에 대하여

흥미란, 어떤 종류의 활동에 대해서 지속적인 관심을 두고 좋아하는 것을 말한다.
진로흥미탐색 검사는 특정 활동이나 대상에 대해 얼마나 흥미를 느끼고 있는지를 알려
주며, 이를 바탕으로 장래에 자신에게 알맞은 직업을 탐색하는 데 도움을 얻을 수 있다.
진로흥미탐색 검사는 저학년용과 고학년용으로 나뉘어 있다.
홀랜드(Holland) 이론을 바탕으로 흥미를 6가지로 분류하고, 각 유형별 특징과 추천
직업을 제시하고 있다. 검사 결과는 학생 개인이 자기이해의 자료로 사용할 수 있고,
담임교사 및 진로교사의 학교 진로교육, 상담이나 각종 청소년기관의 교육 및 상담 자
료로 활용될 수 있다

이렇게도 할 수 있어요 서울진로진학정보센터를 활용한 진로탐색

1. 서울진로진학정보센터 소개
• 서울특별시교육청이 운영하고 있는 온라인 진로사이트이다.
 (https://www.jinhak.or.kr)
• 커리어넷과 비교하여보면 초등학생보다는 중, 고등학생 특히 대입을
 준비하는 학생들에게 도움이 되는 많은 진로·진학 정보를 제공하고
 있다.
  – 자기이해와 진로설계를 위한 다양한 무료 진로검사 제공
  – 진로 진학 전문가의 온라인 및 센터방문 진로·진학 상담
  – 직업 세계에서 대입까지 신뢰도 높은 진로·진학 정보 제공

2. 초등학생이 무료로 이용할 수 있는 진로종합검사
• 대부분 학교에서는 학년 초에 학년을 대상으로 진로검사를 하는 경우가 많이 있다.
  – 서울진로진학정보센터의 진로종합검사를 활용하면 4가지 검사를 무료로 받을 수
   있고 '종합적성평가 결과 및 추천진로 계획'까지 다운받아 볼 수 있다.
  – 가장 큰 장점은 자신의 검사기록이 홈페이지에 저장되어 있어서 몇 년간의 검사
   결과를 비교 분석하여 좀 더 정확한 자신에 대한 객관적인 정보를 얻을 수 있다.

- 무료 진로종합검사 안내: 5~6학년 정도면 충분히 이용할 수 있다.

  - 회원가입하기
  - 성격유형, 다중지능, 직업흥미, 직업가치관 검사 등 4가지 검사 결과를 종합 분석하여 각 유형별 공통된 관심 직업군을 찾아주고 그와 관련된 진로 정보를 제공해주는 검사시스템이다.
  - 검사 하나에 걸리는 시간은 보통 20분 이내이다. 4가지 검사를 한꺼번에 하지 않고 나누어서 해도 된다.
  - 학교에서 하기에는 시간이 오래 걸리므로 검사에 대한 안내를 한 후 집에서 하도록 하면 좋다. 결과는 출력하여 진로상담 자료로 활용한다.

  ※ 유의사항:
  진로검사는 자신을 이해하기 위한 많은 방법 중의 한 가지이다. 초등학생 및 청소년은 진로발달과정에서 개인의 특성이 계속 변화할 가능성이 높으므로 검사 결과를 단정적으로 해석하지 않고, 참고자료로 활용하는 것이 좋다.

3. 진로정보 탐색하기
- 홈페이지 → 메뉴 → 진로정보 → 진로정보 동영상 접속
- 직업에 관련된 자세한 정보를 동영상을 통하여 전문가가 체계적이고 쉽게 알려준다.
- 원하는 직업 카테고리에서 원하는 아이콘을 클릭 후 직업 관련 동영상을 시청한다.

학습 목표

우리 주변의 물건의 기능을 개선할 수 있다.

수업의 의도

창의성은 연결이다.[7] 생각과 생각이 만났을 때 혼자만의 생각보다 더 큰 시너지 효과를 얻게 된다. 창의적인 연결을 하기 위해서는 그만큼 많은 지식과 경험을 쌓아야 한다. 그냥 쌓아두는 것이 아니라 이해한 후에 저장된 지식과 경험만이 연결을 위한 자산이 될 수 있다. 사람과 사람, 사람과 물건, 물건과 물건의 연결로 확장하여 자신이 모르거나 부족한 지식과 정보를 연결하는 능력 또한 중요하다. 미래사회에서는, 협력적 프로젝트처럼 개인의 전문성을 연결하는 것이 더욱 중요하게 될 것이다.

수업의 흐름

 열기
- 발명기법 알아맞히기
- 발명의 원리 알기

 펼치기
- 학교나 교실 안의 물건 중 성능이나 모양을 개선하고 싶은 것 찾아보기
- 아이디어 회의
- 아이디어 구현하기

 다지기
- 발표하기
- 발명과 생활 개선에 대해 알기

 퀴즈로 학습 흥미 키우기

■ 발명기법 알아맞히고 원리 알기

(기법 예시)
더하기, 빼기, 바꾸기(크기, 모양, 용도), 반대로 생각하기, 재료 바꾸기, 아이디어 빌리기

휴대폰 더하기기법	블루투스 이어폰 크기 바꾸기	구부러지는 빨대 모양 바꾸기	바닥신호등 반대로 생각하기	낙하산 아이디어 빌리기

아이디어 하브루타

■ 교실 안 물건을 개선해본다.
• 4인이 한 모둠이 되어 4절 크기 종이에 브레인라이팅으로 확산적사고를 한다.
• 짝과 함께 하브루타 하며 아이디어 구상을 한다.
예 교실 사물함의 기능 개선, 책상과 의자 기능 개선, 코로나 전염을 막는 손잡이, 신발장, 특별실의 사물 기능 개선 등

■ 발표를 한다.

 모두가 참여하는 브레인라이팅 방법

모둠회의 때에는 가급적 모든 사람들이 참여하는 것을 원칙으로 한다. 모둠원의 참여 여부를 알 수 있는 방법은 각자 다른 색 필기도구를 활용하는 것이다. 4절 크기 정도의 종이 가운데에 주제를 쓰고, 각자의 영역을 4등분 하여 정한다. 색이 다른 필기도구(사인펜)를 들고 원으로부터 방사선으로 선을 긋고 자신의 생각을 쓴다. 선과 글씨의 색으로 누구의 아이디어인지, 어느 정도 참여했는지 한눈에 알 수 있다.

 쉬우르

연결성은 인적자원의 연결뿐만 아니라 물건과 물건의 연결, 사람과 물건의 연결에 모두 해당된다. 발명 아이디어도 기존에 나와 있는 아이디어를 연결성을 이용하여 개선하는 것이다. 각자가 가지고 있는 역량이 협력에 의해 모아질 때 혼자서는 할 수 없는 일들이 이루어짐을 깨닫게 된다.

활동지

 잠깐! 창의성과 전문성

본래부터 창의성이 뛰어난 사람들이 있을까? 창의성은 엉뚱한 사람만이 갖는 돌발적이고 독특한 생각의 발현일까? 구본권은 「공부의 미래」에서 다음과 같이 언급했다. '스티브 잡스'는 창의성의 본질을 우리가 경험한 것들을 어떻게 연결하느냐에 달려 있다고 했다. 뉴턴이 사과가 떨어지는 것을 보고 만유인력의 법칙을 발견했을 때, 이미 그의 뇌 속에는 전문적인 이론과 실험 결과들이 차곡차곡 쌓여 있었다는 것이다. 그런 의미에서 수많은 점이 연결될 수 있도록 학습과 경험을 쌓아야 한다. 하브루타와 같은 토의와 토론으로 정교해진 연결점들로 진로를 위한 전문성은 점점 더 견고해질 것이다.

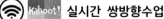
 퀴즈로 학습 흥미 키우기

• 「카훗」을 이용하여 발명기법 알아맞히기
- 카훗 앱(kahoot.com)으로 퀴즈 만들어 참여하기

문제 만들기	(문제2)아이디어 빌리기	(문제5)더하기기법

• 카훗은 간단한 객관식 문제를 음향효과로 즐겁게 참여할 수 있는 퀴즈앱이다.

 아이디어 하브루타

• 줌의 소회의실 기능을 이용하여 아이디어 회의를 한다.
  - 이 때 팀장과 서기를 정하여 회의를 진행하고 내용을 기록하여 발표하도록 한다.
• 그림을 잘 그리는 사람이 카메라에 그림을 보여 주면서 함께 결과물을 만들 수 있다.

 실시간 쌍방향수업 시 출석 확인 📶

실시간 쌍방향수업을 하면서 반 아이들의 출석을 쉽게 확인하는 방법을 소개한다. 교사가 질문을 올리면, 아이들은 채팅창에 답을 쓴다. 채팅창을 확인하면 어떤 아이가 언제 들어왔는지 자료로 남는다. 질문으로는, '내가 하고 싶은 일', '내가 좋아하는 일', '내가 원하는 직업', '나의 강점' 등 진로와 관계있는 질문을 올리고 가벼운 마음으로 답을 쓰도록 한다.

발표하기와 쉬우르

- 발표할 때 교사는 갤러리보기에서 발표자나 모둠원들을 '추천비디오 보기'로 크게 보여줄 수 있다.
- 결과물은 카메라에 비추어 친구들에게 보여 주고, 사진 자료로 제출하도록 한다.
- 교사는 연결성에 대해 안내하고 개인의 역량은 인적, 물적 자원의 연결에 의해 더 큰 효과가 나타날 수 있음을 알려 준다.

그림책 **새롭게 만들어가는 이야기**　　　　　　　　3~6학년

그림책 새롭게 만들어가는 이야기

3~6학년

학습 목표

각자의 이야기를 연결하여 새로운 이야기를 만들 수 있다.

수업의 의도

일상생활에서 문제가 생겼을 때 어떻게 해결하는가는 다른 시각, 다른 관점으로 바라보았을 때 오히려 쉽게 해결될 수 있다. 경험과 서로 다른 생각의 연결은 더 큰 시너지 효과를 낼 뿐만 아니라 새로운 결과물을 만들어낸다. 단순한 자료를 가지고 각자가 만들어 낸 이야기의 흐름에 맞게 이어질 이야기를 상상하고 연결지어 공동으로 이야기 쓰기를 할 수 있도록 한다.

다림질을 하다 잠깐 딴 생각을 하는 사이에 생긴 커다란 다리미 자국을 바라보며 걱정하는 마음에 이런저런 방법을 찾는 이야기이다. 간결하고 단순하지만 다리미 모양 그대로의 얼룩으로 다양한 그림이 상상력을 자극한다.

『문제가 생겼어요』 (2010). 이보나 흐미엘레프스카. 논장.

수업의 흐름

 열기

- 그림을 보고 무엇인지 상상하여 말하기

 펼치기

- 표지 그림을 연결하여 상상하여 그리기
- 『문제가 생겼어요』 이야기 읽기
- 이야기 만들기

 다지기

- 우리 모둠 이야기 발표하기

 그림을 보고 무엇인지 상상하여 말하기

■ 다리미 자국을 보고 무엇을 그린 것인지 상상한다.
- 이것은 무엇을 나타낸 그림일까요?
- 그림을 보고 떠오르는 것이 무엇인지 발표해 봅시다.

1. 표지 그림을 연결하여 상상하여 그리기

- 도입 단계에 다리미 자국을 인쇄하여 아이들에게 나누어준다.
- 다리미 자국을 연결하여 상상을 더하여 간단하게 그린다.
  - 주어진 그림에 생각나는 대로 그림을 그린다.
  - 그림에 덧그리거나 색깔을 넣어 상상한 대로 간단하게 나타낸다.
  - 제시된 그림에 상상을 더하여 직관적으로 그릴 수 있도록 그리는 시간을 많이 주지 않는 것이 좋다.

 연결 그림 그리기

- 연상과 비유가 연결되어 상상력을 이끌어가는 활동으로 도입 단계에서 아이들에게 다리미 자국을 인쇄하여 준다.
- 다리미 자국을 연결지어 창의적인 표현을 하도록 이끈다.
- 제시된 그림에 상상을 더하여 직관적으로 그릴 수 있도록 시간은 길지 않게 3분 내외가 적당하다.

 ## 2. 『문제가 생겼어요』 이야기 읽기

- 다른 사람을 위해 도와주려고 한 일이 잘못된 결과로 나타났던 나의 경험 말하기
  - 다른 사람을 도와주려다가 오히려 피해를 준 경험이 있나요?
- 책 제목과 앞표지를 보고 내용을 예상하여 발표한다.
- 교사가 들려주는 이야기를 듣고 내용의 흐름을 안다.
- 나의 상상과 비교하며 이야기를 듣는다.
  - 어떤 문제가 생겼을까요?
  - 문제를 어떻게 해결하면 좋을까요?
  - 나라면 이 상황을 어떻게 대처했을까요?
  - 다리미 자국을 보고 엄마는 어떤 반응을 보였을까요?

3. 이야기 만들기

- 도입 단계에서 그렸던 그림을 보충한 후, 어떤 이야기로 구성할 것인지 생각한다.
- 각자 그린 그림을 모둠원에게 설명한다.
- 그림 순서를 정하고 쪽 번호를 매긴다.
- 그림 순서대로 이야기 흐름을 만들어 글을 쓴다.
- 이야기의 흐름이 자연스러운지, 이야기 앞부분과 연결이 되는지 살펴본다.
- 어색한 부분이나 흐름이 맞지 않은 부분은 고쳐 쓴다.
  - 앞, 뒤 이야기를 어떻게 연결하면 좋을까요?
  - 새로 만든 이야기의 주제와 내용은 무엇인가요?

 이야기 만들기

- 대상이 저학년인 경우 각자의 이야기를 완성하는 것으로 마무리하고, 중학년 이상은 서로의 생각과 아이디어를 모은 모둠별 이야기를 책으로 만들어도 좋다.
- 그림 그리기에 집중하는 것보다 이야기를 자연스럽게 연결할 수 있도록 안내한다.

 ## 우리 모둠 이야기 발표하기

- 모둠에서 만든 이야기를 친구들 앞에서 발표한다.
- 이야기를 경청하며 듣고 잘된 점을 찾아 칭찬해 주도록 한다.
- 만든 작품을 게시하여 수업 후에도 돌려볼 수 있도록 한다.

 잠깐! **강제 결합법으로 함께 이야기 만들기**

강제 결합법이란, 서로 관계가 없어 보이는 사물이나 아이디어를 강제로 결합시켜 봄으로써 새로운 아이디어를 생성하는 것을 말한다. 강제 결합법으로 함께 이야기를 만드는 과정은 다음과 같다.
- 모둠 내 맡은 역할 정하기
- 표지 구상 및 제목 정하기
- 이야기 구성하기
- 색칠, 배경 꾸미기 등 그림 보충하기
- 모둠 작품 발표하고 느낀 점 말하기

미래사회가 요구하는 창의적 인재란 어떤 사람일까?

미래사회는 자기주도학습 능력과 잠재력을 가진 창의적 인재를 요구하고 있습니다. 창의적 인재가 되려면 주입식교육과 의존적인 학습이 아니라 학생 스스로 문제를 찾아 탐구하고 해결해 나가는 자기주도학습 능력을 갖추어야 합니다. 이러한 자기주도적인 태도는 자신의 삶을 주체적으로 이끌어가는 힘이 됩니다.

요즘 코로나19로 대다수 부모님은 자녀의 학습지원에 많은 부담을 느끼고 있습니다. 특히 '학습결손과 기초학력 하락', '낮은 자기주도학습 능력과 태도'에 대한 걱정이 많다고 합니다. 아이들도 역시 '해야 할 공부'에 대한 부담감을 가지고 있습니다.

수업 시간에 코로나19로 인한 어려움에 관하여 이야기를 나누어보았습니다. 아이들은 공부에 대한 어려움, 친구와 만나지 못한 불만, 나가서 놀지 못하는 것, 체중 증가, 부모님과의 관계 악화 등 다양한 불만을 쏟아놓았습니다.

그럼에도 불구하고 "코로나19의 긍정적인 면은 무엇인가요?"라고 다시 질문을 하였습니다. 아이들은 '시간적으로 여유가 있다, 부모님과 대화시간이 많아졌다, 학교의 중요성을 알게 되었다. 공부 시간이 더 늘어났다, 나만의 취미생활을 할 수 있어 좋다. 자연의 소중함을 알게 되었다' 등 생각보다 다양한 답이 나왔습니다. 특히 자기주도학습 습관이 배어있는 아이들은 지금의 상황이 스스로 시간 조절을 할 수 있어서 편하게 느껴진다고 이야기하였습니다.

자기주도학습이란 '학습자가 주체가 되어 학습 과정을 스스로 이끌어가는 학습활동'을 의미합니다. 자기주도학습의 적정 시기는 아이마다 조금씩 차이는 있지만 10~16세라고 합니다. 고등학교 시기는 이미 나름대로 익숙한 공부 방법이 있어서 새로운 방법으로 바꾸기는 쉽지 않습니다. 효율성으로 따지더라도 초등학교 고학년 때 자기주도학습에 대하여 배우고 연습한 아이가 훨씬 유리하겠지요.

축구를 잘하려면 규칙(rule)을 알아야 하듯, 공부에도 공부 전략이 필요합니다. 자기주도학습은 '동기, 인지, 행동'의 세 가지 영역이 상호작용하여 통합적으로 이루어집니다. 동기는 공부를 하고자 하는 마음가짐입니다. 인지는 학습한 것을 이해하고 효과적으로 기억, 활용하는 방법을 아는 것입니다. 행동은 학생이 공부를 성공적으로 이끌기 위해 가장 적합한 학습 환경을 조성하고 실천하는 것을 의미합니다.

우리가 흔히 자기주도학습에 대하여 오해하고 있는 부분 몇 가지를 살펴보겠습니다.

자기주도학습은 타인의 도움 없이 혼자 하는 것이다. (No)

학생 스스로의 노력뿐만이 아니라 교사와 학부모의 적극적인 도움과 지지를 기반으로 잠재능력을 발휘하게 됩니다.

교사의 직접적 개입은 필요 없다. (No)

교사는 단순히 교과 지식만을 전달하는 것이 아니라 과목별 특성에 맞는 공부 방법과 지침을 개발하여 학생들에게 시범을 보이고 학생들이 잘 활용할 수 있도록 도움을 주어야 합니다.

한 가지만 잘해도 자기주도학습자가 된다. (Yes)

아이들이 잘하는 한 가지를 계속 발전시키다 보면 성취를 이루게 되어 자신감이 향상되고 다른 일도 잘하게 됩니다. 자기주도학습자의 길은 작은 성공 경험에서부터 시작됩니다.

몇 년 전 서울시교육청의 지원을 받아 5학년 학생들에게 1년 동안 자기주도학습을 실제로 적용하고 지도해 보았습니다. 플래너도 제작하여 꾸준히 적고 실천하여 보고, 복습 공책도 1년 동안 쓰도록 지도해 보았습니다. 아이들의 공부습관이 달라진 것은 물론이고, 학기말에 학부모 설문을 받아본 결과 아이가 공부하는 습관이 생겨서 좋다는 내용과 집에서 공부를 별로 하지 않는 것 같은데 학업성취도가 높은 것은 복습 공책 덕분인 것 같다는 피드백을 들을 수 있었습니다.

모든 아이는 자신의 능력을 신장시킬 수 있는 잠재력을 가지고 있습니다. 이것을 발현시키느냐 아니면 묻어두느냐는 결정이 아니라 자신의 선택입니다.
초등학교부터 꾸준히 자기주도학습능력이 습관화되도록 학부모와 교사의 지원이 필요합니다.

PART
04

꿈을 그리며
도전하는 사람

1. 자기를 이해하고 협력하는 사람	2. 변화하는 세계에 적응하는 사람	3. 탐구하며 공부하는 사람	4. 꿈을 그리며 도전하는 사람	1. 의사결정 2. 도전정신 3. 미래지향

진로목표를 이루기 위해서는 현재의 상황에 안주하지 않고 미래를 준비하는 마음이 중요하다. 장차 진로장벽이나 역경에 부딪혔을 때, 자신의 미래를 낙관적으로 생각하는 힘과 함께 목표를 달성하겠다는 의지를 갖고 지속적으로 노력하는 자세가 필요하다. 초등학생들은 아직 진로장벽과 역경이라는 상황을 이해하기 어려울 것이다. 이는 현재의 일을 제대로 해내려는 태도를 습관화함으로써 길러질 수 있다.

의사결정에서 최선의 방법을 찾는 것, 실패를 두려워하지 않고 도전하는 힘, 현재보다 미래를 낙관적으로 생각하고 희망을 잃지 않는 마음. 이 모든 것들이 꿈을 이룬 사람들의 공통적인 특징이기도 하다.

의사결정

학습 목표

나의 의사결정 유형을 알아보고, 유형의 장단점을 알 수 있다.

수업의 의도

우리는 생활 속에서 물건을 살 때, 진로를 선택할 때 등 어떤 선택을 해야 할 때가 많다. 나의 의사결정 유형을 알아보고, 유형의 장단점을 이해하여 상황에 맞는 결정을 내릴 수 있도록 지도한다.

수업의 흐름

 열기

- 의사결정의 의미 알아보기

 펼치기

- 나의 의사결정 유형 알아보기
- 의사결정 유형의 특징과 장단점 알아보기
- 진로를 선택할 때 적합한 의사결정 방법 알아보기

 다지기

- 이럴 때는 이렇게!
- 소감 나누기

 의사결정의 의미 알아보기

- ■ 최근에 일상생활 속에서 무언가 선택해야 할 상황이 있었는지 생각해보게 한다.
- 어떤 선택을 하고 후회한 경험이 있었나요?
- ■ 의사결정의 의미 알아보기
- 어떤 문제를 해결하기 위해 여러 대안 중 가장 적합한 대안을 선택하는 과정.
- ■ 우리가 무엇인가를 선택하는 방법은 사람에 따라 차이가 있다. 나의 의사결정과 비슷한 친구는 누구인지 찾아본다.

성준	물건을 살 때 여기저기 둘러보면서 어떤 물건이 있는지, 값은 어떤지 살펴보고 최종적으로 마음에 드는 물건을 산다. 물건을 사고 별로 후회한 적이 없다.
미나	물건을 살 때는 여러 군데를 둘러볼 것도 없이 지나가다가 마음에 드는 물건이 있으면 바로 산다.
혜원	물건을 살 때는 같이 간 부모님이나 친구, 가게 주인에게 물어보고 권해주는 것을 산다.

 1. 나의 의사결정 유형 알아보기

- 우리가 무엇인가를 선택하는 방법은 사람에 따라 다소 차이가 있다.
  - 의사결정 유형을 읽어보고 나와 비슷한 의사결정 유형을 찾아본다 (활동지).
  - 나는 어떤 의사결정 유형에 속하는지 생각해 보고 그 이유를 적어본다.

꼼꼼 결정 유형 (합리적 유형)	느낌 결정 유형 (직관적 유형)	도움 결정 유형 (의존적 유형)

(   )유형

- 그 이유는?

 2. 의사결정 유형의 장단점 알아보기

- 의사결정 유형의 장단점에 대하여 알아본다.
  - 자신의 행동양식을 생각해보며 장단점을 살펴본다.

의사결정 유형	특징	장점	단점
꼼꼼 결정 유형 (합리적 유형)	의사결정을 할 때 자신과 상황을 고려하여 가장 이로운 결정을 내리는 유형	• 정보를 구하고 그것을 이용하여 신중하게 결정합니다. • 결과에 책임지려고 노력합니다.	• 적극적으로 정보를 구하고 그 가치를 결정하기 때문에 힘이 들기도 합니다.
도움 결정	의사결정을 할 때 다른 사람들의 영향을 많이	• 사소한 일을 결정할 때 좋은 방법입니다.	• 남의 눈치를 보기 때문에 소신 있는 결정

유형 (의존적 유형)	받아서 다른 사람의 의 견에 따르는 경향이 많 은 유형	• 살아가는 것이 심각하 지 않고 편안합니다.	을 하지 못합니다. • 스스로 한 결정이 아 니므로 남의 탓을 하 기 쉽습니다.
느낌 결정 유형 (직관적 유형)	의사결정을 할 때 자신 과 상황에 대해 조금 감정적으로 처리하는 유 형으로 즉흥적인 감정 을 중요시하는 유형	• 의사결정이 빠릅니다. • 유연하고 융통성있게 처리할 수 있습니다.	• 잘못된 결정을 하거나 실패할 확률이 높습 니다.

 3. 진로를 선택할 때 적합한 의사결정 방법 알아보기

- 직업이나 진로를 선택할 때는 어떤 의사결정 방법이 적합할지 생각해본다.
- 각 유형의 장단점을 비교해보며 생각해보도록 한다.
- 선택한 방법을 발표해본다. 그렇게 생각한 이유는 무엇인지 적어본다.
- 진로 선택은 매우 중요한 일이므로 자신의 의사결정 유형과 다를 수 있다.

직업이나 진로를 선택할
경우 어떻게 하면 좋을까?

그 이유는 무엇인가?

 이럴 때는 이렇게!

- 각각의 상황에 따라 어떤 의사결정이 효율적일지 생각해본다. 여러 사람이 함께
  생각해봐야 하는 협력적 의사결정이 필요할 경우는 어느 것인지 선택해본다.
- 각각의 상황에 대하여 충분히 이야기를 나눌 수 있도록 하여 의사결정 연습을 해 본다.

---

1. 가족끼리 외식 메뉴를 정할 때   2. 학급 체육활동을 정할 때

3. 휴대폰을 구입할 때   4. 도시의 문제를 해결할 때

- 수업 소감을 발표하고 서로 이야기를 나눈다.

잠깐! 사례로 알아보는 의사결정 5단계

- 모둠별로 텃밭 정원 디자인을 위한 협력적 의사결정 단계를 살펴봅시다.
- 각자 수집한 정보를 바탕으로 텃밭 정원 디자인을 해봅시다.
- 의사결정 5단계에 따라 모둠의 텃밭 정원 디자인을 논의하여 결정해 봅시다.

<텃밭 정원 설계 의사결정>

- 1단계: 해결해야 할 문제 확인하기(학교 텃밭 디자인)
- 2단계: 문제해결 방법 탐색하기(토마토 공영식물, 심는 거리, 재배 방법, 심는 방법 등을 조사하여 모둠 내에서 공유하기)
- 3단계: 문제해결 방법 평가기준 만들기(공영식물인가/심는 거리가 적당한가?/ 텃밭 모양이 미적인가?/ 초등학생이 가꾸기 쉬운가? 등)
- 4단계: 기준에 적합한 해결 방법 선택하기(평가 기준에 따라 평가하기, 점수 주고 합계를 내어 텃밭 디자인 결정하기)
- 5단계: 구체적인 실천 계획 세우기(텃밭 디자인을 위해 해야 할 일 등을 알아보고 실천 방법 계획하기)
→ 결정! 텃밭 정원 디자인
- 모둠별로 결정한 텃밭 정원 디자인을 활동지에 모의 배치해 봅시다.

* **공영식물**: 함께 심어서 서로에게 좋은 결과를 가져오는 식물

출처: 서울시교육청 2020 초등 진로교육 중심 교육과정 편성운영 지원 자료, 진로탄력성 역량강화 프로그램(5, 6학년 군).

하브루타 **꿈은 어떻게 이룰 수 있을까?** 5, 6학년

 학습 목표

진로 의사결정을 할 수 있다.

수업의 의도

"네 꿈이 뭐니?"라는 질문은 "네가 진정으로 원하는 일은 무엇이니?"라는 의미일 것이다. 사실 아이들은 이런 질문을 별로 좋아하지 않는다. "꿈은 그냥 꿈이지."라든가 "그런 거 생각해 본 적 없어요."라는 대답이 바로 나오는 것이 그 이유이다. 책을 활용하여 하는 학습의 장점은 '만약에 나라면?' 이런 질문에 대해 좀 더 객관적으로 생각할 수 있다는 것이다. 한 학기 한 권의 교재로 이 책을 읽으면서 "만약에 여러분이 이 책의 주인공인 청소부하면 어떤 선택을 할 것인가?"라는 질문을 던져본다.

참고도서: 행복한 청소부(2000). 모니카 페트 지음, 안토니 보라틴스키 그림, 김경연 옮김. 풀빛.

수업의 흐름

🫘 **열기**	🫘 **펼치기**	🌱 **다지기**
• 퀴즈로 책 내용 확인하기	• '만약 내가 청소부라면 어떤 선택을 할까?' 하브루타로 의견 내기 • 청소부의 삶에 대한 나의 생각 말하기	• 진로가치관에 대해 알기

 내용 확인하기 퀴즈

- 책 내용 알기 미니 골든 벨을 한다.
- 각자 책 내용에 대한 퀴즈를 한 개 이상 낸다.
- 돌아가며 문제를 내는데, 앞서 친구들이 낸 문제와 같거나 비슷한 것이 있으면 표시한다.
- 출제자가 문제를 읽으면 답을 쓴다.

의사결정에 대한 상상 하브루타

- 네 군데 대학에서 강연 요청이 왔을 때, 만약 내가 청소부라면 어떤 선택을 할까?
  - ① 교수 ② 청소부 중 하나를 선택한 후 이유 쓰기
  - 짝 하브루타로 왜 그런 선택을 하는지 생각 나누기
- 주인공 청소부의 삶에 대한 나의 생각 말하기
- 진로에 대한 의사결정을 할 때 생각해야 할 점들은 무엇인지 찾아보기

 쉬우르

진로 목표를 세울 때 중요한 것은 무엇일까? 직업이라면, 그 직업을 가지게 된 다음에는 어떻게 할 것인가? 진로 목표에는 가치가 덧붙여져야 한다. 예를 들면, '의사'가 목표라면 그냥 의사가 아니라 '인술을 베푸는 의사', 교사가 목표라면 '학생을 이해하고 사랑하는 교사'와 같은 가치관이 포함된 목표를 세워야 한다. 이 세상에 있는 일과 직업은 모두 소중하며 이로 인해 우리 사회가 잘 유지되고 있음을 알려 준다.

 잠깐! R=VD(Realization Vivid Dream)

생생하게 꿈꾸면 이루어진다.
나의 꿈을 이루기 위해서는 보다 선명하게 꿈꾸도록 해야 한다. 자신의 진로를 자주 말하거나 글로 쓴다. 사진을 붙여 놓고 꿈과 관련된 동영상을 보거나 장소를 찾아가 보는 것이 그 방법이다. 진로 하브루타를 하는 것은 가장 쉽게 선명한 꿈을 꾸는 방법 일지도 모른다. 왜냐하면 말하고 질문을 주고받다 보면 생생하게 기억에 남고, 질문에 대한 답을 찾는 과정에서 구체적인 실현 방안을 떠올릴 수 있기 때문이다.

그림책 **내가 만약 블랑께뜨라면 어떻게 할까?** 5~6학년

 학습 목표

일상생활에서 의사결정이 필요한 상황을 알고 스스로 결정할 수 있다.

수업의 의도

살아가면서 무언가를 선택해야 하는 경우는 수없이 많다. 자신이 가지고자 하는 꿈과 현실 사이에서 자신의 선택에 책임을 진다는 것은 매우 중요하다. 이 수업을 통해 일상생활에서 의사결정의 중요함을 알고, 삶의 소중한 가치에 대해 생각해 보고자 한다.

 〈스갱 아저씨의 염소〉는 선택과 책임에 대해 질문을 던지는 그림책이다. 스갱 아저씨네 염소들은 밧줄을 끊고 한결같이 산으로 가고 싶어 한다. 새끼 염소 블랑께뜨도 마찬가지다. 자신의 선택에 책임을 진다는 건 무엇인지 선택의 기준이 되는 소중한 가치에 대해 생각해보고 대화할 수 있는 감동적인 책이다.

『스갱 아저씨의 염소』 (2013). 알퐁스 도데 저. 에릭 바튀 그림. 강희진 역. 파랑새 어린이.

수업의 흐름

열기	펼치기	다지기
• 삶의 경험과 연결하기	• 이야기 듣고 내용 파악하기 • 선택의 이유에 대한 의견 나누기 • 자신의 가치에 따른 선택의 이유와 기준 말하기	• 수업 소감 나누기

 삶의 경험과 연결하기

■ 제시되는 사진을 보고 어느 것을 선택할지 이유를 들어 짝과 이야기한다.

• 짜장과 짬뽕 중 어느 것을 선택할 지 선택의 이유 말하기

■ 생활 속에서 선택으로 인해 갈등했던 경험을 찾아 발표한다.

• 여러분이 최근에 무언가 선택해야 할 상황이 있었나요?

- 그 선택을 하고 난 후 후회한 적은 있었나요? 그 이유는 무엇인가요?

 ## 1. 이야기 듣고 내용 파악하기

- 들려주는 이야기를 잘 듣고 내용 파악을 위한 질문을 주고 받는다.
- 스갱아저씨네 염소들은 왜 모두 산으로 갔을까요?
- 블랑께뜨가 답답해하는 이유는 무엇일까요?

 ## 2. 선택의 이유에 대한 의견 나누기

- 선택의 이유에 대한 의견 나누기
- 모둠 안에서 각자 자신의 의견을 붙임쪽지에 쓴 뒤에 돌아가며 말한다.

블랑께뜨가 산으로 가야 하는 이유	집에 남아야 하는 이유

- 각각의 이유에 대한 모둠별 의견을 모은다.
- 모둠의 이끔이가 모둠에서 결정된 의견을 발표한다.
- 전체 의견 모으기
- 다른 모둠의 의견을 잘 들으면서 우리 모둠에서 나오지 않은 내용을 보충한다.
- 다른 모둠의 이야기를 들은 후 모둠 최종 의견을 결정하여 발표한다.
- 모둠원 각자의 의견을 조율하면서 모둠 의견을 결정한다.
- 모둠별 토론 내용을 요약하여 발표한다.
- 발표 내용을 통해 전체의 생각을 공유한다.

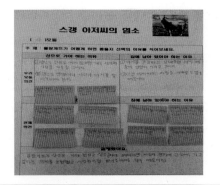
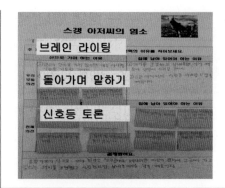

우리 모둠의 의견	전체 의견
■ 산으로 가야 하는 이유 • 염소가 산으로 가지 않으면 먹이를 먹지 않게 되어 병들어 갈 것이다. • 염소도 살아있는 생명체이니 염소의 의지도 존중해 주어야 한다. • 산에 가면 맛있는 풀들도 있고, 지금 있는 곳은 우리 안이라서 답답하기 때문이다 ■ 집에 남아 있어야 하는 이유 • 자유도 중요하지만 안전한 삶도 중요하다. • 스갱아저씨의 정성과 사랑을 저버릴 수 없기 때문이다. • 나가면 늑대에게 잡아먹히는 것이 뻔한데 이해할 수 없다.	■ 산으로 가야 하는 이유 • 우리에서 갇혀 사느니 산으로 가서 자유를 누리며 하고 싶은 것을 하며 산다. • 블랑께뜨도 자신의 자유를 누릴 권리가 있기 때문에 산으로 가는 것이 좋다. • 집에 계속 있으면 마음의 병이 생길 것이다. ■ 집에 남아 있어야 하는 이유 • 주인의 돌봄을 받으며 편안하고 건강하게 지내기 위해서는 집에 남아 있어야 한다. • 위험한 산에서 불안하게 사느니 먹을 것도 많고 안전한 집에서 사는 것이 더 좋다고 생각한다. • 스갱아저씨가 많이 슬플 것이다.

 3. 자신의 가치에 따른 선택의 이유와 기준 말하기

- (늑대와 마주한 장면을 읽고) 블랑께뜨가 어떤 상황에 처해 있는지 등장인물이 처한 상황을 파악한다.

- 내가 만약 블랑께뜨라면 어떤 선택을 할지 생각하여 선택의 기준이 되는 가치를 근거로 보드에 적는다.

- 자신의 선택에 대한 의견과 그 까닭을 짝과 이야기한다.

집으로 돌아간다.	산에 남는다.

 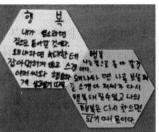 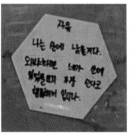

 내가 소중히 여기는 것은 즐거움이기 때문에 산에 남아 있을 거야. 자유롭고 즐겁게 사는 것이 중요하다고 생각해

 난 보람이야. 스갱 아저씨와의 약속도 있고 집으로 돌아갈 때, 누군가를 기쁘게 해주기 때문이야.

- 짝 토론 후의 전체의 생각을 공유한다.
  - 선택한 가치가 궁금한 친구에게 보충 의견을 듣는다.
  - 토론 중 기억에 남는 의견에 대해 발표한다.
- 이어서 들려주는 이야기(늑대와 싸우는 장면 이후)를 잘 듣고 자신이 예상하는 내용과 비교해 본다.
  - 작가가 내린 결론은 무엇이었을까요?

 수업 소감 나누기

- 작가가 우리에게 말하고자 하는 의도는 무엇일까요?
- 책에 대한 느낌, 알게 된 점, 생각이 변화된 점 등 수업 소감을 말한다.

수업 이야기 블랑께뜨의 선택에 대하여

 블랑께뜨가 스갱아저씨네 집에 돌아갔다면, 안전하게 잘 살 수 있었을 텐데. 안타까운 생각이 들었다.

 나는 블랑께뜨의 마음이 이해된다. 얼마나 자유를 원했으면 늑대에게 잡아먹히는 것을 선택했을까? 블랑께뜨의 용기가 대단하다.

 블랑께뜨가 참 어리석게 느껴진다. 집으로 돌아가도 다시 나올 수 있는 기회가 생기기 때문이다. 또, 조금 더 힘을 키우면 늑대와 싸울 수 있을 것이다.

 자유와 행복을 느끼기 위해 죽음을 선택했다는 것이 대단하다는 생각이 들면서도 이해가 잘 안간다. 죽음보다 자유가 더 소중할까?

 자유를 원하는 블랑께뜨의 마음이 이해된다. 나도 나오지 못하고 집에서만 지낸다면 탈출을 시도할 것 같다.

이런 책도 있어요

- 100만번 산 고양이(2002). 사노 요코 저. 비룡소.
- 행복한 청소부(2000). 모니카 페트 저. 안토니 보라틴스키 그림. 김경연 역. 풀빛.
- 이럴 때 너라면(2014). 고미 타로 글·그림. 김소연 역. 천개의바람.
- 펑아저씨(2019). 김미소진 글 그림. 계수나무.

2 도전정신

 진로활동 1. K-POP으로 세계 정상에 우뚝 선 BTS   5~6학년

학습 목표

BTS의 이야기를 통하여 나를 사랑하고 소중히 여기며 성장할 수 있도록 노력하는 마음이 중요함을 알 수 있다.

수업의 의도

K-POP으로 세계적인 영향력을 발휘하고 있는 BTS에 대한 수업이다. 아이들이 관심도가 높은 연예인에 대하여 이야기함으로써 수업에 대한 호기심과 참여도를 높였다. 연예인으로 성공하기 위하여 많은 장벽과 어려움을 이겨내고 꾸준히 노력하는 BTS의 꿈과 도전정신을 살펴본다. 더불어 자신에 대한 이해와 소중히 여기는 마음이 중요함을 함께 생각해보는 수업이다.

수업의 흐름

 열기
- BTS에 대하여 알아보기
- 다른 K-pop그룹과의 차별성 알아보기

 펼치기
- UN연설 동영상과 내용 살펴보기
- 'Love myself'의 가사말을 살펴보면서 불러보기

 다지기
- 소감 이야기하기

 BTS에 대하여 알아봐요

- BTS(방탄소년단)에 대하여 알아보기
- 학습주제를 소개하기 전에 방탄소년단에 대한 키워드를 제시하고 질문한다.

> K-pop그룹, 아이돌 가수, 7인조 보이그룹, 2013년 데뷔, ARMY, 빌보드차트 1위, UN연설

- 이것은 누구에 대한 설명일까?

- BTS의 활동과 다른 K-pop그룹과의 차별성을 살펴본다.
- 많은 아이돌 가수들이 사라지고 잊혀지는 이유는 무엇일지 생각해보게 한다.

■ 어떻게 BTS는 세계적으로 영향력을 미치는 유명한 아이돌 그룹이 되었는지 알아본다.
- 세계시장에서 통할 수 있는 실력(노래, 춤, 외모 등).
- 자신의 꿈을 대하는 진실한 자세, 미래를 위한 지속적인 공부.
- 온라인에서의 팬들과의 적극적 소통: 자신들의 일상을 공유, 같은 시대를 살아가는 사람으로서 친밀감을 느끼고 정서적인 연대감을 가지게 함.
- 자신들이 겪었던 좌절과 고민을 그대로 이야기로 담아 음악으로 전달하여 공감대를 형성함.

 ## 1. UN에서 연설하는 BTS

■ UN 연설 동영상과 내용 살펴보기: Unicef Generation unlimited Speech by BTS
- https://www.youtube.com/watch?v=8VWSIoQfFWk

■ BTS가 UN에서 연설을 하게 된 이유는 무엇인가?
- 방탄소년단은 그들의 앨범 'Love Yourself' 판매 수익금 중에서 5억을 유니세프에 기부하였고, 세계 어린이 폭력 근절을 위한 'Love Yourself' 캠페인을 하기도 했다. 이런 이유로 방탄소년단이 유엔 총회에 초청되었다.
- 2018년 9월 24일에 UN에서 리더인 RM은 영어로 멋진 연설을 해서 찬사를 받았다.
- BTS의 UN 연설내용을 활동지로 만들어 나누어주고 동영상과 함께 보도록 한다.
- 연설 내용: 당신이 누구든, 어디서 왔든, 어떤 피부색을 가졌든, 성별이 무엇이든, 당신에 대해 이야기하세요. 당신의 이름과 목소리를 찾아 당신을 이야기하세요. "Love yourself", "Speak yourself" 자신을 사랑하자. 자신의 목소리를 내자.

 ## 2. 'Love myself' 노래 부르기

■ 아이들에게 'Love myself' 노래 가사가 적힌 활동지를 나누어준다.
■ 'Love myself' 노래를 가사말을 살펴보면서 함께 불러본다.
- 마음에 와 닿는 가사말은 무엇인지 찾아서 발표해본다.
- 노래에 대한 느낌이나 생각도 이야기해본다.

소감 나누기

- 수업을 통해 나는 무엇을 느끼고 생각하였는지 편안한 마음으로 자신에게 이야기하듯 자유롭게 적어 본다.
- 친구들에게 자신의 소감을 발표하고 서로 이야기를 나눈다.

수업 이야기

BTS를 통해 나에 대하여 생각해보는 시간…

고학년 아이들은 특히 연예인에 대하여 관심이 매우 많다. 물론 BTS에 대해서도 잘 알고 있었다. 그러나 아이들이 알고 있는 것은 피상적인 내용이나 단순히 노래가 좋다 정도였다. 수많은 세계적인 팬들이 열광을 하고, 빌보드차트에서 1위를 하는 데는 무언가 특별한 이유가 있음을 함께 살펴보았다. 아이들과 함께 BTS에 대한 이야기와 'Love myself'를 가사말을 살펴보면서 노래를 불러보았다. 아이들에게도 공감이 되는 내용이어서 위로를 받는 아이들도 있었다.

아이들이 꿈과 목표를 이루려면, 먼저 자신에 대한 이해와 소중히 여기고 사랑하는 마음이 매우 중요함을 생각해보는 시간이었다. 미래의 멋진 모습을 상상하며 한 걸음씩 뚜벅뚜벅 자신있게 나아가기를 바라는 마음으로 함께 수업을 하였다.

소감나누기 시간에 했던 아이들의 이야기들이 매우 소중한 시간이었다.

 수업을 통해 내가 뭘 원하는지, 나에 대해서 잘 알아가야겠다고 느꼈다. 다른 사람들과 다툼이 있을 때 눈치만 보고 나의 진짜 모습을 숨기고 있었던 것 같다. 다음에는 나에 대하여 부끄럽게 생각하지 말고 좀 더 관심을 가져보아야겠다.

 UN 연설을 듣고 'Love myself'의 가사를 보니 BTS에 대하여 더 잘 알게 되었다. BTS가 말하듯 내 모습이 어떻든 사랑하고 존중해야 한다는 걸 알았다. '내일의 나도 나고, 어제의 나도 나'라는 말이 인상 깊었다.

 노래를 들으니 내가 옛날에 상처받고 힘들었던 날이 생각이 났다. 그리고 '가슴이 뭉클해진다.' 상처들이 치유된 것 같은 느낌이다

 나는 누구보다도 소중한 존재라는 걸 알았고 나 자신을 사랑하고 자랑스럽게 생각해야겠다는 생각이 들었다. 나에게 상처주지 않도록 나 자신을 사랑해야겠다. "나 자신을 감추려 하지마."

 노래를 들으니 마음이 편해졌고, BTS가 대단하고 자랑스럽다. 나 자신을 미워하지 말아야 되겠다. 평소에 힘들거나 화가 날 때 나한테 이야기하는 것 같다. 내가 화가 날 때 들으면 다시 기분이 좋아질 것 같다.

 옛날에 힘들었을 때 이 노래를 들으며 견뎌냈던 게 생각이 나서 울 뻔했다.
'내 실수로 생긴 흉터까지 다 내 별자린데'라는 말이 좋았다. 자신의 상처는 지난 일이다.

잠깐! 방탄소년단(BTS)에 대하여

BTS는 빅히트엔터테인먼트 소속으로 2013년에 데뷔하였으며 7인조 남성그룹이다. 빌보드차트에서 여러 번 1위를 차지할 정도로 세계적으로 영향력이 매우 큰 아티스트이다. 방탄(bulletproof)은 젊은 세대들이 살아가면서 겪는 사회적 편견과 억압을 받는 것을 막아내고 당당히 자신들의 음악과 가치를 지켜내겠다는 의미를 가지고 있다. 공식 팬클럽 이름은 ARMY이다. 창과 방패처럼 팬클럽과 방탄소년단도 항상 함께한다는 의미를 가지고 있다.

BTS는 2019년에 영국의 웸블리 스타디움에서 공연함으로써 K-POP의 새 역사를 썼다. 이들의 성공 요인으로는 세계시장에서 통할 수 있는 각 멤버들의 재능과 실력 겸비, 멤버들의 자발적 참여를 통해 자신들의 곡을 만들고, 자신의 진심을 담은 노래들, 온라인에서의 고객 참여형 적극적 소통, 시장의 흐름을 읽고 세계시장을 공략했던 타이밍 등을 들 수 있다.

2021년에는 '미래세대와 문화를 위한 대통령 특별사절' 자격으로 제76차 유엔 총회에 참석해 '미래세대는 웰컴 제네레이션'이라는 주제로 연설하기도 하였다.

---

 2. 나를 행복하게 하는 꿈

학습 목표

나를 설레게 하고 행복하게 하는 것이 무엇인지 찾아볼 수 있다.

수업의 의도

우리는 유튜브를 많이 활용하고 정보를 얻는다. 유튜브를 만든 스티브 첸에 대한 이야기를 통하여 계속해서 자신이 좋아하고 잘하는 꿈을 찾고 도전하는 것의 중요성을 알아보는 수업이다. 나의 흥미와 적성을 찾아 적어보는 활동을 통하여 나에 대하여 좀 더 이해하고 진로를 선택할 때 어떤 점을 중요하게 생각해야 하는지 생각해보도록 지도한다. 온라인, 등교수업 모두 가능하다.

수업의 흐름

 열기   펼치기   다지기

열기	펼치기	다지기
• 꿈(목표)을 가지는 것의 중요성 알기	• 동영상 시청하고, 내용 살펴보기 • 유튜브 관련 직업 알아보기 • 내가 좋아하고 잘하는 것 찾아보기	• 모둠 친구들과 서로 공유하고 격려하기

꿈(목표)을 가지는 것의 중요성

■ 꿈이나 목표의 의미를 알아본다.

■ 꿈(목표)을 가지는 것이 중요한 이유에 대하여 함께 생각해본다.

 1. 유튜브 창시자 '스티브 첸' 동영상 보고 내용 알아보기

■ 유튜브를 만든 '스티브 첸'의 동영상을 시청한다.
 • https://www.youtube.com/watch?v=37yxC4T0H1Y(성공
   해도 즐겁지가 않아)

■ 동영상을 보면서 씽킹맵에 인상적이거나 중요하다고 생각하는 단어나 말을 간단
 히 적으면서 시청하도록 한다(활동지).

 • 적은 내용 중 가장 인상적인 것에 ○을 한다. 돌아가며 1가지씩 발표해본다.

■ 동영상의 내용을 생각하며 스티브첸에 대하여 알아본다.

> 1. 유튜브를 처음 만든 사람은 누구입니까?
> • 스티브 첸(채드헐리, 자웨드카림이 2005년 공동 창업했음)
> 2. 유튜브(YouTube)의 뜻은 무엇인가요?
> • You는 '너'Tube은 'TV'를 뜻해요. 즉, '너와 내가 함께 만드는 TV'란 의미
> 3. 스티브 첸은 무엇을 할 때 가장 행복하다고 하였나요?
> • 문제를 찾아 해결하는 것-엔지니어를 할 때
> 4. 스테브 첸은 자신의 성공비결이 무엇이라고 하였나요?
> • 너무 고민하지 말고 일단 한번 시도해보기, 틀리면 다시 하기
> 5. 스티브 첸의 동영상을 보면서 본받고 싶은 점은 무엇인가요?

 2. 유튜브 관련 직업 알아보기

■ 유튜브와 관련된 직업에 대하여 알아본다(진로사이트를 활용하여 찾는 방법을 안내).

- https://www.career.go.kr/jr/juniorjob/list(주니어 직업정보)
- 커리어넷 → 초등학생 → 주니어 커리어넷 → 직업정보 ↵
- 미디어콘텐츠 제작자 또는 유튜브 크리에이터
- 어떤 일을 하는지, 어떻게 하면 될 수 있는지, 어떤 적성과 흥미가 필요한지 등을 알아본다.

 ### 3. 내가 좋아하고 잘하는 것 찾아보기

- ■ 현재 나의 꿈이나 목표는 무엇인지 적고 발표해본다.
  - 흔히 꿈에 대하여 말해보라고 하면 아이들은 주로 직업을 말한다. 직업만이 아닌 '다른 사람을 돕는 것, 영어공부를 좀 더 열심히 하는 것' 등도 포함된다는 것을 알게 한다.

  나의 꿈(목표)은 (   )입니다
  그 이유는 (   )이기 때문입니다.

  - 나의 꿈은 변호사입니다. 그 이유는 억울하고 힘든 사람들을 돕고 싶기 때문입니다.
  - 나의 목표는 2학기에 143cm까지 크는 것입니다. 왜냐하면 높은 곳에 있는 물건을 잘 잡을 수 있기 때문입니다.
  - 나의 목표는 마당이 있는 집에 사는 것입니다. 그 이유는 강아지와 자유롭게 지내고 싶기 때문입니다 등.
- ■ 나는 무엇을 할 때 가장 즐겁고 행복한지 생각해본다.
  - 내가 좋아하는 것들은 무엇인지 적어 본다(흥미).
  - 내가 잘하는 것은 무엇인지 적어 본다(적성).
  - 적은 내용을 살펴보며 내가 좋아하고 잘하는 것은 무엇인지 찾아본다.

 ### 모둠 친구들과 서로 공유하고 격려하기

- ■ 모둠 친구들에게 내가 좋아하고 잘하는 것에 대하여 서로 이야기를 나눈다.
  - 친구의 이야기를 경청하며 듣고 격려한다.
- ■ 수업을 통해 새롭게 알게 된 점, 느낀 점 등을 이야기한다.

잠깐! 흥미와 적성을 구별하는 방법

진로 선택을 할 때 좋아하는 것 중에서 잘하는 것을 고르면 즐겁게 오래도록 그 일을
할 수 있다. 흥미와 적성을 쉽게 구별할 수 있는 방법을 소개해본다.

<table>
<tr><th>좋아한다는 것은(흥미)</th><th>잘 한다는 것은(적성)</th></tr>
<tr><td>

• 시키지 않아도 하고 싶은 마음이 드는 일
• 생각만 해도 기분이 좋아지는 일
• 잠을 자지 않고도 피곤하지 않은 일
• 하면서 지루하지 않은 일
• 저절로 웃음과 미소가 지어지는 일
• 마음이 편안해지는 일
• 빨리해보고 싶은 일
• 오래 해도 지루하지 않은 일
• 핑계보다 방법이 생각나는 일
• 싫지 않은 일

</td><td>

• 하면 할수록 더 잘하고 자신감이 생기는 일
• 다른 사람보다 좀 더 빠르게 할 수 있는 일
• 마음먹지 않아도 쉽게 할 수 있는 일
  (요령이 생기는)
• 다른 사람들의 인정이 많아지는 일
• 난이도를 높여도 도전하고 싶은 마음이
  드는 일
• 목표를 세우는 것이 부담스럽지 않은 일
• 평가에서 좋은 결과가 나오는 일
• 노력과 연습이 힘들지 않은 일

</td></tr>
</table>

 진로활동 **3. 나만의 꿈목록을 만들고 도전해봐요!**   5~6학년

학습 목표

나만의 꿈목록을 만들고 꾸준히 도전할 수 있다.

수업의 의도

초등학교 아이들에게 가장 중요한 것은 자아존중감이다. 자아존중감은 작은 성공 경험이
지속적으로 쌓일 때 키워진다고 한다.
아이들이 스스로 자신만의 꿈목록을 적고 실천해보는 활동을 하는 수업이다. 이 활동을
하면서 나만의 꿈목록에 직접 도전해보는 도전정신을 기르는 것은 물론 자신감과 자아
존중감이 높아진다. 본 수업은 1차시용 수업이 아니라 한 학기(또는 1년 단위) 동안 지
속적으로 진행하는 프로젝트수업으로 진행하는 것이 효과적이다.

열기	펼치기	다지기
• 내가 생각하는 '꿈' • '김수영' 동영상 시청하기 • 꿈을 가지는 것의 중요성 알기	• 존 고다드의 꿈목록 살펴보기 • 꿈목록 작성법 알아보기 • 나만의 꿈목록 작성하기(50~100개) • 단기 프로젝트를 세워 실천하기 • 친구들에게 성공한 꿈목록 소개하기	• 나의 꿈목록 도전기 만들기 • 꿈목록 성공기 소개하기 • 소감나누기

☑ 꿈목록 프로젝트수업 설계

차시	활동주제	활동내용
1	'꿈'에 대한 나의 생각	• 네임텐트 만들고 자기 소개하기 • 내가 생각하는 '꿈'에 대하여 프리즘 카드를 활용하여 정의해보기
2	꿈은 중요해요	• 꿈전도사 '김수영' 동영상 보고 인상적인 말 찾아서 발표하고 서로 이야기하기 • 꿈을 가지는 것의 중요성 생각해보기
3	존고다드의 꿈목록	• 존 고다드의 꿈목록 시청 • 존 고다드의 꿈목록 살펴보기 • R=VD 상상기법 알아보기 • 나의 꿈목록 30개 적어보기
4	나만의 꿈목록 작성하기	• 꿈목록 배부 및 작성 방법 안내 • 나만의 꿈 목록 50개 이상 적어보기(장기프로젝트)
5~15		• 2주 정도의 단기 꿈목록을 작성하고 실천하기(사진) • 1~2주에 1회 정도 성공한 꿈목록을 친구들에게 소개하고 서로 격려하는 시간 가지기
16	나의 꿈 도전기 1	• 나의 꿈목록 중 실천한 꿈목록 살펴보기 • 1학기 동안 이룬 꿈목록을 중심으로 여러 가지 자료를 활용하여 꿈목록 도전기 계획하기 • 꿈목록 도전기 완성하기
17	나의 꿈 도전기 2	• 꿈목록 도전기 친구들에게 소개하기 • 자신만의 방법으로 성공경험 발표하기 • 전시를 통하여 다른 친구들과 경험 공유 및 서로 격려하기

1차시: '꿈'에 대한 나의 생각 소개하기

■ 내가 생각하는 '꿈'에 대하여 정의하기 활동으로 서로 이야기를 나누어 본다.

꿈이란 [　　　　]이다. 왜냐하면 ＿＿＿＿＿＿＿＿ 이기 때문이다.

• 자세한 활동 내용 안내: Ⅰ. 자기이해-꿈에 대한 나의 생각을 말해요. 부분 참고하기

• 사진 또는 이미지카드(예: 프리즘 카드)를 활용하면 좀 더 쉽게 활동할 수 있다.

 2차시: 꿈은 중요해요

■ 꿈목록을 적기 전에 꿈을 가지는 것의 중요성에 대하여 생각해본다.

■ 꿈을 이룬 사람의 사례를 소개하여 자신의 미래에 대하여 생각해보도록 한다.

■ '꿈전도사 김수영'에 관련한 동영상을 함께 시청한다.

• 꿈전도사-김수영 SBS땡큐 17회(8분 20초)
https://www.youtube.com/watch?v=P6hzZhHDVes

• 김수영의 꿈프로젝트(5분)-온라인 수업용
https://www.youtube-nocookie.com/embed/gW5IfkPmhNc

• 동영상을 보면서 인상적인 말이나 단어 등이 있으면 활동지나 포스트잇에 적으면서 시청하도록 한다.

• 적은 내용 중 가장 인상적인 것 하나를 골라 돌아가며 말하기로 발표해 본다.

• 학생들이 발표하는 내용을 교사가 칠판에 받아 적으면서 정리하는 것도 좋은 방법이다.

■ 학교에서 문제아였던 김수영이 사람들에게 꿈을 나누어주는 꿈 전도사가 된 이유를 서로 이야기하며 생각해보게 한다.

■ 꿈을 가지는 것이 중요한 이유를 생각해보고 서로 이야기를 나눈다.

3차시: 존 고다드의 꿈의 목록

- 꿈목록을 작성한 사람으로 유명한 '존 고다드'에 대하여 소개한다.
- 꿈목록을 적게 된 이유를 이야기해주고 인터넷에 있는 동영상을 찾아 보여준다.
  - 존 고다드의 꿈의 목록: https://www.youtube.com/watch?v=p3mw9hVot7U
- 그가 적은 꿈목록 127개를 적은 자료를 나누어주고 어떻게 꿈목록을 적었는지 어떤 내용을 적었는지를 함께 살펴본다.

• 존 고다드의 꿈목록의 특징을 찾아본다: 매우 생생하게 자세히 적고 있음
예 40피트 깊이까지 스킨다이빙을 하고 물속에서 2분 30초간 숨 쉬지 않고 버틴다. 열기구, 풍선, 행글라이더를 타고 하늘을 날아본다. 등

- 꿈목록 활동지를 나누어주고 꿈목록 30개를 적어 본다(항목별로 5개 정도씩).
  - 부담 없이 편하게 적어보도록 한다.

☑ **활동 예시자료**

◘ 나만의 꿈목록 만들기 ◘

하고 싶은 것	1. 고양이 키우기	배우고 싶은 것	16. 축구 잘하는 방법 배우기
	2. 유투브에 내가 찍은 게임방송 올리기		17. BTS 춤 배우기
	3. 친구들과 자전거 여행하기		18. 영어, 프랑스어 배우기
	4. 에니메이터로 크게 성공하기		19. 비행기 조종법 배우기
	5. 아마추어 무선기사 자격증 따기		20. 강아지 훈련법 배우기
가고 싶은 곳	6. 달에 가보기	가지고 싶은 것	21. 두산 응원복 가지기
	7. 유니버설 스튜디오 가보기		22. 나의 그림전시관 가지기
	8. 북한 평양 가보기		23. 최신형 노트북 가지기
	9. 트와이스 팬사인회 가보기		24. 하늘을 나는 자동차 가지기
	10. 남극대륙에 가서 펭귄 직접 보기		25. 나니아 연대기 전집 모으기
만나고 싶은 사람	11. 버락 오바마 대통령 만나 악수하기	► 배우고 싶은 것, 가고 싶은 곳, 만나고 싶은 사람, 하고 싶은 것, 가지고 싶은 것 무엇이든지 좋습니다. 여러분이 원하는 꿈목록을 생각나는 대로 모두 적어보세요.	
	12. 서울시장님 만나서 문제점 토론하기		
	13. 박나래 만나서 같이 요리하기		
	14. 5학년 때 전학 간 친구 만나기		
	15. 축구선수 호날두 만나서 사인받기		

4차시: 내가 만드는 행복한 나의 꿈목록 만들기

1. 꿈목록을 적을 수 있는 공책을 준비한다.
   - 무제 공책을 (가로로 1/2로 자른 크기)활용하면 적당한 크기가 된다.

2. 목차를 만들고 항목을 적는다.
   - 속지 첫 장에 목차를 만들고 하고 싶은 것, 배우고 싶은 것, 가고 싶은 곳, 만나고 싶은 사람, 갖고 싶은 것, 기타 등으로 내용을 적고 쪽수도 적게 한다.

3. 꿈목록 작성법을 자세히 안내하고 항목별로 이루고 싶은 꿈목록을 적어 본다.
   - 3차시에서 적어본 꿈목록을 참고하여 적기 시작하면 부담감이 적고 좋다.
   - 처음에는 항목별로 10개 정도를 적고 차차 늘려가도록 한다.
   - 꿈목록 개수는 학년, 아이들 수준에 맞게 적도록 하고, 적는 기간도 충분히 주도록 한다.
     (예 1학기 동안, 여름방학 때까지 등)
   - 꿈목록은 항목별로 10~20개 정도씩 50~100개를 생각날 때마다 꾸준히 적도록 지도한다.

4. 꿈목록은 가능한 자세히 구체적으로 이미지가 떠오르도록 적도록 한다.
   - R=VD 상상기법 6가지를 알려주어 구체적으로 적을 수 있도록 지도한다.

R = V D 자신이 원하는 것을 생생하게 꿈을 꾸면 이루어진다

Realization = Vivid Dream

(예 에베레스트산 정복하기 → 에베레스트산 정상에 태극기 꽂고 V하며 인증사진 찍기)

5. 꿈목록을 꾸준히 적으면서 실천과 병행하도록 지도한다.
   - 적은 것을 하나씩 이루어나가면서 성공감을 느낄 수 있도록 하는 것이 중요하다.

6. 일주일에 1회 정도 친구들과 성공한 꿈목록에 대하여 발표해보는 시간을 가진다.
   - 작은 것이라도 이루어진 것을 발표하는 기회를 통해 아이들은 자신감을 가지게 된다.
   - 서로 칭찬과 격려를 해주면서 나도 해보고 싶다는 도전 의식을 가지게 된다.

꿈목록 적기 지도 시 유의점

아이들에게 꿈목록을 적으라고 하면 처음에는 대부분 장기목록(1년 이상~)을 적는 경우가 많다. 너무 먼 미래에 이루어질 수 있는 꿈목록만 적으면 목표를 실천할 수 있는 기회가 없다. 가장 중요한 것은 도전해보고 작은 성공의 기쁨을 느끼도록 하는 것이다. 기간을 단기, 중기, 장기 등으로 나누어 골고루 적도록 지도하는 것이 매우 중요하다. 배움이 느린 아이들은 꿈목록을 적을 때에도 주저하는 경우가 많다. 도움이 필요한 경우 작성법에 대하여 개별지도를 해주며, 많이 적지 않더라도 자신만의 꿈목록을 적도록 지지해주도록 한다. 또, 나중에 언제든지 수정이 가능하도록 연필로 적도록 지도한다.

☑ **학생용 꿈목록 예시 자료**

목 차	★꿈 목록 작성은 이렇게★
하고 싶은 것 배우고 싶은 것 가고 싶은 곳 만나고 싶은 사람 가지고 싶은 것 기타	1. 할 수 있을까? 이런 걸 써도 될까? 고민하지 말고 무조건 적으세요. 　(노력해서 할 수 있는 것이면 됨) 2. 꿈목록은 단기(1~2달), 중기(6개월~1년), 장기(1년 이상~)로 나누어 적으세요 3. 단기, 중기, 장기 계획에 다른 색으로 표시하세요 4. 단기 꿈목록을 이룰 수 있도록 계획을 세워서 실천해보세요 5. 스스로 꿈목록을 적고 실천하여 성공한 나를 마음껏 축하해 주세요. 　'나의 멋진 꿈을 향하여, 파이팅!!'

 5차시~: 단기 프로젝트 작성으로 집중 도전해봐요.

- 단기 프로젝트를 작성하여 집중적으로 실천할 수 있도록 한다.
  - 목록을 적은 후 지도를 하지 않으면 적는 것으로 끝나는 경우가 많다.
  - 포스트잇에 자신의 꿈목록 중 2주~1달 안에 이룰 수 있는 것을 항목별로 2~3개 정도 골라 적고, 잘 보이는 곳에 붙인 후 집중적으로 실천해보기를 하면 매우 효과적이다.
- 1~2주에 1회 정도 성공한 꿈목록을 친구들에게 소개하고 서로 격려하는 시간을 가지면 좋다. 친구들의 작은 성공경험을 들으면서 실천동기를 강화함은 물론 습관화에도 도움이 된다.
- 학급 전체 아이들이 모두 참여하며 자기주도적으로 실천하는 기쁨을 느낄 수 있도록 한다.

단기 프로젝트(4/22~5/16) 3차	단기 프로젝트(6/10~6/23) 5차
1. 고음 잘 올라가고 소리 좋은 리코더사기 　(아를로스7026W) (4/23 성공) 2. 내 방 예쁘게 꾸미고 인스타에 올리기 　(4/26 성공) 3. 집에서 나무블럭으로 최상급 집 만들기 　(5/15 성공)	1. 친구들과 토요일에 파자마파티하기 　(6/22 성공) 2. 교실에서 키우는 다육식물에게 관심과 　사랑 많이 주기(6/17 성공) 3. 꿈목록 50개 채우기(6/19 성공)

☑ 학생 꿈목록 참고자료

※ 아이들이 적은 꿈목록을 살펴보면 그 아이가 어느 것에 흥미가 많은지 알 수 있
어 진로지도에도 많은 도움이 될 수 있다.

16~17차시: 꿈목록 도전기 만들고 친구들에게 소개하기

■ 한 학기 동안 성공한 꿈목록 도전기를 각자 자기만의 방식으로 만들기
• 나의 꿈목록 중 성공한 꿈목록을 살펴보고 정리한다.
• 성공한 목록 중 소개하고 싶은 베스트 꿈목록 3~5개를 선정하고 자세하게 스토
  리를 쓴다.
• 꿈목록 실천과정 중 찍은 사진, 자료를 활용한다.
• 꿈목록을 적고 실천하면서 느낀 소감을 자세히 적는다.
• 여러 가지 재료를 활용하여 꿈목록 도전기를 완성한다.

■ 꿈목록 도전기 친구들에게 소개하기
• 자신만의 방법으로 성공경험을 발표한다.
• 발표 후 성공을 기념하는 멋진 포즈로 인증사진을 찍어주며 격려한다.

■ 복도나 교실 등 잘 보이는 곳에 전시하여 다른 친구들과 경험을 공유하고 서로
  격려한다.

진로활동 16차시	학습주제 : 나의 꿈목록 도전기
	[진로영역 : Ⅳ. 진로 디자인과 준비]

6학년 (   )반 이름(   )

✿ 자신만의 개성을 살린 꿈목록 도전기를 만들어 봅시다.

(하은어) 의 꿈목록 도전기

• 나는 나만의 꿈목록 (51)개를 적고 (17)개를 성공했어요.

✿ 성공한 나의 꿈목록

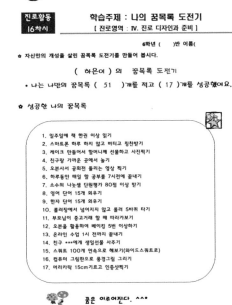

1. 일주일에 책 한권 이상 읽기
2. 스마트폰 하루 하지 않고 버티고 칭찬받기
3. 케이크 만들어서 할머니께 선물하고 사진찍기
4. 친구랑 가까운 곳에서 놀기
5. 오븐서서 공회전 돌리는 영상 찍기
6. 하루동안 해킹 할 공부를 7시전에 끝내기
7. 소수의 나눗셈 단원평가 80점 이상 받기
8. 영어 단어 15개 외우기
9. 한자 단어 15개 외우기
10. 롤러장에서 넘어지지 않고 롤러 5바퀴 타기
11. 부모님이 중고거래 할 때 따라가보기
12. 오븐을 활용하여 베이킹 5번 이상하기
13. 온라인 수업 1시 전까지 끝내기
14. 친구 ●●●에게 생일선물 사주기
15. 스쿼트 100개 연속으로 해보기(와이드스쿼트로)
16. 컴퓨터 그림판으로 풍경그림 그리기
17. 머리카락 15cm 기르고 인증샷찍기

 꿈은 이루어진다. ^ㅅ^

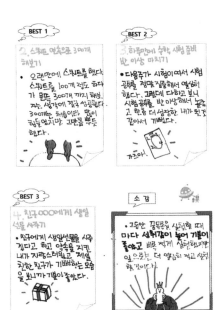

🕊 온라인 수업일 경우 집에서 완성하여 패들렛에 올리도록 하였음.

💻 수업 이야기(1) 아이들에게 가장 소중하고 기억에 남는 수업

5~6학년 아이들에게 진로수업을 각각 17차시를 지도하고 있다.
진로수업 중 시간과 정성을 많이 들이고 가장 소중하게 생각하는 수업은 바로 '나만의 꿈목록 적고 도전하기'이다. 아이들도 진로수업 중 가장 기억에 남는 수업을 꼽으라고 하면 대부분 이 수업을 선택한다.
담임이 아니라 일주일에 한번 만나면서 꾸준히 관심을 가지고 지도를 해야하는 한학기 프로젝트 수업으로 진행하였다. 5학년은 꿈목록 50개 적고 도전하기, 6학년은 5학년에 이어서 100개를 채우고 도전하는 활동이다. 처음에는 꿈목록 적기도 힘들어하지만, 작은 꿈목록 하나 하나를 적고 도전하면서 얻게 되는 기쁨은 아이들을 행복하게 한다. 또한 꿈목록을 실천하기 위해 친구, 가족과 함께 하는 시간이 되기도 하였다.

꿈목록 도전기는 자아존중감을 기르는 데 매우 효과적이다.

아이들에게 가장 중요한 것은 자존감이다. 자아존중감이란 '나는 사랑과 관심을 받을 만한 사람이다. 주어진 일을 잘 해낼 수 있다는 자신감'이다. 이것은 작은 성공 경험이 쌓일 때 키워진다고 한다. 꿈목록을 적고 실천해보는 경험을 하게 되면 성취감은 물론 자기효능감이 높아지게 된다. 또, 지속적으로 실천하면서 자신감이 생기고 이것은 자아존중감으로 연결되는 것이다.

아이들에게 최고의 경험과 추억을 선물하는 수업

교사의 지속적인 지도와 관심과 노력이 필요하지만 다른 어떤 활동보다도 아이들에게는 좋은 경험과 추억이 될 것이다. 아이들은 활동을 하면서 스스로를 자랑스럽게 여기거나 자신감을 많이 가질 수 있었다. 실천에 대한 동기부여가 되는 시간이었다. 배움이 느린 학생의 경우 다른 학생들보다 실천 정도가 적었지만, 실천하려고 노력하고 성공한 것에 모두가 축하와 격려를 해주었다.

💻 수업 이야기(2) 나의 꿈목록 성공기 소감 발표 사례

처음에 꿈목록을 쓸 때에는 내가 너무 많이 쓰는 것은 아닐까, 내가 이 꿈목록들을 다 실천할 수 있을까 고민도 많이 되었다. 그런데 내가 적은 꿈목록을 하나하나 실천하다 보니 정말 뿌듯하고 기분이 좋았다. 앞으로 꿈목록을 50~100개~150개 등 더욱 더 많이 적고 꾸준히 실천하여 보겠다. 꿈목록 45개를 적고 그 중 23개를 실천한 내가 자랑스럽다. 나를 매우 칭찬해주고 싶다 그리고 꿈목록을 실천할 수 있도록 도와준 선생님, 친구들, 가족들!! 모두 모두 감사합니다. (5학년)

내가 이루고 싶었던 작은 꿈들부터 적고 실천하고 정리하는 것이 뜻깊었고, 작고 사소한 소원 하나까지도 꿈이라는 것을 알게 되었다. 꿈목록을 통해 내가 하고자 하는 것, 내가 원하는 것 등을 알게 되어 좋았다. 나의 진로를 고민하며 생각할 수 있었고, 나를 조금 더 알게 된 것 같아 매우 뿌듯하다. (6학년)

나는 꿈목록을 쓰면서 100개를 언제 다 채우지? 라는 생각이 들었었는데. 또 나중에 써보니 100개를 다 채우고 넘긴 내가 대단하다고 생각한다. 또 내가 과연 이걸 성공할 수 있을까? 라는 생각도 들었지만 성공한 뒤의 내가 매우 매우 자랑스러웠다. 점점 꿈목록을 인식해 이루기위해 노력하고 도전하는 내 모습을 보니 신기하기도 하고, 앞으로도 계속되었으면 하는 생각이 든다. 점점 나를 발전해 나가는 단계에서 올라가는 것 같아 뿌듯하고 앞으로 정상 끝까지 올라가고 싶은 생각이 들었다. 이걸 쓰면서 힘들긴 했지만 내가 뭘 좋아하고 싫어하는지를 생각할 수 있었고, 나를 한번 다시 돌아보고, 떠올릴 수 있었던 시간이었던 것 같고, 나 나름대로 재미있는 시간들이었다고 생각한다. 쓰는 동안 행복하고, 즐겁고, 재미있었고, 앞으로도 열심히 실천해 꿈목록도 많이 쓰기도하고, 이루어내기도 열심히 할 것이다. 나는 꿈목록이 좋다 ^^(6학년)

학습 목표

하루 일과 중 소중한 일을 먼저 해야 하는 이유를 말할 수 있다.

수업의 의도

누구에게나 평등하게 주어진 것이 바로 하루 24시간이다. 그럼에도 불구하고 누구는 하루가 너무 길다 하고 누구는 하루가 눈 깜짝할 사이에 지나간다고 한다. 시간을 느끼는 것은 몰입과 관계있다. 게임에 몰입하든 공부에 몰입하든 시간은 여전히 부족한 듯하다. 아이들에게 중요한 일부터 하는 것이 좋다는 것을 아무리 강조해도, 마음이 쏠리는 쪽에 먼저 시간을 사용하는 것은 어쩔 수 없는 인간의 본성일 거다. 하루 일과 중 중요한 일, 나에게 소중한 일을 먼저 하는 것이 나의 꿈을 이루는데 어떤 의미가 있는지 생각하고 도전해 보는 시간을 갖고자 한다.[8]

수업의 흐름

 열기

- 시간의 상대성 느끼기

 펼치기

- 나의 하루 일과 분류하기
- 큰 공, 작은 공 이론 알기
- 소중한 일과 시간 도둑의 개념 알기
- 나의 소중한 일 발표하기
- 나의 소중한 일에 대한 도전 계획 세우기

 다지기

- 일의 우선순위와 시간 도둑의 양면성

 시간의 상대성

- 도전! 시간 맞히기
- 눈을 감고 교사의 "시작" 구호에 따라 2분 정도의 시간을 측정한다.

- 2분이라고 생각되는 순간에 손뼉을 쳐서 알린다.
- 이번에는 아이들이 좋아하는 동영상을 보면서 2분의 시간을 측정하게 한다.
- 참고 동영상: 렛잇고
  (겨울왕국 중, https://www.youtube.com/watch?v=RgGRyssdJvw)
- 어느 쪽이 더 정확하게 측정할 수 있었는지 이유와 함께 발표한다.

1. 하브루타 하기

■ 하루는 몇 시간일까?

• 24시간의 시간이 모든 사람들에게 똑같은 길이로 느껴질까?

• 하루가 길게 느껴졌던 날과 짧게 느껴진 날이 있다면 어떤 경우일까?

■ 나의 하루 일과를 분류해 본다.

• A4용지를 접어 16조각으로 자른다.

• 나의 일과를 종이 한쪽에 한 개씩 쓴다.

• 나에게 '소중한 일'과 '그렇지 않은 일'들로 나눈다.

• 분류한 쪽지를 보면서 왜 그렇게 생각했는지 짝 하브루타를 한다.

 2. 실험하기

■ (준) 탁구공, 구슬, 좁쌀, 크기가 같은 투명한 컵 두 개

• 탁구공, 구슬, 좁쌀은 같은 양으로 두 세트를 준비한다.

• 두 개의 컵에 각각 탁구공, 구슬, 좁쌀을 넣는 순서를 다르게 하였을 때 컵을 똑같이 채울 수 있을지 생각한다.[9]

  ① 컵에 좁쌀을 먼저 담는다. → 구슬을 넣는다. → 탁구공을 넣는다.

  ② 컵에 탁구공을 먼저 넣는다. → 구슬을 넣는다. → 좁쌀을 넣는다.

• 좁쌀, 구슬의 순서로 넣고 탁구공을 넣었더니 탁구공이 컵 밖으로 튀어 나왔다.

• 탁구공을 먼저 넣고 구슬을 넣은 다음 좁쌀을 넣었더니, 컵에 여유 공간이 생겼다.

• 각 물건이 의미하는 것을 추측하여 발표한다.

• 컵은 24시간, 탁구공은 소중한 일, 구슬은 보통의 일, 좁쌀은 소중하지 않은 일

• 이 실험의 목적은 무엇일지 생각해본다.

탁구공
나의 진로에 중요한 일

구슬
보통의 일

좁쌀
안 해도 되는 일

탁구공 → 구슬 → 좁쌀   좁쌀 → 구슬 → 탁구공

- 참고 동영상: 소중한 것 먼저 하기(https://youtu.be/uQIVlqDZwT4)

 3. 나의 다짐 발표하기

■ 소중한 일의 우선순위를 알아본다.

■ 나의 소중한 일을 위한 자신의 도전 과제를 쓴다.

■ 포스트잇에 각자의 소중한 일을 써서 붙인 후 교실에 게시한다.

• 매주 하루를 정해, 어떻게 실천하고 있는지 발표한다.

 쉬우르

어떤 일부터 먼저 해야 할까?

• 중요하지 않은 일부터 했을 때, 정말 중요한 일을 못하는 경우가 생길 수 있다.
• 소중한 일부터 하면 하루를 알차게 보낼 수 있다.

시간도둑은, 무심히 TV를 보거나 의미 없는 스마트폰 검색하는 것과 같이 시간을 죽이는 행동을 말한다. 또는 한 번 빠져들면 시간 가는 줄 모르고 했다가 결국 후회하는 일도 시간도둑이 된다. 그렇다면 멍때리기 같은 것도 철저히 배제해야 할까? 나의 꿈을 이루기 위해서는 시간 관리를 잘해야 한다. 그렇지만 가끔은 긴장을 풀어 줄 수 있는 시간도둑과 같은 일들이 나의 원기를 회복시켜 주기도 한다.

잠깐! 질문을 정교하게 만드는 방법[10]

1. 질문 주제 정하기	사람, 사물, 상황, 문제 해결책 등 모든 것이 주제가 될 수 있음
↓	
2. 주제를 질문으로 바꾸기	단어, 문장표현, 문장 이해, 문장과의 관계, 글 전체에서 주제 파악
↓	
3. 질문에 대해 답하기	적절한 질문인지 확인하기
↓	
4. 다시 답을 질문으로 만들기	좋은 질문으로 다시 정의 내리기

(예시)

1. 질문 주제 정하기

주제: 소중한 일 → 소중한 일을 먼저 하는 것이 나의 꿈을 이루는 좋은 습관이다.

2. 주제를 질문으로 바꾸기

• 단어, 문장표현	– '꿈'의 뜻은?/'습관'의 뜻은?/'소중하다'의 뜻은 무엇일까? – 꿈과 습관은 어떤 관계가 있는가?
• 문장 이해	– 나의 꿈을 이루려면 어떻게 해야 하는가?
• 문장과의 관계	– 소중한 일을 먼저 하는 것이 좋은 습관이라는 것을 어떻게 알 수 있을까? – 소중한 일을 먼저 하는 것이 나의 꿈을 이루는 데 어떤 도움을 주는가?
• 글 전체 핵심 주제	– 나의 꿈을 이루기 위해 어떤 습관을 가지려 노력하고 있는가?
• 상상하는 질문	– 만약 소중한 일을 먼저 하지 않는다면 어떤 일이 생길까? – 좋은 습관이 없다면 나의 꿈은 이루어지지 않을 것인가?

- 유추하는 질문
  - 어떤 방법으로 좋은 습관을 만들 것인가?
  - 좋은 습관을 만들지 않는다면 어떤 일이 생길 수 있을까?
  - 좋은 습관을 만든다면 당신의 꿈은 어떻게 이루어질 수 있을까?
- 논리적인 질문
  - 소중한 일을 먼저 하는 습관을 통한 삶의 목표는 무엇인가?
  - 소중한 일을 먼저 하려는 노력을 통해 변화한 것은 무엇인가?

3. 질문에 대해 답하기

- 소중한 일을 먼저 하는 습관을 통한 삶의 목표는 무엇인가?
  - 소중한 일을 먼저 하는 습관으로 그 일에 좀 더 집중하고 정성껏 할 수 있다.
  - 시간을 효율적으로 사용할 수 있다.
  - 소중한 일을 먼저 하고나면 심리적으로 안정감이 들어 편안하게 하루 일과를 진행할 수 있을 것 같다.
  - 내가 원하는 일을 성공할 수 있는 확률이 높아질 것이다.

4. 다시 답을 질문으로 만들기

- 위 질문 '소중한 일을 먼저 하는 습관을 통한 삶의 목표는 무엇인가?'에 대한 답변 네 가지를 주제로 질문을 만들어 본다면?
  - 소중한 일이라고 생각되는 일을 먼저 한다면 다른 일들은 신경 쓰이지 않는가?
  - 당신이 소중한 일을 먼저 함으로써 그 일에 집중하고 시간도 효율적으로 사용할 수 있을 것이라고 했는데, 구체적으로 드러난 성과는 무엇인가?
  - 소중한 일을 먼저 하면 왜 심리적으로 안정이 되는가?
  - 소중한 일을 먼저 하는 것이 어떻게 성공 확률을 높인다고 생각하는가?

이렇게도 할 수 있어요 코로나19 시대, 집에서 습관 바꾸기에 도전하기

- 가족들이나 내가 생각하는 나의 나쁜 습관을 바꿔 보자.

내가 고쳐야 할 습관은?

- 스스로 고쳤으면 하는 습관 목록 만들기
- 내가 주변으로부터 지적을 받거나, 좋지 않다고 생각하는 습관 목록을 만들어 본다.

 ## 하브루타 하기

- 소회의실에서 짝과 함께 습관에 대해 하브루타 하기
- 자신의 고쳐야 할 습관 소개하기, 실천 방안, 체크리스트 방법 등

 ## 1. 도전하는 태도를 통해 작은 성공의 경험을 갖는 것이 중요함을 알게 하기

'도전하고 최선을 다하여 실천하는 태도'는 다른 사람이 쉽게 판단할 수 없다. 사람마다 상황과 능력, 의지가 다르기 때문이다. 겉으로 쉽게 판단할 수 없는 일일수록 스스로의 마음가짐이 중요하다. 남이 미처 알아주지 못하더라도 내가 나를 인정하는 것은 자존감을 기르는 데도 매우 중요하다. 이런 활동을 통해 아이들은 작은 성공을 경험할 수 있다. 작은 노력으로도 쉽게 성취할 수 있는 목표를 세우고 실천하여 성공한 경험이 쌓이도록 한다.

 ## 2. 실천 과제 제시

- 가족과 나의 의견으로 반드시 고쳐야 할 습관을 하나만 선택하도록 안내한다.
- 교사는 다음 실시간 쌍방향수업 시 출석 확인할 때, 아이들에게 채팅창에 자신이 정한 과제를 쓰도록 한다.
- 체크리스트 종이를 책상 앞에 붙여 놓고 실천하며 실천 결과를 스스로 확인한다.
- 1주일마다 노력한 과정을 누가 기록하고 친구들 앞에서 발표한다.

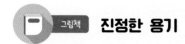 **그림책** **진정한 용기**

학습 목표

이야기를 읽고 진정한 용기란 무엇인지 알 수 있다.

수업의 의도

그림책을 통해 용기란 무엇인가에 대해 질문을 던지고, 살면서 순간순간 마주 서게 되는 용기의 중요한 가치를 생각해 보게 한다. 진정한 용기는 싸우지 않는 것이라는 것과 항상 승리해야만 얻을 수 있는 것이 아니라는 것을, 아이들과 함께 구체적인 상황 속에서 용기의 가치를 나누고자 한다.

 〈야쿠바와 사자〉는 용기란 무엇인가에 대해 질문을 던지는 그림책이다. 자신이 곤경에 처할 것을 알면서도 사자의 목숨을 구할 수 있는가?' '손쉽게 얻을 수 있는 명예를 뿌리치는 용기란 어떤 것일까?' 그림책을 통해 '용기'란 무엇인지? 그 뜻과 가치를 다시금 생각하게 되는 그림책이다.

『야쿠바와 사자』 (2011). 티에리 드되 글그림. 길벗어린이.

수업의 흐름

 열기

- 표지 보고 질문 만들기

 펼치기

- 내가 야쿠바라면 어떤 선택을 할까?
- 용기를 나타낸 장면 살펴보기
- 내게 필요한 용기는 무엇일까?

 다지기

- 진정한 용기의 의미 알기

 표지를 보고 질문 만들기

■ 제목과 그림책의 표지를 보고 질문을 만들어 본다.

- 어디에서 일어난 일인가요?
- 무엇을 하려고 창을 들고 있나요?
- 야쿠바와 사자는 어떤 관계인가요?
- 야쿠바와 사자 사이에 어떤 일이 일어났나요?

1. 내가 야쿠바라면 어떤 선택을 할까?

■ 등장인물이 처한 상황을 파악하며 글을 읽는다(사자를 살려주고 집으로 돌아가는 장면 전까지).
• 사자를 잡으러 가는 야쿠바의 마음이 어떨지 상상해보기
• 사자가 처한 상황에 대하여 이야기 나누기
• 피를 흘리며 죽어가는 사자가 한 말은 무엇인가요?
■ 야쿠바의 입장에서 자신의 생각을 정리한다.

사자를 살려주고 평생 가축을 지킬 것이다.		사자가 너무 약해 비겁한 것 같고 부족도 약한 사자를 싸우라고 보낸 것은 아닌 것 같다. 지금 사자를 죽이고 전사가 된다면 평생 사자와 자신과 부족에게 미안할 것 같다.
		지금 사자를 죽이면 사자와 이 사실을 모르는 부족에게 너무 미안할 것 같고 진정한 전사가 되려면 생명을 존중하며 비겁하지 않고 정정당당한 방법으로 전사가 되어야 할 것 같다.
사자를 죽이고 전사가 될 것이다.		사자를 죽이면 전사가 될 수 있고 또 어차피 죽어가는 사자를 죽인 것이니, 문제는 크지 않다고 생각한다.
		사자를 죽이면 전사가 될 수 있고 사자를 살려 둔다고 해서 좋을 게 없다. 자신한테 직접적으로 이득되는 것이 없다.

• 내가 야쿠바라면 어떻게 할 것인지, 왜 그 선택을 했는지 이유를 들어 의견을 정리한다.
• 또 다른 반대의 선택에 대한 의견도 정리한다.
• 자신의 생각을 이유를 들어 발표한다.
• 다른 친구의 의견을 듣고 나의 최종 선택을 정하여 의견을 쓴다.
• 친구의 의견을 듣고 궁금한 점이나 나와 생각이 다른 부분에 대해 질문하고 답한다.
■ 이어서 들려주는 이야기를 듣고 야쿠바의 선택에 대한 의견을 나눈다.
• 야쿠바는 왜 쉽게 전사가 되는 길을 포기했을까?
• '사자의 발걸음이 끊어진 것은 바로 그 때부터였다.'라는 마지막 문장이 의미하는 것은 무엇일까?

 2. 용기를 나타낸 장면 살펴보기

■ 그림책의 장면을 아이들에게 보여주고 용기를 떠올린 이유를 말하도록 한다.

- 자신이 생각하기에 주인공이 용기를 보였다고 생각하는 장면을 골라 선택한 이유와 함께 이야기한다.

■ 그림에서 보여주는 야쿠바의 용기있는 행동은 무엇이 있을까?
- 숲속에서 혼자 기다리며 사자에 대한 두려움을 참아내는 용기
- 아버지의 기대를 저버리면서까지 전사의 길을 포기하는 용기
- 마을 사람들의 무시를 견뎌내야 하는 용기
- 지친 사자를 살려주고 망설임 없이 집으로 돌아가야 하는 용기
- 전사가 된 친구들 사이에서 따돌림을 당하면서도 자기 일을 열심히 해내는 용기

 3. 내게 필요한 용기는 무엇일까?

■ 자신감이 없어 용기가 필요했던 구체적인 상황을 떠올려본다.
■ 모둠 친구들에게 자신의 경험을 돌아가며 상황을 말한다.
■ 친구의 이야기를 듣고 어떻게 하면 좋을지 격려의 말을 해준다.
- 용기가 필요할 때는 언제인가요?
■ 나에게 필요한 용기는 무엇이 있을까요?
- 외로운 친구에게 말을 건넬 때
- 힘들어 보이는 모르는 사람을 도와줄 때
- 새로운 학교에 갔을 때 아이들에게 말을 걸 수 있는 용기
- 옳지 않은 일이라고 생각되는 친구의 부탁을 거절할 수 있는 용기
- 사과를 받을 수 있는 용기와 사과할 수 있는 용기
- 발표를 큰 소리로 할 수 있는 용기

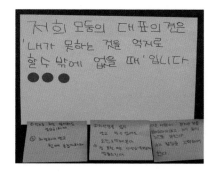

'내가 못하는 것을 억지로 할 수밖에 없을 때'
- 억지로 하는 일이라도 열심히 하자.
- 좌절하지 말고 할 때 즐겁게 하자.
- 자신감을 잃지 말고 할 수 없어도 도전하고 노력해 본다.
- 정 못할 땐 선생님이나 부모님께 말씀드린다.
- 다른 사람이 잘하는 것을 부러워하지 않고, 자기 일을 열심히 한다.

진정한 용기의 의미 알기

- 진정한 용기란 무엇인지 돌아가며 발표한다.
  - 진정한 용기란 무엇인가요?에 대하여 오늘 활동을 통해 느낀 점이나 소감 등을 발표한다.
  - 행복하고 보람있는 삶을 살려면 용기가 필요하다.
  - 자신감과 나를 응원하는 용기가 필요하다.
  - 나와 다른 사람의 생명을 존중하며 용기있게 살고 싶다.
  - 나의 소중한 삶을 위해 다른 사람도 배려하는 용기를 갖고 싶다.

이런 책도 있어요

- 난 이렇게 강해요(2021). 리시아 모렐리 글. 메인 디아즈 그림. 류재향 역. 썬더키즈.
- 떨어질까봐 무서워(2019). 댄 샌탯. 위즈덤하우스.
- 레몬아이(2021). 넬레 브뢰너 글·그림. 엄혜숙 역. 계수나무.
- 용감한 아이린(2017). 윌리엄 스타이그 글·그림. 김영진 역. 비룡소.

미래지향

진로활동 **오감으로 쓰는 나의 꿈**   2~6학년

학습 목표

꿈을 이룬 나의 모습을 상상하며 오감을 활용하여 동시로 표현할 수 있다.

수업의 의도

20~30년 후 내가 꿈꾸는 미래의 모습을 떠올리는 것은 그리 쉬운 일은 아니다. 막연하게 느껴지는 나의 미래의 모습을 오감을 활용하면 구체적이고 직관적으로 나타낼 수 있다. 지금 현재 관심이 있거나 해보고 싶은 직업을 생각해보고 오감을 활용하여 마인드맵으로 나타낸 후, 그림을 그리듯이 생생하게 동시로 표현해보는 활동이다. 이 수업은 2~6학년 모두에게 적용할 수 있는 수업으로 아이들이 즐겁게 참여하는 수업이다.

수업의 흐름

 열기

 펼치기

 다지기

열기	펼치기	다지기
• 오감으로 표현한 동시 살펴보기	• 꿈을 이룬 나의 모습 상상해보기 • 오감을 활용하여 마인드맵으로 표현하기 • 동시 완성하기	• 친구들에게 나의 모습 발표하고 소감 나누기

 오감으로 표현한 동시 살펴보기

- 오감에 대하여 알아본다(시각, 청각, 후각, 미각, 촉각).

- 김개미의 '나의 꿈', 오순택의 '메주의 꿈' 동시를 함께 읽어본다.

- 동시의 내용을 살펴보며 오감을 사용하여 표현한 부분을 찾아본다.

- 묘사에 대하여 알아본다.

- 묘사: 어떤 대상을 자세하게 말이나 글로 표현하거나 그림으로 그리다.
  머릿속에 그림을 그리는 것처럼 자세히 표현하는 것.

+ 나의 꿈 + 김개미	+ 메주의 꿈 + 오순택
나의 꿈은 사육사. 포악한 사자를 여러 마리 기르는 것. 전봇대만한 기린과 눈 맞추고 얘기하는 것. 사과 같은 원숭이 똥꼬를 수박 같이 키워주는 것. 토끼 여섯 마리를 뚝딱 먹어치우는 비단구렁이를 목에 감고 노는 것. 나의 꿈은 사육사. 얼룩말 똥 정도는 맨손으로 집는 것.	알몸으로 매달려 있는 메주. 엄마가 음식으로 단 맞추듯 바람도 한소끔 햇빛도 한소끔 다녀가면 짭조름한 맛이 든다. 또르르 또르르 마당을 굴러다닌 콩이 몸을 합쳐 메주로 태어나 겨울을 나고 있다. 메주는 된장이 되어 보글보글 끓는 꿈을 꾼다.

 1. 꿈을 이룬 나의 모습 상상하기

■ 미래의 나의 꿈 중 하나를 선택하여, 30년 후 나의 원하는 꿈이 이루어진 모습을 구체적으로 상상해본다.

■ 눈을 감고 오감으로 그 모습을 충분히 느껴보도록 한다.

 2. 오감을 활용하여 표현하기

■ 예시 자료로 제시한 시를 함께 살펴본다.

■ 활동지에 그려진 손 모양에 오감을 활용한 마인드맵으로 표현한다.

■ 이루어진 모습을 시각, 청각, 촉각, 후각, 미각 등으로 생생하게 묘사하여 표현한다.
• 나는 어디에서, 누구와 함께, 무엇을 하고 있는지 구체적으로 상상해본다.
• 오감으로 표현하기 힘든 감각은 빼도 좋다.

☑ 예시자료

* 꿈을 이룬 나의 모습을 오감을 활용하여
  -마인드 맵으로 표현하기-

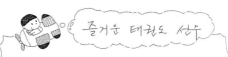

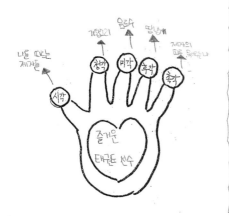

나의 꿈은 즐거운 태권도 선수
태권도 수업 시작 전
아이들의 띠를 묶어주는 나
기분은 싱숭생숭^^
수업이 시작되었을 때
나를 따르는 귀여운 아이들
기합소리를 들으니 괜스레 뿌듯하다.
수업 중간에 마시는 음료수
이것보다 맛있는 음식은 없을거다
땀냄새 나지만 그것마저 즐겁다

나의 꿈은 즐거운 태권도 선수

 3. 동시 완성하기

▪ 완성된 마인드맵을 활용하여 미래의 내 모습을 그림을 그린 것처럼 동시를 완성
  한다.

▪ 김개미의 '나의 꿈'의 형태를 따라 나의 꿈을 동시로 표현해본다.

 동시 감상하기, 소감 나누기

▪ 모둠끼리 돌아가면서 동시로 표현한 내 꿈을 소개한다.

▪ 친구들의 꿈 발표를 들으며 서로 칭찬, 격려한다.

▪ 소감 나누기
 • 수업을 하면서 알게 된 점, 느낀 점, 좋았던 점 등을 발표한다.
 • 꿈을 이루기 위하여 내가 더 노력할 점이 무엇인지 찾아본다.

☑ **아이들 작품**

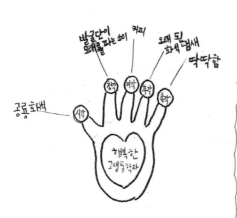

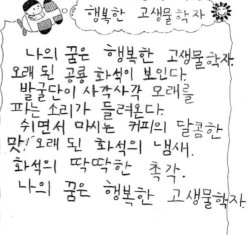

행복한 고생물학자

나의 꿈은 행복한 고생물학자.
오래 된 공룡 화석이 보인다.
발굴단이 사각사각 모래를
파는 소리가 들려온다.
쉬면서 마시는 커피의 달콤한
맛! 오래 된 화석의 냄새.
화석의 딱딱한 촉각.
나의 꿈은 행복한 고생물학자.

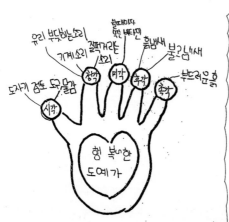

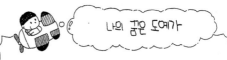

나의 꿈은 도예가

나의 꿈은 도예가.

오늘도 흙을 자르고 모양을 빚는다.

흙 냄새와 얕은 불냄새가 나의 마음을 안정시
켜 준다.

힘들 때마다 상큼한 비타민을 먹는다.

부드러운 흙과 질퍽한 소리, 기계 소리.
나는 행복한 도예가.

216   PART 04 꿈을 그리며 도전하는 사람

학습 목표

코로나19의 상황 속에서 얻을 수 있는 긍정적인 점을 찾을 수 있다.

수업의 의도

'코로나 19'가 발병한 후 대면수업과 비대면수업이 혼재하면서 아이들은 점점 지쳐가고 있다. 이 시대에 우리가 느끼는 불안감과 불편함을 마음껏 말하고 있음에도 우리의 스트레스는 줄어들지 않는다. '인간지사 새옹지마'라는 말도 있지만, 모든 일에는 동전의 양면과 같은 점이 있다. '코로나19'를 거치면서 우리가 얻을 수 있는 긍정적인 자산은 무엇인지 생각하면서 역경을 대하는 자세를 가질 수 있다.

수업의 흐름

열기	펼치기	다지기
• '코로나19'에 대하여 자유롭게 말하기 • PMI로 분류하기	• '코로나19' 정의 내리기 • '코로나19'로 긍정적으로 변한 점 하브루타 하기	• '코로나19'를 반면교사 삼아 우리의 미래를 위해 준비해야 할 점 알기

 '코로나19'에 대한 생각 펼치기

- '코로나19' 하면 떠오르는 것을 한 가지씩 종이(화이트보드)에 쓴다.
- 칠판에 붙인다.
- 긍정적인 것, 부정적인 것, 흥미로운 것으로 분류한다(PMI기법).

1. 하브루타로 생각 넓히기

- PMI기법으로 분류한 코로나19에 대해 가장 많이 나온 생각이 무엇인지 살펴본다.
  - 분류한 것 내용 중 생각을 나누고 싶은 것에 대해 하브루타 한다.

 ### PMI기법

에드워드 드 보노(Edward de Bono)가 1973년에 고안한 수렴적 사고 기법으로, 이미 제시된 아이디어를 평가하는 방법이다. 특정 대상에 대해 나온 아이디어를 P(Plus, 강점), M(Minus, 약점), I(Interesting, 흥미로운 점)의 세 가지로 분류한다. 동시에 여러 요인이 혼합되어 작용하는 사고의 상황에서 하나씩의 단계를 거쳐 더욱 냉철하게 사고를 전개시킬 수 있는 장점이 있다.

출처: DAUM백과.

 ## 2. 정의 내리고 하브루타 하기

- '코로나19' 정의 내리기

  코로나19는 ☐ **이다. 왜냐하면** ＿＿＿＿＿＿＿＿＿ **이기 때문이다.**

  - 짝과 함께 자신이 내린 정의와 이유를 말한다.
- 짝과 함께 '코로나19' 상황에서 찾을 수 있는 긍정적인 면에 대해 하브루타 한다.

 ## 쉬우르

"코로나19가 인류에게 주는 경고는 무엇일까?"라는 질문으로 코로나로 인해 겪은 힘든 일을 말하게 한다. 그러면서 반대로 코로나로 인해 우리 생활이 달라진 점을 말하고 오히려 긍정적으로 바뀐 것들을 찾아보게 한다. 주제를 확장하여 "우리가 살고 있는 지구의 미래는 어떨까?"라는 질문으로 질병뿐만 아니라 기후 변화, 해양 플라스틱 오염, 대기오염, 깨끗한 물의 공급 및 위생 상태 등 환경과 인간의 관계에 대해 생각해 보게 한다. 당면한 문제들 앞에서도 인간다운 삶을 지향하는 것처럼 나의 진로 또한 긍정과 도전으로 극복할 수 있음을 깨닫도록 한다.

수업 이야기 코로나19 시대는 우리에게 주는 의미는 무엇인가?

 코로나 때문에 정말 힘들지만 다 나쁜 것 같지는 않아? 넌 어떻게 생각해?

 불편한 점이 정말 많아. 그렇지만 굳이 찾는다면 좋은 습관이 생긴 것 아닐까? 손을 깨끗이 씻는 습관 말이야. 너는 어떤 점이 좋아진 것 같아?

 나는 다른 사람들을 배려하는 습관이 생긴 것 같아. 공공장소에서 말하는 거나 줄 설 때 조심하게 되거든.

 나는 감사하는 마음이 생긴 것 같아. 집에서 공부할 때 하루 종일 밥상 차리시고 도와주시는 가족한테 감사한 마음이 들었어. 너도 감사한 마음이 든 경우가 있니?

 응, 난 의사선생님과 간호사선생님께 감사드리고 싶어. 그런데 코로나 덕분에 우리나라가 유명해진 것도 좋은 점인 거 아냐?

 그래? 우리나라가 왜 유명해졌어?

 국민들이 힘을 합쳐 병균이 퍼지는 걸 막아내고 있는 것도 그렇고, 온라인으로 하는 문화 활동이 전 세계 사람들에게 알려진 것도 그래.

 그렇구나. 나는 학교에 못 가는 게 정말 속상했는데, 화상수업을 하다 보니 혼자 차분하게 공부하는 습관이 생긴 것 같아.

 난 무엇보다도 가족과 함께하는 시간이 많아진 것은 좋은 것 같아. 가족이 일찍 집에 들어오니까 온가족이 같이 밥도 먹고, 대화하는 시간도 늘었어.

하브루타 ## 2. 진로장벽에 부딪혔을 때 어떻게 해야 할까? 5~6학년

한습 목표

진로장벽에 부딪혔을 때 대처할 수 있는 방법을 찾을 수 있다.

수업의 의도

아이들이 자라면서 자신의 진로를 설정하기까지 수없이 많은 어려움을 만나게 된다. 그 어려움은 개인적인 것부터 대인관계, 가정과 학교, 국가의 문제 등으로 다양하다. 스스로 극복하기 어려운 상황에 처했을 때 우리는 과연 어떤 마음으로 이를 극복할 수 있을지 생각을 나눠 보고자 한다. 이 수업은 80분 연차시 수업으로 진행한다. 먼저 책을 읽고 내용질문을 만들어 골든벨로 내용 파악을 한다. 다음 핫시팅으로 등장인물의 마음과 상황을 이해하고, 하브루타를 통해 주인공이 어떻게 역경을 극복할 수 있을지 생각을 나눈다.
참고도서: 페페, 가로등을 켜는 아이(2005). 일라이자 바톤, 서남희 옮김. 열린어린이.

수업의 흐름

열기	펼치기	다지기
• '책과의 만남	• 책의 내용 알기 • 질문 만들고 하브루타하기	• 진로장벽을 극복한 사례 찾아 내면화하기

 책과의 만남

- 책 표지에서 느낀 점을 말한다.
  - 어두운 저녁, 가로등 아래 서 있는 남자 아이의 모습에서 두려움과 걱정이 느껴진다.
  - 가로등의 노란 불빛에서 희망을 기대하게 된다.

 핫시팅

핫시팅은 자신이 등장인물이라는 가정하에 묻고 답하는 활동방법이다. 등장인물에 해당되는 사람은, 인물에 해당되는 표시(이름표나 약간의 소도구 활용)를 하고 의자에 앉는다. 친구들의 질문에 대해 등장인물의 입장이 되어 답한다.
실시간쌍방향수업 시에는 소회의실 활동으로 할 수 있다. 교사는 소회의실을 둘러보면서 활동상황을 점검하고, 활동이 끝나면 활동 내용을 발표하게 한다.

1. 책의 내용 알기

- 내용질문을 만든다.
- 내용질문으로 골든벨을 한다.
- 갤러리 보기에서 돌아가며 자신이 만든 퀴즈를 내고 다른 사람들은 각자 답을 적는다.
- '핫시팅'으로 질문하기
- 소회의실 활동으로 진행한다.
- 4인이 한 모둠이 되어 돌아가며 등장인물이 되고 나머지 사람들은 질문으로 그 사람의 마음을 이해하도록 한다.
- 각 모둠은 주인공, 주인공의 아버지, 가게 주인 중 한 사람, 페페의 형제 중 한 사람으로 역할을 맡는다.

 ### 갤러리보기에서 참가자 위치 고정하기

줌으로 화상수업을 하는 경우, 참가자마다 화면에서의 이름 위치가 달라 교사가 발표 순서를 일일이 말해주어야 한다. 이 때 학급 아이들이 모두 입장하면 교사는 마우스로 아이들의 이름을 끌어 순서를 정한다. 그리고 나서 오른쪽 위의 갤러리보기에서 호스트 순서 정하기를 하면 아이들의 위치를 고정시킬 수 있다. 이렇게 하면 교사와 아이들이 보는 이름 위치가 같게 된다. 따라서 돌아가며 발표하기가 수월해진다.

 ## 2. 하브루타 하기

- 심화질문과 적용질문을 만든다.
- 질문을 확장해서 나의 입장에 적용하여 질문으로 만들어 본다.
- 진로장벽이 생겼을 때를 가정하여 자신만의 답을 찾아 정리하게 한다.
- 심화질문과 적용질문 중에서 자신의 대표 질문을 고른다.
- 소회의실에 2명씩 배정하여 대표질문으로 짝 하브루타를 한다.
- 짝과 하브루타 한 내용을 친구들에게 발표한다.

 ## 쉬우르

교사는 행운과 불행이 인생에서 어떻게 나타나는지, 불행이 행운으로 변한 이야기 또는 어려움을 극복하고 자신이 하고 싶은 일을 성취한 경우를 묻고 소개한다. 예를 들면, '대기만성'과 같은 한자숙어에 담긴 뜻이나 '새옹지마'와 같은 이야기, 또는 에디슨, 베토벤, 고흐, 박지성과 같이 어려운 환경이나 신체적인 단점을 극복한 사례, 그림책 작가인 윌리엄 스타이그나 레오 리오니처럼 나이가 들어서 꿈을 이룬 경우 등을 소개하여 미래지향적인 태도를 갖도록 한다.

 잠깐! 질문 예시

〈내용질문〉
- 페페네 가족은 어느 나라에서 왔는가?
- 페페네 가족이 미국에 온 이유는 무엇일까?
- 페페는 왜 돈을 버는 일을 해야겠다고 생각했을까?
- 동네 사람들은 왜 페페에게 일을 주지 않았을까?
- 페페는 왜 가로등을 켜는 일을 하게 되었을까?
- 아버지는 왜 페페가 하는 일을 못마땅하게 생각했나?
- 막내 동생이 가로등 아래에 있던 이유는 무엇일까?

〈심화질문〉
- 아버지가 가로등 켜는 일을 하찮게 생각한 이유는 무엇일까?
- 아버지는 왜 페페가 의사가 되어야 한다고 했을까?
- 아버지가 페페에게 가로등 켜는 일을 허락한 이유는 무엇일까?
- 지금 페페가 가로등 켜는 일을 하면 의사가 될 수 없는 걸까?
- 페페처럼 어려운 상황이라면 어떻게 하는 것이 좋을까?

〈적용질문〉
- 만약에 내가 하고 싶은 일을 못 하게 된다면 어떻게 해야 할까?
- 내가 원하는 진로와 부모님이 원하는 진로가 다를 때 어떻게 해야 할까?
- 지금 나에게 원하는 진로가 있는가? 그렇다면 나는 어떤 준비를 하고 있는가?

학습 목표

내가 이루고 싶은 꿈을 생각하며 미래의 모습을 디자인 할 수 있다.

수업의 의도

간절히 원하면 이루어진다는 말이 있다. 나를 알아야 내가 원하는 것을 알 수 있고 내가 원하는 것을 향해 나아갈 때 행복하다고 한다. 자신이 원하는 꿈을 적어보고 자신의 진로를 계속 그려나가기 위해 할 수 있는 일을 실천하도록 한다.

진짜 네 소원이 뭐야? 지니는 진짜 네 소원을 말하라고 하면서 너에 대해 잘 알아야만 진짜 네 소원을 알 수 있다고 조언해준다. '나'를 알아야 '내가 원하는 것'을 알 수 있고 '내가 원하는 것'을 향해 나아갈 때 행복하다고 알려주는 그림책이다.

『진짜 내 소원』 (2020). 이선미 글·그림. 글로연.

수업의 흐름

 열기
- 그림책을 읽고 내용 파악하기

 펼치기
- 내 소원 찾아보기
- 소원을 말해봐

 다지기
- 내 소원을 응원해요

 『진짜 내 소원』을 읽고 내용 파악하기

■ 함께 그림책을 읽으며 내용 알아보기
- 소원을 들어주는 지니가 소원을 들어 줄까요?
- 아이의 소원은 무엇이었나요?
- 나도 세 가지 소원을 말할 수 있다면 어떤 소원인가요?
- 진짜 소원은 어떻게 하면 알 수 있다고 했나요?
- 마지막 소원을 말하라는 지니의 말에 아이는 무엇이라고 말했을까요?
- 아이가 말한 첫 번째, 두 번째 소원이 다른 사람의 소원이었던 까닭은 무엇인가요?

1. 내 소원 찾아보기

■ 제시된 문장을 보고 진짜 소원을 알기 위한 현재의 나에 대해 돌아보는 활동을 한다.

■ 제시된 문장을 읽어 보고, 모둠 내에서 질문하고 답하는 활동을 한다.
- 내가 가장 좋아하는 색깔은 무엇인가요?
- 내가 가장 잘하는 것은 무엇인가요?
- 지금 가장 하고 싶은 것은 무엇인가요?
- 내가 싫어하는 것은 무엇인가요?
- 나를 속상하게 했던 일은 무엇인가요?
- 내가 재미있고 즐겁게 할 수 있는 일은 무엇인가요?

 2. 소원을 말해봐

■ 내가 이루고 싶은 꿈을 생각하며 호리병 안에 진짜 내 소원을 자유롭게 적어본다.
- 이루고 싶은 꿈은 무엇인가요?
- 그 꿈을 이루기 위해서 어떤 소원이 필요할까요?

내가 싫어하는 것

나를 속상하게 했던 일

내가 가장 좋아하는 색깔

지금 가장 하고 싶은 것

내가 기르고 싶은 동물이나 식물

내가 재미있고 즐겁게 할 수 있는 것

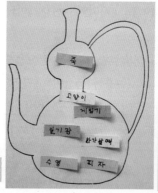

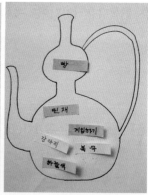

내 소원을 응원해요

■ 소원을 이루기 위한 실천 다짐하기

• 소원을 이루기 위해서 노력해야 할 것이 있다면 무엇인지 돌아가며 발표한다.

• 친구의 발표를 들으며 힘이 되는 응원의 말을 해준다.

이렇게도 할 수 있어요 자성 예언하기

• 『진짜 내 소원』 그림책을 함께 읽는다.
• 내가 이루고 싶은 꿈을 생각하며 호리병 안에 소원을 적는다.
• 앞으로 어떤 사람이 되고 싶은지, 어떻게 행동할 것인지에 대한 자성예언(실천 다짐)을 생각한다.
  - 사물이나 동물 등 하나를 정하여 양면 색종이에 그린다.
  - 그린 부분은 오려서 뒤집어 붙인다.
  - 실천 다짐을 적어 친구들 앞에서 발표하고 게시판에 게시하여 공유한다.

나는 가로등입니다. 가로등이 환하게 길을 비춰주는 것처럼 나도 환한 빛 같은 사람이 되겠습니다.

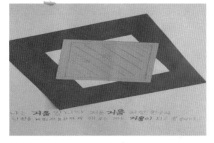

나는 거울입니다. 거울처럼 친구의 단점을 비춰서 장점으로 바꿔주는 거울이 되고 싶습니다.

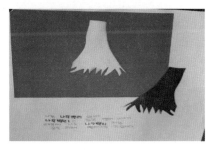

나는 나무뿌리입니다. 나무뿌리가 땅속에 단단하게 뿌리를 내리듯 나도 단단하게 뻗어나갈 것입니다.

나는 꿀벌입니다. 꿀벌이 이꽃 저꽃 옮겨다니며 꿀을 옮겨주듯이 이 친구 저 친구에게 다니며 행복을 옮겨주겠습니다.

이런 책도 있어요

- DK 미래를 바꾸는 작지만 위대한 방법(2020). 케일리 스위프트 글. 리스 제프리스 그림. 남길영역. 예림당.
- 홈런을 한 번도 쳐 보지 못한 너에게(2021). 하세가와 슈헤이 글·그림. 김소연 역. 천개의바람.
- 끝까지 제대로(2021). 다비드 칼리 글. 안나 아파리시오 카탈라 그림. 엄혜숙 역. 나무말미.
- 주인공은 너야(2019). 에바 알머슨 저. 마크 패롯 글. 성초림 역. 웅진주니어.

더 큰 목표를 위해 스스로 도전과 희망을 마주하다

인류의 변화와 성장 속에는 다양한 영역에서 끊임없는 자기계발과 노력으로 빛나는 사람들이 있습니다. 구체적인 목표를 설정하여 문제를 제기하고 스스로 답을 찾아가는 과정에서 새로운 분야에 대해 자신의 목표를 이룬 사람들. 그리고 우연으로 인한 순간의 결과가 아니라 그 목표를 이루어 나가는 과정에서 자신의 강점을 통해 문제를 해결하기 위해 도전하는 삶을 산 사람들이 있습니다.

'꿈은 종착지가 없다. 앞으로 나의 삶을 항상 업그레이드해 나갈 것이다.'
연예인 김병만씨는 '도전의 달인'이라는 별명을 가지고 있습니다. 그가 도전하고 성취하는 사람이라는 별명이 붙은 것은 한 TV 프로그램의 '도전' 코너였는데, 남들은 한 가지도 잘해 내기 어려운 수많은 일에 도전하면서 웃음보다 더 큰 감동을 안겨주었습니다. 그리고 그는 이에 그치지 않고, 스킨스쿠버, 굴삭기, 피겨스케이팅, 지게차운전 자격증 등 수많은 자격증을 땄습니다. 최근 추가한 자격증으로는 비행기 조종사 자격증이 있습니다. 3년 동안 31번의 필기시험을 본 끝에 목표를 이룬, 그야말로 7전 8기 이상의 도전이었죠. 그는 늘 무언가를 찾아 움직이고 그것이 자연스럽게 새로운 도전으로 이어지면서 새로운 목표를 갖게 된다고 했습니다.

'세상은 미처 발견하지 못한 멋진 것들로 가득하다. 절대 그것을 볼 때까지 포기하지 말라.'
세계가 인정한 〈해리포터〉의 작가 조앤 롤링은 어린 시절 소극적이고 산만한 아이여서 주변 사람들이 꺼리던 인물이었다고 합니다. 들어가는 직장마다 딴 생각을 한다는 이유로 연이어 해고되었습니다. 가정폭력 및 이혼, 정부 보조금으로 힘들게 살아가던 어느 날, 카페에서 고장 난 기차의 마법사 이야기를 떠올리게 되었고 그렇게 해리포터가 탄생했습니다. 어려운 환경 속에서도 삶을 포기하지 않은 이유는 성실하게 살아가는 어머니와 작가가 되겠다는 꿈 때문이었습니다.

이 밖에도 나이와 환경에 구애받지 않고 끊임없는 도전으로 희망을 마주한 사람들이 있습니다.
71세의 나이로 패션계를 평정한 코코 샤넬, 그녀는 파리에 샤넬 부티크를 열고 샤넬만의 창의적인 패션을 성공시켰습니다. 천재 예술가 미켈란젤로는 8년에 걸쳐 최후의 심판을 그려 66세에 완성했고, 그가 성베드로 성당을 완성한 나이는 89세였습니다. 발명가 토마스 에디슨은 83세의 나이에도 발명품 출원을 하였고, 빅토르 위고는 60세에 레미제라블을 발표하였습니다. 영국의 교사였던 앤우드는 교사 경험을 바탕으로 62세에 '텔레토비'를 제작하였습니다. 월트 디즈니는 55세의 나이에, 바보짓이라는 주변의 만류에도 불구하고 디즈니랜드를 만들었습니다. 또, 무일푼이었던 커넬 할랜드 샌더스는 1008번 실패 끝에 KFC 1호점을 열었습니다.

진로교육에 있어서의 도전정신은 창의적으로 자신의 삶을 개척하고 대처할 수 있는 능력이 요구되는 역량입니다. 아이들 스스로 새로운 기회를 탐색하고 목표를 세우게 하려면 준비하는 과정에서 적극적으로 해내려는 자기주도적인 능력이 존중되어야 합니다. 더불어 실제 생활과 연계한 학습기회를 제공하여 자신들의 행복한 미래를 충분히 꿈꿀 수 있도록 도전정신을 길러 주어야 합니다.

미 주

1 박용두, 이기학(2007). 진로결정 자기효능감, 진로장애, 정서 지능 간의 관계성. 한 국심리학회 학술대회 자료집. 재인용.

2 ESG(Environment, Social, Goverance): 환경보호, 사회보호, 윤리경영의 줄임말로 기업이 환경보호에 앞장서고 사회적 약자에 대한 지원 및 사회공헌 활동을 활발히 하 며, 법과 윤리를 철저히 준수하는 윤리경영을 실천하는 것을 말한다. 비재무적 친환 경 사회적 책임활동으로 기업의 가치를 평가하는 것, E(탄소배출, 기후변화, 환경오 염), S(고용평등, 지역사회 기여, 제품의 안전), G(투명경영, 사업 윤리, 부정부패 척 결)의 요소들을 추구함으로써 장기적으로 기업의 가치가 높아지고 이윤도 창출된다 는 것이 세계적인 흐름이다(https://100.daum.net/encyclopedia/view/ 201XXX2104021).

3 김화영 외 공저(2018). 한 학기 한 권 함께 읽기 깊이 읽기. 서울: 북랩.

4 채명희(2019). 아이 주도 그림책 하브루타. 서울: 경향BP. p. 9.

5 최인철(2021). 아주 보통의 행복. 경기: 21세기북스. pp. 56~57.

6 엘리 홀저, 오릿 켄트 저, 김진섭 옮김(2013). 하브루타란 무엇인가. 도서출판 D6교 육연구원. pp. 66~93.

7 구본권(2019). 공부의 미래. 서울: 한겨레출판(주). pp. 102~111.
"창의성이란 단지 점들을 연결하는 능력이다. 창의적인 사람들한테 어떻게 그걸 만 들어냈냐고 물어보면, 그들은 약간의 죄책감을 느낀다. 왜냐하면, 그들은 뭔가를 한 게 아니라 뭔가를 보았기 때문이다. 그들한텐 명명백백한 것이다. 그들은 경험들을 연결하여 새로운 것을 만들어낸다(스티브 잡스).

8 스티븐 코비, 김경섭 옮김(2017). 성공하는 사람의 7가지 습관. 경기: 김영사.

9 공극의 원리를 이용하여 중요한 일과 그렇지 않은 일의 우선순위를 비교한다. 공극 은 토양 중 흙 입자와 입자사이의 공간을 말하는 것으로 간극이라고도 한다. 토양의 물리적 성질 중 하나로 입자의 크기가 고를 수록 커진다(출처: DAUM백과).

10 헤르츠 아리엘리, 김진자 공저(2015).탈무드 하브루타 러닝. 서울: 국제인재개발센 터. pp. 88~89.

참고문헌

[진로이론]

o 강혜영·박진영·박현옥 공저(2011). 초등학생을 위한 진로지도 프로그램. 서울: 학지사.
o 고봉익·윤정은(2014). (내 꿈을 현실로 만드는)진로 로드맵. 경기: 웅진윙스.
o 김나윤·강유경(2021). 국재 바칼로레아 IB가 답이다. 서울: ㈜라온아시아.
o 김주환(2011). 회복탄력성. 서울: 위즈덤하우스.
o 노순규(2013). 진로교육의 사례와 지도 방법. 서울: 한국경영연구원.
o 서울특별시 진로직업교육과(2016). 2015 학교 진로교육목표와 성취기준 해설서.
o 이영대·임언·이지연·최종선·김나라(2004). 생애단계별 진로교육의 목표 및 내용 체계 수립.
o 진혜영(2006). 진로 인식 향상을 위한 초등 진로교육 프로그램 개발. 이화여자대학교 교육대학원 석사학위 논문.
o 찰스 파델·마야 비알릭·버니 트릴링 지음, 이미소 옮김(2016). 4차원 교육 4차원 미래역량. 서울: 새로온봄.
o 하종범(2015). 청소년 진로, 행복한 일. 서울: 북랩book.
o 한국융합인재교육원(2016). 두근두근 진로 이야기. 서울: 씨앤톡.
o 한국직업능력개발원 진로정보센타(2019). 커리어넷을 활용한 진로지도 프로그램(초등학생용).
o 홍후조(2013). 초등진로교육역량강화연수. 서울시교육청북부교육청.
o 황매향 외(2018). 초등학교 진로교육의 실제. 서울: 사회평론아카데미.

〈진로교육 관련 자료 탑재처〉
o 서울특별시교육청 진로직업교육과 부서업무방
o 커리어넷 http://www.career.go.kr
o 주니어 커리어넷 http://www.career.go.kr/jr
o 서울진로진학정보센터 https://www.jinhak.or.kr
o 교육부 진로체험망 꿈길 https://www.ggoomgil.go.kr
o 원격영상 진로멘토링 https://mentoring.career.go.kr
o 온라인창업체험교육 프렛폼 https://yeep.go.kr
o 국가교육과정 정보센터 http://ncic.re.kr

[진로활동 이론]

○ 박효정 외(2011). 내 공부의 내비게이션 자기주도학습. 충북: 한국교육개발원.
○ 조세핀 킴(2011). 우리 아이 자존감의 비밀. 서울: BBbooks(서울문화사).
○ 조세핀 킴(2014). 교실 속 자존감. 비전과리더십.
○ 칼릴 지브란, 류시화 옮김(2018). 예언자. 무소의뿔.

[하브루타 이론]

○ 김유미(2002). 두뇌를 알고 가르치자. 서울: 학지사.
○ 도로시 리즈, 노혜숙 옮김(2016). 질문의 7가지 힘. 서울: 더난출판사.
○ 로버트 마우어 저, 장원철 옮김(2016). 아주 작은 반복의 힘. 서울: 스몰빅미디어.
○ 에릭 젠슨(2010). 뇌기반 교육의 원리. 서울: 학지사.
○ 앤드루 소벨·제럴드 파나스 저, 안진환 옮김(2012). 질문이 답을 바꾼다. 서울: 어크로스.
○ 엘리 홀저·오릿 켄트 저, 김진섭 옮김(2013). 하브루타란 무엇인가. 경기: 도서출판 D6교육연구원.
○ 유동걸(2015). 질문이 있는 교실. 경기: 한결하늘.
○ 이진숙(2017). 하브루타 질문 놀이. 서울: 경향BP.
○ 전성수(2013). 부모라면 유대인처럼 하브루타로 교육하라. 부산: 예람.
○ 초등하브루타교과교육연구회(2015). 질문 있는 교실, 하브루타로 열어 볼까?. 2015 하계 직무연수. 서울시교육청교육연수원.
○ 하브루타수업연구회(2015). 질문 있는 교실. 서울: 경향BP.
○ 하브루타수업연구회(2017). 하브루타 수업 이야기. 서울: 경향BP.
○ DR하브루타교육연구원(2016). 하브루타 질문 수업. 서울: 경향BP.

[그림책 이론]

○ 권승희(2015). 좋은 그림책의 기본. 서울: 미진사.
○ 김소라·최지영(2015). 그림책은 재밌다. 이비락.
○ 레프 니콜라예비치 톨스토이, 존 J. 무스, 김연수 옮김(2021). 세 가지 질문. 서울: 달리.
○ 채명희(2019). 아이들 주도 그림책 하브루타. 서울: 경향BP.

Ⅰ. 자기를 이해하고 협력하는 사람

○ 김연배(2012), 수업의 달인 50가지 전략, 경기: 글로북스.
○ 김은희(2019). 10대 인생을 바꾸는 진로 수업. 서울: 미다스북스.
○ 김정택·심혜숙(1998). MBTI 성장 프로그램 지도자 안내서(I). 한국심리검사연구소
○ 배상민(2014). 나는 3D다. 서울: 시공사.
○ 서울운현초등학교(2009). 씽킹맵스 직무연수.
○ 송혜원, 한승연(2019). 세상을 바꾸는 유니버설디자인 3~4학년용(교사용). 서울특별 시 문화본부 디자인정책과.
○ 전상수(2012). 부모라면 유대인처럼 하브루타로 교육하라. 서울: 위즈덤하우스.
○ 정선화 외 6인 공저(2019). 세상을 바꾸는 유니버설디자인 3~4학년용(학생용). 서울 특별시 문화본부 디자인정책과.
○ 하브루타수업연구회(2017). 하브루타 수업 이야기. 서울: 경향BP.

〈그림책〉

○ 가만히 들어 주었어(2019). 코리 도어펠트, 신혜은 옮김. 북뱅크.
○ 내 말 좀 들어 주세요, 제발(2020). 하인츠 야니쉬 글. 질케 레플러 그림. 김라합 옮김. 상상스쿨.
○ 너는 어떤 씨앗이니?(2013). 최숙희. 책읽는곰.
○ 돌멩이국(2003). 존 무스 저, 이현주 역. 달리.
○ 동요 '넌 할 수 있어라고 말해 주세요' 곽진영 작사, 강수현 작곡.
○ 박현희(2011). 토론의 달인을 키우는 토론수업. 즐거운학교. p. 39, p. 44, p. 215−216.
○ 소피가 화나면, 정말 화나면((2013). 몰리 뱅. 책읽는곰.
○ 용기(2004). 버나드 와버, 이혜원 옮김. 반디.
○ 중요한 사실(2005)마거릿 와이즈 브라운 글. 최재은 그림. 최재숙 역. 보림
○ 치킨 마스크 (2008). 우쓰기 미호 지음. 책 읽는 곰.
○ 친구를 모두 잃어버리는 방법(2007). 낸시 칼슨, 신형건 옮김. 보물창고.
○ 테푸할아버지의 요술 테이프(2016). 박은경 글, 김효주 그림. 고래이야기.

Ⅱ. 변화하는 세계에 적응하는 사람

○ 김순례(2015). 진로, 책 속에 길이 있다. 서울: 성안당.
○ 김연옥 외 6인 공저(2018). 한 학기 한 권 함께 읽기 깊이 읽기. 서울: 북랩.
○ 서울대행복연구센터(2013). 행복교과서. 경기: 주니어김영사.
○ 양경운(2014). 한 줄의 기적, 감사일기. 서울: 쌤앤파커스.

○ 이제석(2014). 광고 천재 이제석. 서울: 학고재.

○ 진형민(2015). 소리 질러 운동장. 경기: 창비.

○ 채명희(2019). 아이 주도 그림책 하브루타. 서울: 경향BP.

○ 최인철(2018). 굿라이프. 경기: 21세기북스.

○ 최인철(2021). 아주 보통의 행복. 경기: 21세기북스.

〈그림책〉

○ 과학자들은 하루 종일 어떤 일을 할까?(2021).제인 윌셔 글. 매기 리 그림. 손성화 역.
　주니어 RHK

○ 구름빵(2019). 백희나. 한솔수복.

○ 나의 엄마(2016). 강경수. 그림책공작소.

○ 노란양동이(2011). 모리야마 미야코 지음, 스치다 요시하루 그림, 양선하 옮김. 현암사.

○ 노를 든 신부(2019). 오소리 글·그림. 이야기꽃 출판사.

○ 당나귀 실베스터와 요술 조약돌(1994). 윌리엄 스타이그, 이상경 옮김. 다산기획.

○ 때문에(2020). 모 윌렘스 글. 앰버 렌 그림. 신형건 역. 보물창고.

○ 돼지책(2016). 앤서니 브라운, 허은미 옮김. 웅진주니어.

○ 뭐든 될 수 있어(2017). 요시타케 신스케 글·그림. 위즈덤하우스.

○ 엄마의 이상한 출근길(2021). 김영진. 책읽는곰.

○ 엄마를 화나게 하는 10가지 방법(2016). 실비 드 마티이시웍스, 이정주 옮김, 세바스
　티안 디올르장 그림. 어린이작가정신.

○ 잠잘 시간(2021). 프로데 그뤼텐 지음, 손화수 옮김, 마리 칸스타 욘센 그림. 책빛.

○ 프레드릭(2017). 레오 리오니, 최순희 옮김. 시공주니어.

Ⅲ. 탐구하며 공부하는 사람

○ 강성태(2016). 강성태 66일 공부법. 경기: 다산.

○ 고봉익·윤정은(2012). 공부감성. 서울: 중앙북스.

○ 고봉익(2011). 고봉익의 공부습관 4가지의 비밀. 서울: 아리샘

○ 고봉익·오혜정(2015). 소리치지 않고 화내지 않고 초등학생 공부시키기. 서울: 움직
　이는 서재.

○ 곽윤정(2021). 아들의 뇌. 서울: 포레스트북스.

○ 곽윤정(2017). 우리 아이 공부머리. 지식플러스+.

○ 구본권(2019). 공부의 미래. 서울: 한겨레출판(주).

○ 김태홍·정은기(2007). 내 성격에 꼭 맞는 맞춤 공부법. 경기: 파라주니어.

∘ 김판수·최성우(2013). 자기주도학습 코칭ABC(상):동기 인지1. 테크빌교육(즐거운학교).
∘ 김판수·최성우(2013). 자기주도학습 코칭ABC(하):인지Ⅱ 행동. 테크빌교육(즐거운학교).
∘ 김현수(2015). 공부상처. 에듀니티.
∘ 김현수(2020). 코로나로 아이들이 잃은 것들. 덴스토리.
∘ 리사 손(2019). 메타인지 학습법. 경기: 21세기북스.
∘ 스티븐 코비 지음·김경섭 옮김(2017). 성공하는 사람의 7가지 습관. 경기: 김영사.
∘ 오희은·최선미·박성희(2010). 선생님은 해결사−학습편. 서울: 학지사.
∘ 워런 버거, 정지현 옮김(2014). 어떻게 질문해야 할까. 경기: 21세기북스.
∘ 이이우(2018). 하브루타 실습 1. 경기: (주)피스미디어.
∘ 이은경·이성종(2020) 초등 자기주도 공부법. 서울: 한빛라이프.
∘ 이혜정(2014). 서울대에선 누가 A+를 받는가. 서울: 다산북스.
∘ 허승환(2013). 공부가 좋아지는 허샘의 공책레시피. 서울: 즐거운학교
∘ 헤르츠 아리엘리·김진자 공저(2015). 탈무드 하브루타 러닝. 서울: 국제인재개발센터.
∘ 홍영일(2021). 줌(ZOOM)으로 강의하라. 경기: 성안당.
∘ 어쩌다 어른(2016). 김경일: 대한민국 상위 0.1%의 비밀. CJ ENM.
  − https://www.youtube.com/watch?v=3m2vgXE0tSk&t=209s

〈그림책〉

∘ 난 무서운 늑대라구!(1999). 베키 블룸 글 비에 그림. 아기장수의 날개 옮김. 고슴도치.
∘ 문제가 생겼어요(2010). 이보나 흐미엘레프스카. 논장.

Ⅳ. 꿈을 그리고 도전하는 사람

∘ 김수영(2016). 멈추지 마, 다시 꿈부터 써봐. 서울: WISDOM HOUSE.
∘ 도로시 리즈(2016). 질문의 7가지 힘. 서울: 더난출판사.
∘ 문중호(2015). 우리 아이에게 정말 필요한 것은. 서울: 유아이북스.
∘ 신규진(2013). 바라지 않아야 바라는 대로 큰다. 아름다운사람들.
∘ 이지성(2017). 꿈꾸는 다락방. 차이정원.
∘ 임성미(2013). 내 꿈을 열어주는 진로 독서. 서울: 꿈결.
∘ 최승필(2018). 공부머리 독서법. 경기: 책구루.
∘ 하브루타수업연구회(2017). 하브루타 수업 이야기. 서울: 경향BP.
∘ 헤르츠 아리엘리·김진자 지음(2015). 탈무드 하브루타 러닝. 서울: 국제인재개발센타.
∘ 2020 초등 진로교육 중심 교육과정 편성·운영지원 자료(Ver.4)(2019). 서울특별시교
  육청 진로직업교육과.

○ 2021 초등 진로교육 중심 교육과정 편성·운영지원 자료(Ver.4)(2020). 서울특별시교
   육청 진로직업교육과.

〈그림책〉

○ 스갱 아저씨의 염소(2013). 알퐁스 도데 저. 에릭 바튀 그림. 강희진 역. 파랑새 어린이.
○ 야쿠바와 사자(2011). 티에리 드되 글·그림. 길벗어린이.
○ 진짜 내 소원(2020). 이선미 글·그림. 글로연.
○ 페페, 가로등을 켜는 아이(2005). 일라이자 바톤, 서남희 옮김. 열린어린이.
○ https://blog.naver.com/elfyj014 소통하는 도서관 '센서스 꼬뮤니스'

찾아보기

저자약력

이미현
(현)서울탑산초등학교 수석교사
서울교육대학을 졸업하고 성균관대대학원에서 상담교육을 전공하였으며, 초등진로교육을 주제로 석사학위를 받았다. 상담과 진로교육에 깊은 관심을 가지고 연구하고 있다.
수석교사로 근무하면서 전학년을 대상으로 학생 맞춤형 진로수업을 하고 있다.
서울시교육청 '진로교육활성화지원단'으로 활동하였다
현재 (사)HD행복연구소 감정코칭, 회복탄력성 전문강사, 한국코치협회의 인증코치(KPC)로 활동 중이다.
공저로『초등상담백과』가 있다.

김화영
(전)서울초등수석교사
서울교육대학을 졸업하고 동대학원에서 석사학위를 받았다.
전학년을 대상으로 '하브루타'와 '행복교육'을 통한 독서와 진로수업으로 인성과 진로역량 기르는 방안을 모색하고자 노력했다.
서울시교육청 '진로교육활성화지원단'으로 활동하였다.
현재 '서울초등하브루타수업연구회'에서 하브루타에 대한 연구를 계속하고 있다.
공저로『하브루타 수업이야기』,『한 학기 한 권 깊이 읽기 함께 읽기』,『ON 교육과정 재구성』이 있다

전혜경
(현)서울독립문초등학교 수석교사
공주교육대학을 졸업하고 중부대대학원에서 석사학위를 받았다.
그림책과 동화책 깊이 읽기로 전학년 수업을 8년째 진행하고 있다. 질문하고, 상상하고, 토론하는 과정을 통해 고차원적인 사고와 유연성을 길러주고, 삶의 가치와 목표를 정하여 나아갈 수 있도록 긍정적 정서와 내면의 성장을 이끌어 내는 수업을 하고 있다.
'서울시교육청 독서인문소양교육 현장협력단, 중부교육지원청 독서교육지원단'으로 활동해 왔으며, '서울초등하브루타수업연구회', '서울초등책읽어주기연구회' 및 그림책 읽기 관련 소모임과 연구회에서 꾸준하게 활동하고 있다.

수석교사가 들려주는 초등진로 이야기

초판발행   2022년 1월 3일

지은이   이미현 · 김화영 · 전혜경
펴낸이   노 현

편 집   배근하
기획/마케팅   이영조
표지디자인   BEN STORY
제 작   고철민 · 조영환

펴낸곳   ㈜ 피와이메이트
              서울특별시 금천구 가산디지털2로 53 한라시그마밸리 210호(가산동)
              등록 2014. 2. 12. 제2018-000080호

전 화   02)733-6771
f a x   02)736-4818
e-mail   pys@pybook.co.kr
homepage   www.pybook.co.kr
ISBN   979-11-6519-214-3   93370

copyright©이미현 · 김화영 · 전혜경, 2022, Printed in Korea

정 가   17,000원

박영스토리는 박영사와 함께하는 브랜드입니다.